U0111554

大展好書　好書大展
品嘗好書　冠群可期

大展好書　好書大展

品嘗好書　冠群可期

武學釋典

37

金仁霖　著

慰蒼先生　金仁霖

太極傳心錄

大展出版社有限公司

序 一

太極拳自 19 世紀中葉由清直隸廣平府（今河北省永年縣）人楊露禪（1799—1872 年）傳入京師，在歷代傳人的辛勤耕耘下，早已傳播八荒，譽滿全球。然而，由於家族、地區的侷限性，乃至某些人視太極拳為獵取名利之私產，致使太極拳界毫無學術研究之風，對於什麼是太極拳、發源於何地、基礎理論為何、出於何人之手等問題，迄今仍無定論。

可喜的是，北京科學技術出版社人文武術圖書事業部的常學剛先生來電話說，上海金仁霖先生要出版一部有關太極拳文史的大作，因我是金先生的老友，要我為該書作序。我不忝淺陋，對金先生略作介紹：

金仁霖先生，字慰蒼，是滬上太極拳名家葉大密老師（1888—1973 年）的入室高足。葉老師曾與楊少侯（1862—1930 年）、楊澄甫（1883—1936 年）昆仲研習楊派太極拳、劍、刀和大杆子。此前在 1927 年葉老師還跟李景林先生學習武當對劍。後來，葉老師吸取武當對劍轉臂捷用法改編了楊式太極拳架，形成了沉著鬆靜、輕靈活潑、舒展大方的獨特風格，人們稱之為「葉家拳」。

金仁霖先生秉承葉師衣缽，夙精拳技，深明學理，

知識淵博，著作等身。他的大作《慰蒼先生金仁霖太極傳心錄》問世，對太極拳的正本清源、健康發展，乃至太極拳文化的弘揚，定會做出有益貢獻，故樂為之作序。

吳文翰

八十八歲於北京

序 二

我與慰蒼先生相識有年，曾就武術史的一些事件及某些拳師的事蹟、造詣等有過交流，交談之間感受到慰蒼先生的誠懇、直率。

這次受慰蒼先生之命，要我為他的這部書作序，深感惶恐，因為我對慰蒼先生所研修的楊式葉派太極拳並無具體實踐，而拳學是一門以實踐為第一性的學問，故一時不知於何處下筆。但慰蒼先生是我一向所敬重的研修太極拳的學者，其治學態度在當今武術界確為不可多得者，加之慰蒼先生的太極拳老師葉大密先生與我的拳學老師孫劍雲先生皆曾學武當劍於李景林先生，這種機緣也是難得的，故勉力為之。

慰蒼先生所承續的楊式葉派太極拳是由葉大密先生所建構，葉大密先生曾向田兆麟先生、楊少侯先生和楊澄甫先生學習楊式太極拳，又曾正式拜在李景林先生的門下學習武當劍，並曾得到孫存周先生為其喂手、講解拳意。因此葉大密先生將由李景林先生武當劍中所悟之劍意、由孫存周先生的餵手和散手中所得之拳意融合在他所研習的楊式太極拳拳架中，而他所研習的楊式太極拳拳架也是融合了田兆麟、楊少侯、楊澄甫三位先生的拳架而成，因此葉大密先生的太極拳架能獨樹一幟。

經過數十年的實踐表明，葉大密先生的太極拳架無論是健身還是實用方面，在楊式太極拳的各支傳承中脫穎而出，卓然不群，具有很高的價值。至若葉大密先生的相關事蹟更是口口相傳，在此不贅。

慰蒼先生早年時就已經是葉大密先生的得意弟子之一，如今研修太極拳已近70年，拳拳於斯，造詣深具，是當代楊式葉派太極拳的重要代表人物，他不僅對於楊式葉派太極拳的拳技有深入的研究，而且旁參武、吳、陳各家太極拳之技法，因此在太極拳的技法方面有所發揮。此外，慰蒼先生對近現代太極拳史亦有多年的研究和考據，其成果對今人研究近現代太極拳史具有重要的參考價值。

在慰蒼先生這部作品中包括了他多年來的研究成果，如有關太極拳的歷史、人物、理論、考據、校訂等各類專稿、講課記錄等，還包括一部分慰蒼先生的門人、友人對慰蒼先生的人格、學養、拳術造詣的記載。該書不僅對楊式葉派太極拳（葉氏太極拳），也不僅對楊式太極拳，而且對當代太極拳的研修都具有學術意義。

以上所言不能達慰蒼先生作品之意於萬一，略贅數言，愧勉為序。

童旭東

太極名家葉大密

葉大密老師（1888—1973年），名百齡，號柔克齋主，浙江省文成縣人。出生於武術醫學世家，家傳小八卦，係武當松溪派葉美繼一脈。1917年在北伐軍第二十五軍第二師第八團任職時，從田兆麟老師（1871—1959年）習練楊式中架太極拳。次年孫存周先生

葉大密先生

（1893—1963年）去該團教內功拳，葉大密與孫結為金蘭之交。二人經常切磋拳藝，並得到孫父—武學大師孫祿堂老先生的口授身傳，因而功夫大進。

　　1926年11月，葉大密在上海法租界望志路（今典業路）南永吉里19號寓所創辦了「武當太極拳社」，教授楊式太極拳、劍和推手。當時最早在上海公開教授楊式太極拳的是陳微明老師（1882—1958年）1925年5月在英租界七浦路北江西路周紫珊家創辦的「致柔拳社」（後遷西藏路寧波同鄉會），但「致柔拳社」兼教八卦掌等武術。以太極拳命名、專業性較明確的武術團體「武當太極拳社」，不僅在上海，在全國也是第一家。

田兆麟先生　　　　　　孫存周先生

1927 年 11 月，「劍仙」李景林將軍來上海後，葉大密約陳微明和助教陳志進同去祁齊路（今岳陽路）李家學習武當對劍。後來「武當」和「致柔」兩拳社都增加了教授武當對劍的課程。

葉老師的武當對劍成就很大，他自己也認為他的太極拳成就完全是從劍裡悟出來的。1928 年秋，上海《申報》和《新聞報》為了募集夜校助學金，特邀葉老師和他的學生濮冰如在蘭心大戲院（今上海藝術劇場）義演了一場武當對舞劍。服裝是葉老師設計，由上鴻祥服裝公司趕製出來的，表演時有琴簫伴奏，曲子名叫《落葉舞秋風》。當晚的蘭心大戲院座無虛席，盛況空前，演出極為成功。次日的《士林西報》也以很大的篇幅報導了演出盛況，給予了極高的評價。

1928 年，楊少侯（1862—1930 年）、楊澄甫（1883—1936 年）先後來到南京，葉老師又從少侯、澄甫兄弟倆學習拳架、劍、刀和杆子。後來他改編了太極拳架，把楊

葉大密與濮冰如義演「武當對舞劍」

式大、中、小拳架的主要特點和八卦掌裡的斜開掌轉身法以及武當對劍中的轉臂捷用法等內容都吸收了進去，形成了沉著鬆淨、清輕活潑、舒展大方的獨特風格，人們稱之為「葉家拳」。

葉大密與楊澄甫在交往過程中建立了深厚情誼，不僅有師生之誼，還有兄弟之情。葉大密讓自己的學生拜於楊澄甫門下，楊澄甫將自己的照片贈予葉大密，並在照片上題字，稱葉大密為仁弟，成為一段武林佳話。

楊澄甫贈予葉大密的照片

在葉老師向楊氏兄弟學習時，武匯川（1890—1936年）和褚桂亭（1890—1977年）等人也隨楊澄甫老師在南京。由於中央國術館安排不下，楊澄甫老師就托葉老師帶武匯

川、褚桂亭和武的學生張玉來上海謀生。三人都住在葉家，武、褚二位先在「武當太極拳社」授課，後由葉老師分別介紹到幾家公館教拳。半年後，武匯川在霞飛路（今淮海中路）和合坊成立了「匯川太極拳社」，後遷蒲石路貝諦祠路（今長樂路成都南路）。褚桂亭除在葉老師介紹的幾家公館教拳外，也曾在「匯川太極拳社」授課，後被南京某軍政機關聘為國術教官。

1929 年 11 月，在杭州召開國術遊藝大會，葉老師和陳微明、田兆麟、孫存周、武匯川、褚桂亭等 37 人組成監察委員會成員，嗣後，屢被中央國術館聘為國考評判。

葉老師還是田漢、陽翰笙等文藝界前輩的老戰友。1933 年成立的藝華影業公司就是由葉老師積極參與促成的。1933 年 11 月 12 日星期天上午，國民黨特務搗毀並焚燒了藝華影業公司在康腦脫路（今康定路）金司徒廟附近新建的攝影棚，田漢、陽翰笙、廖沫沙等同志只好暫時撤離，留下了黨外人士卜萬蒼、岳楓、胡涂等人繼續拍攝《逃亡》《生之哀歌》《黃金時代》等幾部尚未完成的影片。由葉大密老師出面，租賃了一間房子，供岳楓、胡涂等人和田漢、陽翰笙等同志會晤。這條「暗線」一直保持到這幾部電影全部拍成。

葉老師還精心研究印度婆羅門導引療法。1926 年 9 月，葉老師被上海中醫文獻研究館聘為館員，為導引推拿治療內科疾病開拓了一條新的廣闊道路。

葉老師的學生中在上海武術界比較知名的有濮冰如、金仁霖、蔣錫榮、曹樹偉等。

金仁霖與葉氏太極拳
大事簡記

　　葉氏太極拳第二代傳人，主要有葉氏嫡傳「一大三小」，即濮冰如、蔣錫榮、金仁霖、曹樹偉。其中金仁霖先生不僅拳藝精湛，推手極其輕靈、精妙，尤其在太極拳理、法、功、技各方面，以科技工作者的嚴謹態度進行了系統梳理，先後在《武魂》《中國太極拳》《太極》《上海武術》

金仁霖在新疆

《武林》等刊物上發表多篇文章。這些令人信服的研究成果，足以代表當代太極拳研究的學術水準。

　　1947 年，金仁霖由同學林鎮豪介紹，從武當太極拳社葉敏之老師學練太極拳、劍並推手。

　　1951 年 12 月，金仁霖應王震司令員借調，支援新疆七一棉紡廠建設。1952 年 10 月返滬。

　　1953 年，金仁霖與蔣錫榮、曹樹偉同時拜師，列入葉大密老師門牆，悉心研習太極拳、武當對劍，其時上海武術界將他們三人與葉大密老師早年的學生、楊澄甫先生的得意女弟子濮冰如，並稱為「葉家的一大三小」。

1958 年，金仁霖奉師命，承田兆麟老師身授，金針度與，得以領略個中三昧。

1960 年 10 月，金仁霖與傅鍾文、濮冰如、張玉、蔣錫榮、傅聲遠共六人，同為上海市第三屆運動會武術比賽太極拳組裁判。

1961 年 2 月 16 日，為駁正《太極拳和內家拳》一書中持挺胸呼吸的觀點，金仁霖在張晉良醫師陪同下，到上海紡織第一醫院放射科，測試腹式順、逆呼吸的 X 光透視，取胸膈肌升降的距離及肺活量資料進行對照，證明了在練習太極拳時採用含胸呼吸，即逆腹式呼吸是合理的、科學的。

1965 年，金仁霖受葉大密老師之命，為葉老師編撰《醫療保健太極十三式》一書中練習太極拳的基本要點。

金仁霖從 20 世紀 50 年代末開始，就代師授藝，積累了豐富的教學經驗，也培養了一批造詣高深的太極拳家，如以無極式氣功聞名海內外的蔡松芳老師，以及何國梁、徐毓岐、李品銀、傅樂民等。

這些年，由於敬佩金仁霖的拳藝和人品，前來拜望的人絡繹不絕。四川太極拳推手大家林墨根攜其子林文濤先生專程來滬，金老師熱心授予林家父子葉氏太極拳中楊家秘傳的「靠牆貼壁」「胸口走∞字」。林文濤一觸及金仁霖的手便驚呼：「金老師手上帶電的啊！」金老師笑著說「我哪來的電」，並以科技工作者的務實態度，從力學、流體力學、心理學等角度，為其揭秘拳技。

1999 年，馬岳梁的高足、當年已 90 多歲的蔣小氏老

濮冰如　　　　　　葉氏門下「三小」1953年
拜師後合照（後排右起金
仁霖、蔣錫榮、曹樹偉）

先生，與金仁霖相約在上海內江公園聽勁。在切磋間蔣先
生要求金仁霖對其打一下，金仁霖輕輕一點，蔣老先生瞬
間跳出兩步，伸出大拇指稱「好功夫」，並要求再打一
下。金仁霖見他興致很高，就借勢又發了一下，這下蔣老
先生向後連跳三下，連連稱讚：「這樣的功夫在上海灘已
經非常少見！」

　　香港武術協會主席霍震寰先生曾專程拜訪金仁霖求
教切磋。搭手時，金仁霖只摸住勁而不發，霍先生想聽金
老師的發勁，金老師輕輕一個變勁，霍先生忙說以前曾被
人用此勁發過，腳踝扭傷了，故不敢接金老師之勁。

　　2008年以後，為了進一步弘揚傳統太極拳，金仁霖
先後收了近百名弟子，雖米壽之年仍每週安排兩個晚上，
不辭辛勞，手把手地傳授拳藝。

　　2010年，金仁霖被《精武》雜誌授予「精武百傑」稱

金仁霖與霍震寰（左）推手

號。

目前，葉家拳有七八種不同的叫法，金仁霖老師經充分考慮，最終定名「葉氏太極拳」並題字。

「葉氏太極拳」為原上海「武當太極拳社」社長葉大密老師，在原楊家大架太極拳基礎上，於原架子絕大多數式勢之上下銜接處，求其極自然地介入了原楊家中、小架子，並孫家、吳家、陳家等諸家太極拳架中，拳技作用肯定而清澈之動作，以及八卦掌中之斜開掌轉身法、武當對劍中之反臂（倒捶）捷用法等，用以幫助學員對原來楊家大架太極拳之所以姿勢灑脫、氣勢磅加深認識，換言之，乃是一種實作注解法。故若刪去其所介入內容，則仍可恢復其原來楊家大架太極拳之本來面貌。

金仁霖題寫「葉氏太極拳」

叶氏太极拳式名称

因为以前的套路，左右运动式子不平均，且如揽雀尾、单鞭、海底针等等，只有一边，诸如此类，式子较多，所以我有鉴于此，特为改编，以弥补其缺耳。

1953年11月11日时寓沪　大密

1.无极（宇宙太极）	2.太极起式（阴、阳、升、降）	3.左右揽雀尾（掤、捋、挤、按）	4.单鞭
5.提手	6.白鹤亮翅	7.左搂膝拗步	8.手挥琵琶
9.左右搂膝拗步	10.右手挥琵琶	11.左右搂膝拗步	12.上步搬身锤
13.进步搬拦锤	14.如封似闭	15.十字手	16.左揽雀尾（斜向）
17.左右抱虎归山	18.斜单鞭	19.肘底看锤（采、挒、肘、靠）	20.左右倒撵猴
21.斜飞势	22.提手	23.白鹤亮翅	24.左搂膝拗步
25.海底针	26.扇通臂	27.翻身撇身锤	28.上步搬拦锤
29.左右揽雀尾	30.单鞭	31.抎手	32.单鞭
33.高探马	34.左右分脚（剔脚）	35.转身蹬脚	36.左右搂膝拗步
37.进步栽锤	38.翻身白蛇吐信	39.上步搬拦锤	40.右蹬脚（正向）
41.左右披身伏虎	42.右扇通臂	43.回身蹬脚	44.双风贯耳
45.左蹬脚	46.转身蹬脚	47.上步搬拦锤	48.如封似闭
49.十字手	50.左揽雀尾（斜向）	51.左右抱虎归山	52.斜单鞭
53.野马分鬃	54.左右揽雀尾（斜向）	55.单鞭	56.玉女穿梭
57.左右揽雀尾	58.单鞭	59.抎手	60.单鞭
61.单鞭下势（反象）	62.左右金鸡独立	63.倒撵猴	64.左斜飞势（反向）
65.左提手（反向）	66.左白鹤亮翅	67.右搂膝拗步	68.右海底针（反向）
69.右扇通臂（反向）	70.左翻身撇身锤（反向）	71.上步左搬拦锤（反向）	72.左右揽雀尾（斜向）
73.右单鞭（反向）	74.右抎手（撞拳）	75.右单鞭（反向）	76.右高探马
77.上步右穿掌（十字手）	78.左十字腿	79.右搂膝指裆锤	80.左搂膝指裆锤
81.左右揽雀尾	82.右单鞭（反向）	83.右单鞭下势（反向）	84.上步左右七星（指裆锤）
85.退步跨虎	86.转身双摆莲	87.左弯弓射虎	88.右弯弓射雁
89.退步搬拦锤	90.如封似闭	91.十字手	92.合太极

1953年葉大密手錄葉氏太極拳式名稱

目　錄

序　一 ……………………………………………………………… 3

序　二 ……………………………………………………………… 5

太極名家葉大密 ………………………………………………… 7

金仁霖與葉氏太極拳大事簡記 ……………………………… 11

第一編　功法傳授 …………………………………………… 21

柔克齋太極拳名目 …………………………………………… 22

輔助行功式 …………………………………………………… 61

推手簡言 ……………………………………………………… 63

散手行功式 …………………………………………………… 65

太極劍譜 ……………………………………………………… 65

太極刀譜 ……………………………………………………… 70

武當對劍 ……………………………………………………… 72

　　附圓虛道人論劍——武當內家對手劍法

楊家太極拳老譜 ……………………………………………… 80

金仁霖拳學札記 ……………………………………………… 94

第二編　溯端竟委·················117

源流考·················118

幾個有關太極拳歷史考證問題的科學探討···········118

《陳長興太極拳歌訣、總歌》出自《洪洞通背
拳圖譜》·················144

宋唯一的武當劍術和李景林的武當對劍法源流
不同考·················147

李亦畬《太極拳小序》寫作時間考···········155

校辯記·················158

楊氏太極拳學者修改太極拳經典著作的例證·········158

為《楊式太極是一家》補漏正誤·········169

《中國唐代三世七太極拳與劍術》辨偽···········179

　　──就書名內容和書中的玄理部分與編著者商榷

《萇氏武技書》重校記·················192

楊氏《太極劍歌》及《太極刀名稱歌》校讀·········199

《陰符槍譜》作者辨誤·················203

　　──山右王先生不是山右王宗岳

影印本李劍秋編著的《形意拳術》校訂記·········211

　　─把簡化字還復為繁體字也有煩惱

太極拳架中同一式勢的異樣名稱和同一式勢名
稱的異樣寫法舉例·················221

咬文嚼字說「沾」「粘」……………………………224

古典太極拳理論著作中的三個同音同義異寫字 ⋯⋯230

　　——「勈」「精」「勁」

四家楊式太極拳著作中關於散手接勁論述的評解 233

拳人史話 ………………………………………238

關於楊氏太極長拳 ………………………………238

太極拳在上海 ……………………………………245

我所知道的《太極拳使用法》和《太極拳體用

全書》的編寫經過………………………………253

　　——為《太極拳體用全書》正名

從最長的楊式太極拳套路說起 …………………264

　　——《張師欽霖小傳》《楊式太極名家張欽霖》

　　《萬籟聲二談國考前後之武術歷程》三文正誤

尊重歷史緬懷前賢 ………………………………277

　　——減少紀念文章中內容不實而造成的負面影響

我所知道的太極拳家田兆麟………………………281

太極拳研究家徐哲東先生略傳 …………………287

閒記雜談 ………………………………………289

隨　　筆 …………………………………………289

談談楊式太極拳的推手 …………………………296

太極推手面面觀……………………………………305

第三編　見字如面⋯⋯⋯⋯⋯⋯⋯⋯⋯ 311

　　通　信⋯⋯⋯⋯⋯⋯⋯⋯⋯⋯⋯⋯ 312

　　日　記⋯⋯⋯⋯⋯⋯⋯⋯⋯⋯⋯⋯ 360

第四編　葉大密老師太極拳筆記選編⋯⋯ 367

　　記⋯⋯⋯⋯⋯⋯⋯⋯⋯⋯⋯⋯⋯⋯ 368

　　譜⋯⋯⋯⋯⋯⋯⋯⋯⋯⋯⋯⋯⋯⋯ 371

　　悟⋯⋯⋯⋯⋯⋯⋯⋯⋯⋯⋯⋯⋯⋯ 385

　　訣⋯⋯⋯⋯⋯⋯⋯⋯⋯⋯⋯⋯⋯⋯ 389

附　錄　我師慰蒼⋯⋯⋯⋯⋯⋯⋯⋯⋯ 398

　　太極拳界的正法眼藏 ── 記家師慰蒼先生⋯⋯ 398

　　授業恩師金仁霖⋯⋯⋯⋯⋯⋯⋯⋯⋯ 410

　　跟金老師學拳關鍵在理解⋯⋯⋯⋯⋯ 415

　　結緣、學藝⋯⋯⋯⋯⋯⋯⋯⋯⋯⋯⋯ 423

第一編
功法傳授

葉大密與金仁霖

柔克齋太極拳名目

柔克斋太极拳名目

一、起势

1 无极 平行步高站式；

2 纯阴 提.沉.合.开.吸.呼；

3 纯阳 提.沉.合.开.吸.呼。

二、揽雀尾 靠.平履.内采.掤.履.挤.捌.双按.

三、单鞭 双沾.靠.肘拦.吊手.掤.按.

四、提手 靠.提分.二捌.撇身掌.撅(采.截.切)。

五、白鹤亮翅 平履.靠.挤.内.提.穿分.采.掌按。

六、左搂膝拗步 捌.沉提.搂.按.

七、手挥琵琶 撅(采靠).提.劈.切.

八、左搂膝拗步 撅(采沉).提.搂.按.

九、右左搂膝拗步 采.捌.撅(采肘) 沉.提.搂.按.

十、手挥琵琶 撅(采靠).提.劈.切.

十一、左搂膝拗步 撅(采沉).提.搂.按.

十二、上步撇身捶 采.捌.披身靠.撇身掌.翻捶.撅(采肘).劈.

十三、上步搬拦捶 倒履.平掤.搬.拦.竖捶.

十四、如封似闭 倒捶.捌.穿捶.分手.采.双按.

十五、十字手 双沉.双提.双掌.沾.提.掌.按.提掤.穿捶.履.挤.十字手.

十六、抱虎归山 履.按.挤.平履.掤.倒履.反挤.提.搂.捌.双按.

十七、斜单鞭 双沾.靠.肘.拦.吊手.掤.按.

十八、肘底捶 采.捌.穿捶.靠.肘.分履.按.采.搬.拦.竖捶.

十九、右倒撵猴 捌.撅(采.肘).靠.劈.

二十、左右倒撵猴 沉.提.翻捶.采.靠.肘.按.

二十一、左斜倒撵猴 沉.提.翻捶.采.按.撅(沉臂).

二十二、斜飞式 履.挤.平履.靠.采.捌

二十三、提手 靠.提分.采.捌.撇身掌.撅(采.截.切).

二十四、白鹤亮翅 履.靠.挤.内.提.穿分.采.掌.按.

二十五、左搂膝拗步 捌.沉.提.搂.按.

二十六、海底针 撅(采.肘).搂.采.叩.

二十七、扇通臂 提.穿.披身.掌.按

二十八、翻身撇身捶 双按.提.掌.按.靠.提分.采.捌.披身肘.撇身掌.翻捶.撅(采肘).劈.

二十九、回身搬拦捶 搬.拦.竖捶.

三十、上步撇身捶 履.沉.提.披身靠.撇身掌.翻捶.撅(采.肘).劈.

三十一、上步搬拦捶 倒履.平掤.搬.拦.竖捶.

三十二、上步揽雀尾 平履.靠.采.掤.履.挤.捌.双按.

三十三、单鞭 双沾.靠.肘拦.吊手.掤.按.

三十四、云手 靠.提分.采.掤.履.截.切.

三十五、单鞭 穿捶.平履.拦.吊手.掤.按.

三十六、高探马 捌.翻捶.采.按.撅(沉臂).

三十七、右左分脚 平履.靠.采.掤.捌.撅(采.靠.截.切).提.搂.穿分.劈掌.刺脚.

三十八、翻身左蹬脚 穿捶.提.穿分.劈掌.蹬脚.

三十九、左搂膝拗步 捌.沉.提.搂.按.

四十、右搂膝拗步 采.捌.撅(采.肘).沉.提.搂.按.

四十一、上步搂膝栽捶 采.捌.撅(采.肘) 搂.栽捶.

金仁霖手錄太極拳名目

一、起　勢

無極（平行步高站式）；（圖1）

純陰（提、沉、合、開、吸、呼）；（圖2）

純陽（提、沉、合、開、吸、呼）。（圖3）

圖1　　　　　圖2　　　　　圖3

二、攬雀尾

靠、平攦、閃、採、掤、攦、擠、捌、雙按。（圖4～圖6）

圖4　　　　　圖5　　　　　圖6

三、單　鞭

雙沾、靠、肘、攔、吊手、掤、按。（圖7～圖9）

圖7　　　　　　圖8　　　　　　圖9

四、提　手

提手上勢至
摟膝拗步勁
路變化

　靠、提分、採、挒、撇身掌、撅（採、
截、切）。（圖10～圖12）

圖10　　　　　圖11　　　　　圖12

五、白鶴亮翅

平攦、靠、擠、閃、提、穿分、採、擎、按。（圖 13～圖15）

圖13　　　　圖14　　　　圖15

六、左摟膝拗步

捌、沉、提、摟、按。（圖16、圖17）

摟膝拗步勁
路折疊變化

圖16　　　　　　圖17

七、手揮琵琶

撅（採、靠）、提、劈、切。（圖18、圖19）

八、左摟膝拗步

撅（採、沉）、提、摟、按。（圖20）

圖18

圖19

圖20

九、左右摟膝拗步

採、挒、撅（採、肘）、沉、提、摟、按。（圖21～圖23）

圖21

圖22

圖23

十、手揮琵琶

掤（採、靠）、提、劈、切。（圖24、圖25）

十一、左摟膝拗步

掤（採、沉）、提、摟、按。（圖26）

圖24　　　　圖25　　　　圖26

十二、上步撇身捶

採、挒、披身靠、撇身掌、翻捶、掤（採、肘）、劈。（圖27～圖29）

圖27　　　　圖28　　　　圖29

十三、上步搬攔捶

倒攦、平掤、搬、攔、豎捶。（圖 30～圖 32）

圖30　　　　　　圖31　　　　　　圖32

十四、如封似閉

倒捶、捌、穿接、分手、採、雙按。（圖 33、圖 34）

圖33　　　　　　圖34

十五、十字手

雙沉、雙提、雙擎、沾提、擎、按、提掤、穿接、攦、擠、十字手。（圖 35 ～圖 37）

圖35

圖36

圖37

十六、抱虎歸山

攦、按、擠、平攦、掤、倒攦、反擠、提、摟、挒、雙按。（圖 38 ～圖 40）

圖38

圖39

圖40

十七、斜單鞭

雙沾、靠、肘、攔、吊手、掤、按。（圖41～圖43）

圖41　　　　　圖42　　　　　圖43

十八、肘底捶

採、挒、穿接、靠、肘、分攦、按、採、搬攔、豎捶。（圖44～圖46）

圖44　　　　　圖45　　　　　圖46

十九、右倒攆猴

挒、撅（採、肘）、靠、劈。

二十、左右倒攆猴

沉、提、翻接、採、靠、肘、按。（圖47）

二十一、左斜倒攆猴

沉、提、翻接、採、按、撅（沉臂）。
（圖48、圖49）

倒攆猴至高探馬
勁路變化

圖47　　　　　　圖48　　　　　　圖49

二十二、斜飛式

撅、擠、平攦、靠、採、挒。（圖50～圖52）

圖50　　　　　　圖51　　　　　　圖52

二十三、提手

靠、提分、採、挒、撇身掌、撅（採、截、切）。
（圖 53、圖 54）

二十四、白鶴亮翅

平攦、靠、擠、閃、提、穿分、採、擎、按。（圖
55 ～圖 57）

二十五、左摟膝拗步

挒、沉、提、摟、按。（圖 58）

圖53　　　　圖54　　　　圖55

圖56　　　　圖57　　　　圖58

二十六、海底針

撅（採、肘）、摟、採、叩。（圖59、圖60）

圖59　　　　　　　　圖60

二十七、扇通臂

提、穿、披身、擎、接。（圖61）

二十八、翻身撇身捶

雙按、提、擎、按、靠、提分、採、挒、披身肘、撇
身掌、翻捶、撅（採、肘）、劈。（圖62、圖63）

圖61　　　　　　圖62　　　　　　圖63

二十九、回身搬攔捶

搬、攔、豎捶。（圖64～圖66）

圖64　　　　　　圖65　　　　　　圖66

三十、上步撇身捶

摟、沉、提、披身靠、撇身掌、翻捶、撅（採、肘）、劈。

三十一、上步搬攔捶

倒摟、平掤、搬、攔、豎捶。

三十二、上步攬雀尾

平摟、靠、掤、摟、擠、捋、採、雙按。（圖67、圖68）

三十三、單鞭

雙沾、靠、肘、攔、吊手、掤、按。（圖69）

三十四、雲手

靠、提分、採、掤、摟、截切。（圖70～圖72）

三十五、單鞭

穿接、平摟、攔、吊手、掤、按。（圖73、圖74）

圖67 圖68 圖69

圖70 圖71 圖72

圖73 圖74

三十六、高探馬

捌、翻接、採、按、撅（沉臂）。

三十七、左右分腳

平擺、靠、採、掤、捌、撅（採、靠、截、切）、提
接、穿分、劈掌、翹腳。（圖 75 ～ 圖 77）

圖75　　　　圖76　　　　圖77

三十八、翻身左蹬腳

穿接、提、穿分、劈掌、蹬腳。（圖 78、圖 79）

圖78　　　　圖79

三十九、左摟膝拗步

捌、沉、提、摟、按。（圖80）

四十、右摟膝拗步

採、捌、撅（採、肘）、沉、提、摟、按。（圖81）

圖80

圖81

四十一、上步摟膝栽捶

採、捌、撅（採、肘）、摟、栽捶。（圖82、圖83）

圖82

圖83

四十二、翻身白蛇吐信

靠、提、擎、按、提分、採挒、披身肘、撇身掌、翻捶、伸掌、撅（採、肘）、劈。（圖 84～圖 86）

圖84　　　　　圖85　　　　　圖86

四十三、上步搬攔捶

倒攓、平掤、搬攔、豎捶。（圖 87～圖 89）

圖87　　　　　圖88　　　　　圖89

四十四、右蹬腳

提接、穿分、劈掌、蹬腳。（圖90～圖92）

圖90　　　　　圖91　　　　　圖92

四十五、左右披身伏虎

披身靠、翻擠、雙按、平攦、穿接、披身肘、雙豎捶。（圖93～圖95）

圖93　　　　　圖94　　　　　圖95

四十六、回身右踢腳

靠、提、擎、按、提接、穿分、劈掌、踢腳。（圖 96）

四十七、**雙峰貫耳**

雙捌、雙採、雙橫捶。（圖 97、圖 98）

圖96　　　　　圖97　　　　　圖98

四十八、左踢腳

沾提、擎按、提接、穿分、劈掌、踢腳。（圖 99）

四十九、**轉身右蹬腳**

穿接、提、穿分、劈掌、蹬腳。（圖 100、圖 101）

五十、上步撇身捶

披身靠、撇身掌、翻捶、撅（採、肘）、劈。

五十一、上步搬攔捶

倒攓、平掤、搬攔、豎捶。（圖 102）

五十二、如封似閉

倒捶、捌、穿接、分手、採、雙按。（圖 103、圖 104）

圖99

圖100

圖104

圖102

圖103

圖104

五十三、十字手

雙沉、雙提、雙擎、沾提、擎、按、提掤、穿接、攦、擠、十字手。（圖105～圖107）

圖105　　　　圖106　　　　圖107

五十四、抱虎歸山

攦、按、擠、平攦、掤、倒攦、反擠、提、摟、捌、雙按。（圖108～圖110）

圖108　　　　圖109　　　　圖110

五十五、斜單鞭

雙沾、靠、肘、攔、吊手、掤、按。（圖 111～圖 112）

圖111　　　　　　　　圖112

五十六、左右野馬分鬃

靠、提分、採、挒、提、沉、平擺、閃。（圖 113～圖 115）

圖113　　　　圖114　　　　圖115

五十七、上步攬雀尾

平擺、靠、採、掤、擺、擠、捌、雙按。（圖116～圖118）

圖116　　　　　圖117　　　　　圖118

五十八、斜單鞭

雙沾、靠、肘、攔、吊手、掤、按。（圖119、圖120）

圖119　　　　　圖120

五十九、左右玉女穿梭

靠、提分、採、撅（沉臂）、挒、穿接、分手、掤、擎、按、橫插掌。（圖121～圖123）

圖121　　　　圖122　　　　圖123

六十、上步攬雀尾

平攦、靠、採、掤、攦、擠、挒、雙按。（圖124～圖126）

圖124　　　　圖125　　　　圖126

六十一、單鞭

雙沾、靠、肘、攔、吊手、掤、按。

六十二、雲手

靠、提分、採、掤、擾、橫擠、穿接。（圖 127～圖 129）

圖127　　　　　圖128　　　　　圖129

六十三、單鞭

穿接、平、攔、吊手、掤、按。（圖 130～圖 132）

圖130　　　　　圖131　　　　　圖132

六十四、單鞭下勢

提、穿、擎。（圖 133、圖 134）

圖133　　　　　　　　圖134

六十五、左右金雞獨立

靠、提、捌、摟、肘、採、按、沉、翻接、倒攦、擠、撅（採、靠）。（圖 135～圖 137）

圖135　　　　圖136　　　　圖137

六十六、右倒攆猴

挒、採、靠、肘、按。

六十七、左右倒攆猴

沉、提、翻接、採、靠、肘、按。

六十八、左斜倒攆猴

沉、提、翻接、採、按、撅（沉臂）。（圖138～圖140）

圖138　　　　　圖139　　　　　圖140

六十九、斜飛式

擺、擠、平擺、靠、採、挒。（圖141～圖143）

七十、提手

靠、提分、採、挒、撇身掌、撅（採、截、切）。（圖144、圖145）

七十一、白鶴亮翅

平擺、靠、擠、閃、提分、採、擎、按。（圖146～圖148）

圖141　　　　　　　圖142　　　　　　　圖143

圖144　　　　　　　圖145

圖146　　　　　　　圖147　　　　　　　圖148

七十二、左摟膝拗步

挒、沉、提、摟、按。（圖 149、圖 150）

圖149

圖150

七十三、進步海底針

撅（採、肘）、摟、採、叩。（圖 151、圖 152）

圖151

圖152

七十四、扇通臂

提、穿、披身、擎、接。（圖153、圖154）

圖153　　　　　　　　圖154

七十五、翻身撇身捶

雙按、提、擎、按、靠、提分、採、挒、披身肘、撇身掌、翻捶、撅（採、肘）、劈。（圖155～圖157）

圖155　　　　　　圖156　　　　　　圖157

七十六、回身搬攔捶

搬、攔、豎捶。（圖 158、圖 159）

圖158

圖159

七十七、上步撇身捶

握、沉、提、披身靠、撇身掌、翻捶、撅（採、肘）、劈。

七十八、上步搬攔捶

倒握、平掤、搬、攔、豎捶。

七十九、上步攬雀尾

平握、靠、掤、握、擠、挒、採、雙按。

八十、單鞭

雙沾、靠、肘、攔、吊手、掤、按。（圖 160～圖 162）

八十一、雲捶

靠、提分、採、披身靠、雙豎捶。（圖 163～圖 165）

圖160

圖161

圖162

圖163

圖164

圖165

八十二、單鞭

平摱、攔、吊手、掤、按。（圖166、圖167）

八十三、高探馬

捯、翻接、採、按、撅（沉臂）。（圖168）

圖166　　　　圖167　　　　圖168

八十四、翻身十字腳

平摱、撇身掌、翻穿、倒摱、掤、捯、穿接、分手、披身肘、劈掌、蹬腳。（圖169～圖171）

圖169　　　　圖170　　　　圖171

八十五、上步摟膝指襠捶

翻接、採、靠、肘、按、沉、提、撅（採、肘）、摟、指襠捶。（圖172、圖173）

八十六、左右削

捌、採、削。（圖174）

圖172　　　　　圖173　　　　　圖174

八十七、上步攬雀尾

平攦、靠、掤、攦、擠、捌、採、雙按。（圖175～圖177）

圖175　　　　　圖176　　　　　圖177

八十八、單鞭

雙沾、靠、肘、攔、吊手、掤、按。（圖 178～圖 180）

圖178　　　　　圖179　　　　　圖180

八十九、單鞭下勢

提、穿、擎。（圖 181、圖 182）

圖181　　　　　圖182

九十、上步七星

靠、提、採、迭捶。（圖 183）

九十一、退步跨虎

挒、採、削、沉、提。（圖 184、圖 185）

圖183　　　圖184　　　圖185

九十二、轉身雙擺蓮

穿接、穿分、披身肘、平攦、擺腳。（圖 186、圖 187）

圖186　　　圖187

九十三、彎弓射虎

平攦、穿接、披身肘、
折迭捶。（圖188）

九十四、退步搬攔捶

搬、攔、豎捶。

九十五、上步撇身捶

攦、沉提、披身靠、撇
身掌、翻捶、撅（採、肘）、
劈。（圖189～圖191）

九十六、上步搬攔捶

倒攦、平掤、搬攔、豎捶。

圖188

圖189

圖190

圖191

九十七、如封似閉

倒捶、捌、穿接、分手、採、雙按。（圖 192、圖 193）

圖192　　　　圖193

九十八、十字手

雙沉、雙提、雙擎、沾提、擎、按、提、掤、穿接、攦、擠、十字手。（圖 194～圖 196）

圖194　　　圖195　　　圖196

九十九、合太極

平開、平合、吸、呼。（圖 197、圖 198）

圖197

圖198

一百、還原

無極式。（圖 199）

圖199

輔助行功式

一、分虛實

由平行步高站式，收右腳進左腳變川步中站式，前後坐腿。兩手鬆腕反貼腰際，轉腰回頭平視實腿側後方。

二、回頭望月（後顧無憂）

由平行步高站式變馬步站式，左右坐腿。兩手鬆腕反貼腰際，隨腰轉。兩膝連環圈，回頭斜望後上空。

三、變陰陽（抱虎歸山、倒攆猴式）

由平行步高站式，收右腳進左腳變川步中站式，前後坐腿。隨轉腰一手覆掌前平舉，一手仰掌伸向斜後方，然後再轉臂使兩手掌心斜斜相對，後手向胸前按出，前手向腰側攦沉。

四、大海浮沉

平行步中站式，左右坐腿，兩手交互隨轉腰，一手覆掌前平舉，一手仰掌伸向斜後上方，然後再轉臂使兩手掌心斜斜相對，後手向胸前按出，前手向腰側沉。此式身形有起伏。

五、西江印月

平行步中站式，隨轉腰一手上掤，轉臂反掌披額，揮

手反掌搭背，回頭望踵，同時另一手反掌披額，隨即左右交互上掤披額，揮手搭背，回頭望踵。數次，正身兩臂覆掌前斜平舉，撒手還原。

六、萬里鵬程

由平行步高站式變馬步站式，坐一腿，實腳掌隨轉腰向身後斜角轉去，虛腳顛地。

兩手隨轉腰一手反掌披額，一手仰掌後伸，手臂和虛腿平行。兩眼後視虛腳踵。

七、左右進退圈

平行步高站式，一腳斜向並步，隨兩手鬆腕反貼腰際。及轉腰屈膝勢坐實，一腳虛顛，然後再隨腰轉向身前斜方或身後斜方，成凹弧形。進步或退步各三次。

八、月夜過清溪

平行步高站式，一腳斜向並步，隨兩手鬆腕反貼腰際。及轉腰屈膝勢坐實，一腳虛顛，然後虛腳隨腰轉向前，伸腿虛點，曲腿提收。

九、先予後取

由平行步高站式，收右腳進左腳，變川步中站式，坐後腿。

隨轉腰兩手前仰後覆，由後胯側向前斜上方掤伸去。坐實前腿，變雙劈掌回身後坐，撒手。

十、絕壁攀緣

平行步中站式，兩手交互隨腰轉反掌上提，握拳轉順，揮臂撒手坐腿。

十一、折迭式

斜川字步中站式坐前腿，打折迭捶變分手，隨轉臂成覆掌，兩臂左右側平舉，坐腕舒指進步。

十二、俯仰式

斜川字步中站式坐前腿，兩臂覆掌由前胯側齊胸提起，隨腰轉由外向圈內經身前往後腿外側提肘沉臂倒，復往前腿裡側沉肘提臂掤按，隨進步。

十三、蛇身下勢金雞展翅

由平行步高站式，收右腳進左腳，變川字步中站式。坐前腿，兩臂覆掌前平舉，回身單吊手，順劈掌變下勢。提臂起腿，兩手後分前劈，伸腿蹬腳，隨進步。

推手簡言

金仁霖與
弟子推手

一、定　步

你按我掤，我擺你擠，你擠我化；

我按你掤，你擺我擠，我擠你化；

你按我掤，我擺你提（換手），你掤我按，你我擠，我擠你化。

二、動 步（一步）

你按我掤，你上步按，我卸步掤，我並步擺，你並步擠，我轉腰化；

我上步按，你卸步掤，你並步擺，我並步擠，你轉腰化，你上步按，我卸步掤，我並步擺，你並步提（換手），你卸步掤，我上步按。

三、活 步

你按我掤，你進步按，我退步掤，我收步擺，你跟步擠，我轉腰化；

我進步按，你退步掤，你收步擺，我跟步擠，你轉腰化，你進步按，我退步掤，我收步擺，你跟步提（換手），你退步掤，我進步按（換腳則多進或多退一步）。

四、大擺（進三步退三步）

你按我掤，你進步按，我退步採（擺），你進步靠（擠），我轉腰化（沉臂），我並步閃（挒）；

你並步提（掤），我進步按，你退步採（擺），你並步靠（擠），你套步化（插襠），你並步按，我並步提（掤、換手反向走）。

散手行功式

一、正　步

（一）連珠，（二）直捶，（三）單穿，（四）單按，（五）斜捌，（六）正劈，（七）雙截，（八）踢腳，（九）蹬腳，（十）套提。

二、七星步

（一）雙採，（二）雙飛，（三）雙分，（四）採捌，（五）橫肘，（六）倒順肘，（七）倒順靠，（八）橫穿，（九）雙貫，（十）雙射。

三、七星步跟步

（一）上步雙分，（二）進步雙封。

太極劍譜

一、起勢。

二、三環套月：接劍。

三、大魁星：反崩，上前斜刺，提，左手作劍指向
　　前指出。

四、燕子抄水：擊，撩，洗。

五、左右攔掃：攔。

六、小魁星：提。

七、燕子入巢：刺，截。

八、靈貓捕鼠：帶，格（擱），壓，前斜下刺。

九、蜻蜓點水：點。

十、黃蜂入洞：攔（葉裡藏針），提，前斜下刺。

十一、鳳凰雙展翅：截。

十二、左旋風：左攪。

十三、小魁星：提。

十四、鳳凰雙展翅：截。

十五、右旋風：右攪。

十六、等魚式：反叩，叩。

十七、撥草尋蛇：撥，截。

十八、懷中抱月：抽，帶。

十九、宿鳥投林：斜上刺。

二十、烏龍擺尾：截。

二十一、風捲荷葉：壓，平刺。

二十二、獅子搖頭：攔（葉裡藏針），搖。

二十三、虎抱頭：帶，截，右攔，提，截。

二十四、野馬跳澗：（遠）格（擱），壓，平刺。

二十五、翻身勒馬式：截，帶，格（擱）。

二十六、上步指南針：平刺。

二十七、迎風撣塵：格。

二十八、順水推舟：反崩，上前斜刺。

二十九、流星趕月：劈。

三　十、天馬行空：撩，截。

三十一、挑簾式：提，挑。

三十二、左右車輪劍：輪（刺）。

三十三、燕子銜泥：點。

三十四、大鵬單（或作雙）展翅：展翅，撩。（雙展翅）作刺。

三十五、海底撈月：洗。

三十六、懷中抱月：抽，帶。

三十七、探海式：斜下刺。

三十八、犀牛望月：抽，帶。

三十九、射雁式：截，左手作劍指向前斜上指。

四　十、青龍探爪：前斜上刺。

四十一、鳳凰雙展翅：截。

四十二、左右掛籃：抽，帶。

四十三、射雁式：截，左手作劍指向前斜上指。

四十四、白猿獻果：上前刺，提，截。

四十五、左右落花：抽，帶。

四十六、玉女投梭：提，前斜下刺。

四十七、白虎攪尾：攪，格，左手作劍指前指。

四十八、鯉魚跳龍門：（高）截，格（攦），壓，平刺。

四十九、烏龍絞柱：劈，提。

五　十、仙人指路：擊，刺。

五十一、懷中抱月：崩，抽，帶。

五十二、朝天一炷香：格（吞、對）。

五十三、風掃梅花：攔（葉裡藏針），帶，掃，截。

五十四、懷中抱月：抽，帶，格（攦）。

五十五、上步指南針：平刺。

五十六、迎笏式：格（吞、對）。

五十七、抱劍歸原：交劍。

金仁霖演
示太極劍

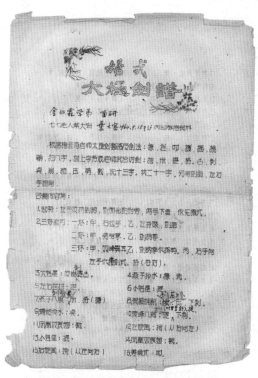

葉大密贈金仁霖楊式太極劍譜

太極刀譜

一、起勢

二、上步七星

三、退步跨虎

四、右格左掛

五、接刀

六、下拉上刺

七、左右攔撩

八、閃賺推提

九、分張劈撩

十、托刀亮掌

十一、送鳥投林（刺）

十二、風捲荷花（纏、劈）

十三、進步推提

十四、翻身藏刀（拉）

十五、左右玉女穿梭（攔、割、推、提）

十六、翻身藏刀（拉）

十七、左右玉女穿梭（攔、割、推、提）

十八、翻身藏刀（拉）

十九、上格前刺

二十、跳步劈剁

二十一、後掛前蹬（交刀）

二十二、左右打虎勢

二十三、轉身踢腳

二十四、順水推舟（接刀、紮）

二十五、轉身盤頭藏刀（纏、拉）

二十六、攔腰平推

二十七、後劃前割

二十八、鯉魚分水（劈、提）

二十九、上格前刺

三　十、跳步劈剁

三十一、上步盤頭劈刀（纏、劈）

三十二、卞和攜石（交刀）

三十三、退步七星

三十四、抱刀還原

金仁霖演
示太極刀

太極刀譜跋

5月31日，葉師大密囑余將太極刀整理成譜，受命後遂將田兆麟、褚桂亭、傅鍾文三家之傳，通理一番。順序一依原歌訣詞句先後次第，名稱則多取之於用法，間有部分襲用歌訣詞句內容或會意其含義者，草成初稿。為持鄭重起見，復請蔡福民同學至張玉處將武匯川所傳之刀學來，並為參校之。斟酌再三，始敢定稿。

譜成諦視之，雖不能云已集諸家之大成，然較之市間所傳泛泛者，自有天壤之別也。

1973年6月22日慰蒼并志

武當對劍

附圓虛道人論劍──武當內家對手劍法

第一路

上下手各起勢　互墊步刺劍進步倒插步反崩腕　上進步斜點腕　下回身抽腕　上退步刺腕　下退步上刺腕對提腕　對走半圈　下進步翻腕刺胸　上回身帶腕　下回身帶腰　上進身反格腕刺胸　下進身反格腕刺胸　上回身帶腰

重三遍　上進身反格腕刺胸　下回身壓劍進身反擊耳上回身崩腕　下提劍刺腕　對提腕　對劈腕下上步刺喉上上步帶劍身刺喉　下回身帶劍進身刺喉　重三遍　上退步壓劍進步右攪劍　下進步左攪劍　對走半圈　下擊頭上托劍進步截腿　下退步截腕　上退步帶腕　下進步左截

腕　上退步抽腕刺腹　下進步右截腕上退步帶腕　下墊步翻格腕進步刺胸　對提腕　各退步保門式

第二路

下進步擊頭　上進步擊腕　下提腕　上提腕箭步刺膝黏劍反崩腕　下箭步壓劍反崩腕　上跌步斜點腕　下跌步斜崩腕　上抽腕　下進步刺腹　上進步右截腕　對劈腕下上步反擊耳　上反擊腕回身帶劍攪腕　下進步抽腿退步抽腰　上提腿進步刺腕退步抽腰　互刺腕抽腰　重三遍下退步壓劍進步擊頭　上退步右攬劍擊腕　對提腕　各退步保門式

第三路

上進步劈頭　上進步格腕　下提腕　上進步帶腰　下退步反格腕進步帶腰　上退步反格腕進步帶腰　對走半圈下退步壓劍反耳　上退步崩腕　下提劍刺腕　上上步叩擊腕　下上步叩擊腕　對走半圈　對反抽腕　下上步刺腹上上步反格腕　下左攬腕反抽腕　上右攬腕反抽腕　對提劍　各退步保門式

第四路

上進步起腿洗　下進步擊腿反抽腕　上上步反抽腕對走半圈　下退步抽劍反帶腕　上退步反帶腕　對走半圈下退步帶腕進步左攬腕　上退步右攬腕　重三遍　下進步抽腿　上退步帶腕　下退步帶腕　上進步抽腕　上進下

退抽帶　重三遍　下連退步崩腕　上進步抽劍下進身反擊
耳　上搭劍回身左壓　下回身左壓劍　上進身擊腿反擊耳
下收腿踩步崩腕　上提劍刺腕　對提腕　各退步保門式

第五路

上下各斜進步提劍式　上進步刺腹　下進步擊腕上反
腕平提　下右攪腕平截腕　上左攪腕平截腕　互沉劍　對
提腕　對走半圈　上進步踩步崩腕　下退步帶腕　上進步
反格腕刺胸　下退步上抽腕　上邁步右截腕　下抽劍上刺
腕　上抽腕　下右截腕　上退步帶腿抱劍插步刺腰　下抱
劍插步刺腰　上回身抽腕　下上步獨立刺胸　上上步擊腕
下退步提劍刺腕　對提腕　扣退步保門式　上下各斜進
步提劍式　上進步刺腹　下進步擊腕　對提腕　對劈裡腕
互上步刺腹　上反截腕　下跌步左攪反帶腕　上右攪腕反
抽腕　互收劍　互墊　步刺劍翻身劈劍　退步保門式

武當對劍拆練　上手

第一路

起勢　墊步刺劍進步倒插步反崩腕　（先）[1] 進步斜
點腕　退步刺腕　提腕　走半圈　回身帶腕　進身反格腕
刺胸　回身帶腰　重三遍　進身反格腕刺胸　回身崩腕
提腕　劈腕　上步帶劍進身刺喉　重三遍　（先）退步壓
劍進步右攪劍　走半圈　托劍進步截腿　退步帶腕　退步

---

[1]　先：在「上手」套路中，指先於「下手」套路動手。
同理，在「下手」套路中則反之。

抽腕刺腹　退步帶腕　提腕　退步保門式

第二路
進步擊腕　提腕箭步刺膝黏劍反崩腕　（先）跌步斜點腕　抽腕　進步右截腕　劈腕　反擊腕回身帶劍攪腕提腿進步刺腕退步抽腰　刺腕抽腰　重三遍　退步右攪劍擊腕　提腕　退步保門式

第三路
進步格腕　進步帶腰　退步反格腕　進步帶腰　走半圈　退步崩腕　（先）上步叩擊腕　走半圈　反抽腕　上步反格腕　右攪腕反抽腕　提劍　各退保門式

第四路
進步起腿洗　上步反抽腕　走半圈　退步反帶腕　走半圈　退步右攪腕　重三遍　退步帶腕　進步抽腕　進步抽帶　重三遍　進步抽劍　搭劍回身左壓　進身擊腿反擊耳　提劍刺腕　提腕　退步保門式

第五路
斜進步提劍式　（先）進步刺腹　反腕平提　左攪腕平截腕　沉劍　提腕　走半圈　（先）進步踩步崩腕　進步反格腕刺胸　邁步右截腕　抽腕　退步帶腿抱劍插步刺腰　回身抽腕　上步擊腕　提腕　退步保門式　斜進步提劍式　進步擊腕　提腕　劈裡腕（先）互上步刺腹　反截

腕　右攬腕反抽腕　收劍　墊步刺劍翻身劈劍　退步保門
式

武當對劍拆練　下手

第一路

　　起勢　墊步刺劍進步倒插步反崩腕　回身抽腕　退步
上刺腕　提腕　走半圈　（先）進步翻格腕刺胸　回身帶
腰　進身反格腕刺胸　重三遍　回身壓劍進身反擊耳　提
劍刺腕　提腕　劈腕　（先）上步刺喉　回身帶劍進身刺
喉　重三遍　進步左攬劍　走半圈　（先）擊頭退步截腕
　進步左截腕　進步右截腕　墊步翻格腕進步刺胸　提腕
退步保門式

第二路

　　進步擊頭　（先）提腕　箭步壓劍反崩腕　跌步斜崩
腕　進步刺腹　劈腕　（先）上步反擊耳　進步抽腿退步
抽腰　刺腕抽腰　重三遍　（先）退步壓劍進步擊頭　提
腕　退步保門式

第三路

　　（先）進步劈頭　提腕　退步反格腕進步帶腰　走半
圈　（先）退步壓劍反擊耳　提劍刺腕　上步叩擊腕　走
半圈　反抽腕　（先）上步刺腹　左攬腕反抽腕　提劍
退步保門式

第四路

　進步擊腿反抽耳　走半圈　（先）退步抽劍反抽腕
走半圈　（先）退步帶腕進步左攬腕　重三遍　（先）進步
抽腿　退步帶腕　退步抽帶　重三遍　（先）連退步崩腕
　進身反擊耳　回身左壓劍　收腿踩步崩腕　提腕　退步
保門式

第五路

　斜進步提劍式　進步擊腕　右攬腕反截腕　沉劍提腕
　走半圈　退步帶腕　退步上抽腕　抽劍上刺腕右截腕
抱劍插步刺腰　上步獨立刺胸　退步提劍　刺腕　提腕
退步保門式　斜進步提劍式　（先）進步刺腹　提腕　劈
裡腕　上步刺腹　跌步左攬腕反帶腕　收劍墊步刺劍翻身
劈劍　退步保門式

圓虛道人論劍──武當內家對手劍法

　1988 年，筆者在《武魂》總第 19 期發表了文章《宋
唯一的武當劍術和李景林的武當對劍法源流不同考》，文
中提到，「李景林老師的武當對劍法是和浮山（劍）道人
圓虛的武當內家對手劍法一脈相承的」。現將圓虛道人撰
寫的《武當內家對手劍法》公開，此譜是根據師姐濮冰如
於民國年間的手抄本整理而成的。

金仁霖

劍 綱

劍 式

凡高低、斜正、曲直、左右、進退、伸縮，每一動作為一式，曰劍式。

劍 情

彼如此來，吾如此應，有感而動，不在人先，不落人後，曰劍情。

劍 理

動必有由，曰劍理。

劍 勢

劍在敵旁，動必能及，隨機應變，無所不通（適）①，使敵生畏，能敗敵而不為敵所敗，曰劍勢。

劍 德

謙而不滿，敬以採事，遜乃不遨（傲），敏乃能捷，慧才見巧，制而能讓，敵敗不怨，曰劍德。

劍 意

知彼知己，相敵而動，曰劍意。

劍 志

能避人險，動必傷人，曰劍志。

劍 法

人以此式來，我以此式應之，或以變式施之，總以能脫險而加刺擊於敵人，不必以第二式之動作即能取勝者，

---

① 本節中「（ ）」中的文字，為筆者對原文存疑，根據文意校改。

曰劍法。

劍　用

經者常也，庸者不易也。無成法不能為穀率，舍規矩不能成方圓，守經不變則為拙工。若尺矩不失，因物而施，曰劍用。

武當劍法十三勢疏證

劍法十三勢名稱

擊、截、刺、抽、劈、洗、格、帶、提、壓、點、掤、攪。

十三勢之功能

擊，敲之使退也；截，阻之勿進也；刺，衝之於前也；抽，拔（之）於後也；劈，由上斬下也；洗，由下掠上也；格，破其實而陷之也；帶，攻其虛而避之也；提，撬之使揚也；壓，鎮之使定也；點，制之於上也；掤，制之於下也；攪，能失敵之主張，居中禦外，統領八方，凡十二勢之動作皆兼而有之者也。

十三勢之對象

擊與截對；刺與抽對；劈與洗對；格與帶對；提與壓對；點與掤對。天地有陰陽，即有順逆、相對、交錯，而後消長變化生焉。故此十二勢其勢皆相反也。攪，唯此一勢，則無論陰陽橫直，皆我自為之，不因人而成事，亦無與對抗者。

十三勢之攻守

擊、刺、劈、格、提、點，皆有攻之勢也。截、抽、

金仁霖演示
武當對劍

洗、帶、壓、搠，皆有守之勢也。攬，有攻
有守，能攻能守，或攻或守，似攻似守，是
攻是守，又兼有彼十二勢之才能以成己勢，
故能統眾而為帥，相彼而後動，其態圓，得
天地之正形，足為各勢之冠，其（它）諸勢中無一足與相
配相敵，無不為其所化者也。

楊家太極拳老譜[①]

一、八門五步

方位八門，乃陰陽顛倒之理，週而復始，隨其所行
也。八門者，四正四隅也。四正為搠擠按，四隅乃採挒肘
靠。合正隅之手，得門位之封（卦），以身分步，則生五
行，以支撐八面。

五行者，進步〔火〕，退步〔水〕，左顧〔木〕，右
盼〔金〕，中定〔土〕是也。以中定為樞軸，懷藏八卦，
腳踏五行，名之曰八門五步。

二、沾黏連隨

沾者，提上拔高之謂也。黏者，留戀繾綣之謂也。連

---

①　此譜摘錄自1953年7月1日由田兆麟老師的學生何孔嘉
彙編成集的《太極拳手冊》。與他本楊氏老譜相關內容一一對
照，可判斷此譜係楊氏老拳譜無疑。此譜文字雖多舛誤，而文
思簡潔，義理清晰，遣詞用典，皆有著落，且語氣親和，面目

者，捨己無離之謂也。隨者，此動彼應（彼動此應）之謂也。學者欲求懂勁，當於此四字三注意焉。

三、頂偏（匾）丟抗

頂者，出頭之謂也。偏（匾）者，不及之謂也。丟者，離開之謂也。抗者，太過之謂也。初學者，每犯此四字之病，必於推手之時，密密覺察，隨時改去，改之既盡，方能達感覺靈敏，沾黏連隨之域。

四、太極圈

退圈容易進圈難，不離腰腿（頂）後與前。所難中土不離位，退易進難仔細研。此為動功非站定，倚身進退並比肩。能如水磨摧急緩，雲龍風虎象周旋。要用天盤從此覓，久而久之出天然。

五、對待用功法守中正

欲求懂勁，須習對待，〔即推手〕。推手分掤攦擠按四手，學者必於此四手，用不動步推法，苦下工夫，須練至腰腿皆可沾黏連隨，身形和順，伸舒自如，無絲毫拙力，隨感隨應，方可謂基本之功足。

可人。文字舛誤處，均已一一校正。中括弧〔　〕內的文字，係原文所固有的標記。圓括號（　）內的文字，係校正的文字。部分標點有所改動，其餘一概保持原譜之風貌。

六、太極進退不已功

掤進攦退自然理，陰陽水火相既濟。先知四手得其真，採挒肘靠方可許。四隅從此演出來，十三勢架永無已。所以因之名長拳，任君開展與收斂。千萬不可離太極，對待於人出自然。由茲往返於地天，但求捨己無彌病。上下進退永連綿。

七、太極體用解

理為精氣神之體，精氣神為身之體。身為心之用，勁（力）為身之用。心身有一定之主宰者，理也；精氣神有一定之主宰者，意誠也。誠者，天道；誠之者，人道。俱不外意念須臾之間。

要知天人同體之理，自得日月流行之氣。其氣意之流行，精神自隱於（微乎）理也（矣）。夫而後言，乃武，乃文，乃聖，乃神，則得矣。特借後天之武事，論之於身心，用之於勁力，仍歸於道之本也。勁由於筋，力由於骨。如以持物論之，有（力）者能持數百斤，是骨節皮毛之外操也，故有硬力。

太極拳之內勁則不然。以之持物，或不數斤，蓋精氣內壯也。若功成之後，較硬力不知妙出若干倍也。

八、太極文武解

文者，體也；武者，用也。文功在武，用於精氣神也，為之體育；武功得文，體於心身也，為之武事。夫文

武又有火候之謂。在放捲得其時中，體育之本也。文武使於對敵（待）之際，在蓄發適當其可，武事之根也。有文無武，謂之有體無用；武而無文，謂之有用無體。文者，內理也；武者，外數也。有外數無文理，必為勇（血）氣之勇，有失本（來）面目，欺敵取敗也；有文理無外數，徒思安靜之學，未知用的採戰，差微則亡矣。

九、太極懂勁解

自己懂勁，接及神明，為之文成。而反（後）採戰。身中之陰，七十有二，無時不然。陽得其陰，水火既濟，乾坤交媾，性命葆真矣。

於人懂勁，視聽之際，遇而變化，不著思慮形相，而來往咸宜，自得曲誠之妙。

十、八五十三勢長拳解

自己用功，一勢一式，用成之後，合（之）為長拳，滔滔不斷，週而復始，所以名為長拳也。萬不得不有一定之架子，恐日久入於油滑也，又恐入於硬拳也，決不可失其綿軟。周身往復，精神意氣之本。用久自然貫通，無往不至，何堅不推也。

於人對敵（待），四手當先，亦是（自）八門五步而來。站步四手，碾磨四手，進退四手，天地人三才四手，由下乘長拳四手起，大開大展，練（煉）至緊湊屈伸自由之功，則入上中乘之境矣。

十一、太極分文武三成解

蓋言道者，非自修身，無由得也。然又分為（三）乘修法。乘者，成也。上乘即大成也，下乘（即）小成也，中乘即誠之者成也。法雖三，其成功一也。

文修於內，武修於外。體育內也，武事外也。修者，內外表裡成功集大成者，上乘也；由體育之文，而得武事之武，或由武而得文，中乘也；若惟知體育而成，或專由武事而成者，即下乘也。

十二、太極下乘武事解

太極之武，外操柔軟，內含堅剛。練習之久，自得內之堅剛，然非有意堅剛，實自然增長之內勁也。所難者，內含堅剛，而（不）施於外。即迎敵之時，也以柔軟而應堅剛，使堅剛盡化無存。

然此步功夫，何等深玄。要非沾黏連隨，已由懂勁達神明之域者，不能輕靈玄妙，收四兩撥千斤之功若是也。

十三、太極正功解

太極者，元（圓）也。無論內外上下左右，不離此元（圓）也。太極者，方也。無論內外上下左右，不離此方也。元（圓）之出入，方之進退，隨方就元（圓）之往來也。方為開展，元（圓）為緊湊。方元（圓）規矩之至，熟（孰）能出此外哉。

如此得心應手，仰高鑽堅，神乎其神，見隱顯微，的

的思的，生生不已，欲罷不能。

十四、太極輕重浮沈（沉，下同）解

雙重為病，在於填實，與沈不同也；雙沈不為病，因其活潑能變，與重不等也。雙浮為病，在於漂渺，與輕不同也；雙輕不為病，因其天然輕靈，與浮不等也。半輕半重不為病，偏輕（偏）重為半（病）者，半有著落也。偏者，偏無著落也。所以為病。偏無著落，必失方元（圓）；半有著落，豈出方元（圓）；半浮半沈為病，失於不及也；偏浮偏沈，失於太過也；半重偏（重），滯而不正也；半輕偏輕，靈而不元（圓）也；半沈偏沈，虛而不正也；半浮偏浮，茫而不元（圓）也。夫雙輕不進於浮，則為輕靈；雙沈不進於重，則為離虛。故曰，上手輕重，半有著落，則為平手，除此三者（之）外皆為病手。

蓋內之虛靈，不昧能勇（致）於外，氣之清明，流（行）乎肢體也，若不窮研輕重浮沈之手，徒勞掘井不及泉之歎耳。然有方元（圓）四正之手，表圓而方，超乎象外，得其寰中之上手也。

十五、太極四隅解

四正，即四方也，所謂掤攦擠按也。四隅，即四角也，所謂採挒肘靠也。學者若不知方極而元（圓），元（圓）極而方，方元（圓）循環，陰陽變化之理，焉能出隅之手哉。

蓋吾人外而肢體，內而神氣，均貴輕靈活潑，乃能極

四正方元（圓）之功。然或有於四正之手，犯輕重浮沈之病者，則有隅手出矣，譬為半重偏重。

十六、太極平正（準）腰頂解

頂如準，故至（曰）頂頭懸也。二手，即平左右之盤也。腰即平之根株也。若平準稍有分毫之輕重浮沈，則偏顯然矣。故習太極拳者，須立身中正，有如平準。使頂懸腰鬆，尾閭中正，上下如一線貫串。轉變全憑二平，分毫尺寸，須自己細辨。默識揣摩，容（融）會於心，迨至精熟，自能隨感斯應，無往不宜也。

車輪二，命門一，纛搖又轉，心令氣旗，使自然，隨我便。滿身輕利者，金剛羅漢煉。對待有往來，是早或是晚。合則發放去，有如凌霄箭。滋養有多少，一氣哈而遠。口授須秘傳，開門見中天。

十七、太極尺寸分毫解

功夫先煉（練）開展，後煉（練）緊湊。緊湊之後，再求尺寸分毫。由尺而寸而分而毫。蓋慎密之至，不動而變也。

十八、太極膜脈筋血（穴）解

節膜、拿脈、抓筋、閉穴，此四功，尺寸分毫得之，而後求之。絡（膜）若節之，血不周流；脈若拿之，氣難行走；筋若抓之，身無主地；穴若閉之，神氣皆無。暗抓絡節至半死，伸脈拿之似亡軍，筋抓之勁斷，死穴閉之無

生。氣血精神若無，身何有主哉。若欲能節拿抓閉之功，
非得真傳不可。

十九、太極字二解

挫揉捶打，〔於己於人〕，按摩推拿，〔於己於人〕，
開合升降，〔於己於人〕，此十二字（習）皆用手也。

屈伸動靜，〔於己於人〕，起落急緩，〔於己於人〕，
閔（閃還）撩了，〔於己於人〕，此十二字於己氣也，於
人手也。

轉換進退，〔於己身也，於人步也〕，顧盼前後，
〔（於）己目也，（於）人手也〕，即瞻前眇後、左顧右
盼，此八字，關乎神者也。

斷接俯仰，此四字關乎意勁也。（斷）接關乎神氣，
俯仰關（乎）手足也。

勁斷意不斷，意斷神可接。勁意神俱斷，則俯仰矣。
因手足無著也，俯為一叩，仰為一反，不使叩反，非斷而
（復）接不可。

對待之時，俯仰最當留意，時時在心，手足不使斷接
之能，非見隱顯微不可。隱微如斷而未斷，見隱如接而未
接。接接斷斷，斷斷接接，其心意身體神氣，極於隱顯，
又何患不沾黏連隨哉。

二十、太極節拿抓閉尺寸分毫辨

對待之功，既得尺寸分毫於手，則可量之矣。然不論
節拿抓閉之手易，若節絡（膜）拿脈、抓筋閉血（穴）則

難。非自尺寸分毫量之，不可得也。節不量，由按而得。拿不量，由摩而得。抓不量，由推而得。拿閉非量而不能得穴，由尺盈而縮之寸分毫也。

此四者，無（雖）有高傳，然非自己功夫久者，無論（能）貫通矣（焉）。

二十一、太極補助（瀉）氣力解

補瀉氣者（力）於自己難，補瀉氣力於人亦難。補自己者，知覺功則補運動功，過則瀉，所以求諸己不易也。補於人者，氣過則補之，力過則瀉之，此勝彼則所由然也。氣過或瀉，力過或補，其理雖亦然，其有詳夫過補為之，過上加過，遇瀉為之，緩他不及他，必更過，仍加過也。補氣瀉力於人之法，均為加過於人矣。補氣名曰結氣法，瀉力名曰空力法。

二十二、懂勁先後論

未懂勁之先，易犯頂匾丟抗之病，既懂之後，又恐（犯）斷結（接）俯仰之病。然未懂故犯病，既懂何又犯病？蓋後者在似懂未懂兩可之間，斷接無準，則視聽未正確，尚未達真懂勁之境焉。

何為真懂？知瞻眇顏盼之視，起落緩急之聽，（閃還撩了之運，轉換）進退之動，斯為真懂勁。

乃能屈伸動靜之妙，開合升降之巧。見入則開，遇出則合；看來則（降），去就（就去）則升。而達神明之域。既明矣，則往後行（坐）住臥、一動一靜，均須謹慎

在意，蓋無往而非功夫矣。

二十三、尺寸分毫在懂勁後論

凡未懂勁，先求尺寸分毫，為之小功，不過末技武事而已。所謂能尺於人者，非先懂勁也。如懂勁後，神而明之，自然能量尺寸分毫也。能量然後能節拿抓閉矣。

又必詳知膜（絡）脈筋血（穴）之理，存亡之手，生死之穴。而點穴之要，又在於閉之一字也。

二十四、太極指掌捶手解

自指之下，腕上實者如（為）掌，五指之首為手，五指皆為指，五指組籠為捶。

言其用處，按，推掌也；拿揉抓閉，俱用知（衍文）指也；挫，摩手也；打，捶也。捶有搬攔、指襠、肘底、搬（撇）身、覆捶。掌有摟膝、換轉、單鞭、通背、串掌。手有雲手、提手、合手、十字手、反手。指有屈指、伸指、捏指、閉指、量指。量指又名尺寸指，又名覓穴指。指有五，各有（其）用。

首指為手仍為指，故又名為手指。其（一），用之為施（旋）指、施（旋）指手；其二，用之為根，指根手；其三，用之為弓，指弓手；其四，用之為中合手指。四手指之外為獨指、獨指手也。食指為卞指，為劍指，為佐指，為沾指。中正（指）為心指，為合指，為鉤指，為抹指。無名指為全指，為環指，為代指，為扣指。小指為幫指，為補指，為媚指，為掛指。若此之名，知之易而用之

難，得口訣秘法，亦不易為也。

其次，有對掌、推小（山）掌、射雁掌、掠（晾）翅掌、似（閃）指、拗步指、灣（彎）弓指、穿梭指、探馬手、灣（彎）弓手、抱虎手、玉女手、胯（跨）虎手、通山捶、葉（腋）下捶、背反捶、勢分捶、捲挫捶。

再其次，步隨身換，不出五行，則無失錯矣！因其沾黏連隨之理，捨己從人，身隨步轉。只要無（五）行（之）舛錯，身形腳勢出於自然，又何慮些些（須）之病也。

二十五、口授張三半（丰）老師之言

予知之數（三教）歸一之理，皆性命之學也，皆以心為一身之主也。人之身有精氣神，才能文思安安，武借（備）動動。安安動動，動動安安，乃文乃武。大而化之者，聖神也。先覺者，得其寰中，超乎象外矣。後學者，以效先覺之所知能，蓋其知能雖人因（固）有之，然以迷故，以漸消失，非效先賢，不可（復）也。夫人之知能，天然文武。目視耳聽，天然文也，手舞足蹈，天然武也。前輩大成文武聖神，授人以體育修身之道，而不以武事修身傳也。至予得手舞足蹈之採戰。惜陰補陽，身之陽男也，身之陰女也，然皆備於一身，非如邪道之以男女後天色身為採補也。

予之傳斯武事，即本此意，借假修真，以求進於了性保命之境。非徒作技擊之末也。然即施之於技擊，亦與己身之採戰之理相同。

蓋己身遇對待之數，則為採戰也。是即汞鉛，於人對

戰，坎離兌震，陽戰陰也，為之四正；乾坤艮巽，陰採陽也，為之四隅。此八卦也，為之八門。身足位列中土，進步之陽以戰之，退步之陰以採之，左顧之陽以採之，右盼之陰以戰之，此五門者，為之五步。共為八門五步也。夫修身入手，無論文武，及成功一也，之（三）教、之（三）乘、之（三）原，不出太極，願後學以易理格致於身中，留於後世亦可。

二十六、張三丰以武到（事）得道論

夫人身之成，由得先天之性命，後天之精血形骸。然人既墜塵也，為七情六慾所迷，本性自失，故賢者欲求復本，不得不加修練（煉），修練（煉）之道，或由文，或由武。練太極，即由武入也，由命而返性，由假而返真，故足蹈五行，手舞八卦，皆先天地之理也。迨夫日久功深，自能內外合一，盡性立命，然其要在一誠字，蓋意誠心正，乃能致知格物，而歸先天大道也。

太極拳真義

無形無象，〔忘其有己〕，全身透空，〔內外為一〕，症（應）物自然，〔隨心所欲〕，西山懸磬，〔海闊天空〕，虎喉猿噶，〔鍛鍊陰精〕，泉清水靜，〔心死神活〕，翻江鬧海，〔元氣流勤〕，盍性立命，〔神定氣足〕。

八字歌

掤攦擠按世界（間）奇，十個藝人九不知，若能輕靈

並堅硬，沾連黏隨俱無疑。採挒肘靠更出奇，行之不用費心思，果能輕靈並堅硬，得之環中不支離。

心會欹

腰脊為第一之主宰，喉口（頭）為第二之主宰，心地為第三之主宰；丹田為第一之主宰（賓輔），指掌為第二之主宰（賓輔），足掌為第三之主宰（賓輔）。

周身大用論

一要心性（定）與意靜，自然無處不輕靈。二要遍體氣流行，一定繼續不能停。三要喉頭永不拋，問盡天下眾英豪。如詢大道囚何得，表裏精細無不到。

十六關要論

發（旋）之於足，行之於腿，縱之於膝，活潑於腰，靈通於背，神貫於頂，流行於氣，運之於掌，通之於指，斂之於髓，運之於神，凝之於耳，息之於鼻，呼吸於胸往來於口，渾噩於身，全體發之於毛。

功用解

輕靈活潑求懂勁，陰陽相濟無滯病，若得四兩撥千斤，開合鼓盪主中定。

用功五

博學　是多功夫

審問　非口問，是聽勁

慎思　時時想念

明辨　生生不已

篤行　如天行健

以下各節錄自田鎮峰編著《太極拳講義》12～14頁《對於拳術領會的幾點貢獻於讀者》。原文出於萇乃周《武備參考》。

金仁霖識

非在不得已時，不與人交手。與人交手，先有奪人之氣。交手時，攔其手謂之頭門，制其肘，謂之二門，截其膀根，謂之三門。每一出手，應先制其膀根，是謂登堂入室。停頓時，宜沉著加力，轉關處，宜活潑隨機。

練拳總以用功為主，力是自然主力，不可勉強加力。一身氣血周流，方能渾元一氣。

初學拳，切勿猛進，戒求速，忌用力。術語云，無力努力傷血，不速求速傷氣。血氣二傷，則必危機肇臨，有力何有施哉。

練時切記存神上田，〔大腦〕，納氣下田，〔臍下〕，先使用腦力，然後方能收斂。太極拳與他種拳術不同之處，即在於練時之存神納氣，其形式即與其他拳術，無甚分別。若徒呆練而不加以研究，則結果祇平凡之人而已。

此譜請大密先生向田兆麟先生處要來，所錄拳譜係楊氏老譜，字句稍有舛誤，已為校正。復手抄一本，以為他日與新譜合刊之用。

1954 年 1 月 30 日金仁霖識

金仁霖拳學札記

太極小道

太極小道，自非急務，時或留心，見萬類皆比擬之，日久未有不技進於道者，所謂行、住、坐、臥，一動一靜，無往而非功夫也。

所難者，任情恣性然後為之，雖半遍拳架不為少，若急於成事，雖日練萬遍，不能佳也。

含胸拔背

含胸拔背是動作時身形的配合問題。這裡所說的身形（包括面容），也是我國武術界的古老說法，用現代運動生理學的話來說，就是狀態反射的有意識利用。

狀態反射是先天性的，它在各項運動中被人們有意無意地廣泛利用著，對順利完成動作和提高運動效果（成績）很有幫助。

1964 年，葉大密老師在他為上海市中醫文獻研究館編寫的《醫療保健太極拳十三式》第一章第三節《練習醫療太極拳的基本要點》「斂腹含胸」中說：

「斂腹含胸是一個動作的兩個方面，斂腹是在吸息時將腹壁有意識地略為收縮，使和膈肌的收縮下降配合起來。含胸是緊接著斂腹，使胸部肌肉放鬆，胸骨正中第三、第四肋間隙玉堂穴和膻中穴中間，稍微有內吸的意思。這樣可使胸廓下部得到充分的擴展，有利於肺活量的增加。

「斂腹含胸時，腹壓降低，丹田向上合抱，使內氣從尾閭沿脊柱往第四胸椎棘突間的身柱穴處提斂，也就是古人所說的『斂入脊骨』。斂腹含胸一般是在動作開始或轉換變化時行之，在技擊上是一個走化或蓄勢的動作。對初學的人來說，只能先從外形的斂腹含胸著手。結合呼吸的提斂內氣，可以留在後一步來做，避免發生偏差。」

在「拔背頂勁中」則說：

「拔背頂勁也是一個動作的兩個方面。拔背是在呼息時使兩側背部的肌肉群，如骶棘肌、棘肌、半棘肌等，由下而上地依次拉伸一下，然後豎起身軀，則在脊柱第四胸椎棘突間的身柱穴處，就有往上拔起的感覺。頂勁是緊接著拔背，由頭棘肌的作用，鬆鬆豎起頸項，抬頭向前平看，頭頂百會穴處有凌空頂起的意思。拔背頂勁時，可使由斂腹含胸時提斂至脊骨身柱穴處的丹田內氣，再從身柱穴沿督脈上升到百會，經前頂、神庭、印堂而到齦交，由舌抵上齶的作用，接通任脈承漿，再沿任脈而下，回歸小腹。這時丹田落歸原位，膈肌上升，恢復原來隆凸狀態，腹部內壓力增加，腹肌放鬆而有飽滿舒暢的感覺，這就是古人所說的『氣沉丹田』。這裡應該注意的是，氣沉丹田

是配合著拔背頂勁的動作，並不單獨存在，是意識引導丹田內氣的作用，不是用力屏住呼吸往下硬壓。拔背頂勁，一般是在動作的終了或成定式時行之，在技擊上是一個放勁的動作。」

這裡對於古人所說的「氣斂入脊骨」和「氣貼背」的認識，明確地指出是兩個不同時間，配合不同呼吸運動的生理設想。在中國醫學氣功療法中，把它們稱為意識引導內氣的鍛鍊法。「氣斂入脊骨」是引導內氣由尾閭循脊柱向上提收的設想，一般是配合吸息，在動作的開始、轉換或推手的化解時。

「氣貼背」是引導內氣由頭頂循顏面、胸腹向下沉放的設想，一般是配合呼息，在動作的結束、終了或推手的發放時，也就是氣沉丹田、氣貼脊背的意思。但脊背的範圍較大，要點中特別提出了第三、第四腰椎間的命門穴處，這不僅和中國醫學、古代養生學注重腎間動氣，注重命門的理論相符合，抑且說得更具體些。拿葉大密老師的話來說，這時是「丹田落位（落歸原位），氣貼命門（命門飽滿）」。

要點中也對一般著作中以訛傳訛的腹式逆呼吸法生理機制的錯誤認識，透過實驗予以糾正。即呼息時腹壓增加，膈肌是鬆弛上升的，並不是收縮下降的。不過一吸一呼間，膈肌的整個升降過程有所增加而已。

護　肫

李亦畬在身法八目中提出護肫，郝少如在《武式太極

拳》第一章「要點」中稱：「兩肋微斂，取下收前合之勢，內中感覺鬆快，謂之護肫。」「身法先求尾閭正中。正中者，即是脊骨根向前也。又須護肫，肫不護，則豎尾無力，一身便無主宰矣。」

　　卞人傑《太極拳練習的十二個基本要則》之五「塌腰」稱：「塌是墜下的意思，注意腰部的鬆弛，由後面到前面，整個腰部的肌肉，不須有絲毫緊張的現象。同時集中意識，使兩肋收斂，腰部向下垂注，這就是塌腰。」之六「斂臀」稱：「斂臀，就是以意識使臀部向內收縮，使與背之下部相平，在外面一點看不出有突出的痕跡為之。」

　　相比而論，郝少如的護肫，其實就是卞人傑的塌腰、斂臀。

　　葉大密老師在《醫療保健太極拳十三式》第一章第三節基本要點「鬆腰收臀」中說：「太極拳以軀幹帶動四肢，而軀幹的轉動主要在於腰脊部的旋轉靈活。」古人說「腰如車軸」，又說「腰為纛」「腰為主宰」，同樣說明了腰脊部的重要作用。鬆腰就是要在放鬆腰部四周肌肉群的前提下，使兩脅肋部往下鬆塌，而又有向前抱合的意思。所以武禹襄把它稱為「護肫」。

　　能鬆腰，腰脊才能轉動靈活，上下不相牽掣，重心降低，兩腳有根而下盤穩固。收臀是在鬆腰的同時，有意識地使臀部稍微往裡收縮，使臀部和腰背部基本保持在一個曲面上，而不向後凸出。能鬆腰收臀，才能使脊柱直豎，尾閭中正，起到像大纛旗和方向盤一樣的指揮作用。

斜川步

斜川步舊名雁行步，兩腳前後距離隨各人身材高矮及架式高低而定，總以能使自己進退不勉強為度。兩腳掌平行如雁群之飛行，身雖前後參差，翼仍保持平行，故稱雁行步。

孫祿堂在《八卦掌學》第七章《太極學》第一節《太極學圖解》中所謂「兩足形式如斜長方形」，指的就是這種步法。因為它像牌九中的長三六，所以叫它「長三步」。

1982年第4期《新體育》第40頁黃萬祥《八卦掌的特點》中就有「長三步」的說法。

牮柱之式

周稔豐《太極拳常識》「步法」說，吳式太極拳做弓步時，兩腿前後距離較小，上體前傾（一般耳根不超過前腳腳尖），自頂至後腳跟應成一條斜的直線，眼要向前平視，此即所謂「牮柱之式」（牮柱為預防屋牆傾倒用的斜撐著的直柱）。

裴錫榮《河南正宗形意拳》之李英昂序中，在評及寶顯庭（名鼎，陝西長安人）的形意拳謂：「從拳式觀之，有整勁不失形意真意，然其身法斜傾不正，主張自頭至足，如一直杆若牮柱狀，疑為寶先生個人心得。蓋形意拳身法，以正為貴。早年王薌齋先生傳我身法口訣有虛靈挺拔、輕鬆勻整八字，亦求正也。不正則無法虛靈，更不能

輕鬆。竇先生以斜為正，頗難明其奧妙所在。」

平肩和仄肩

楊澄甫《太極拳使用法》解釋武禹襄拳論「意氣須換得靈，乃有圓活之趣」時說：「所謂意氣的換法，猶如半瓶水，左側則左盪，右側則右盪，能如是不但得圓活之趣，更有手舞足蹈之樂。至此境地，若人阻我練拳，恐欲罷不能也。」

葉大密老師教拳時，把半瓶水演繹為「如半管水銀」「如荷葉承露」，形容太極拳之輕靈，有傾即瀉。因此他主張在練拳進退轉換時，要「身沉、胯鬆、腰轉，以虛側肩合實側腳」。這與清代萇乃周《萇氏武技書》「仄肩」節提出的「一肩高兮一肩低，高高低低不等齊，低昂遞換多變化，七捞十勢亦出奇」不謀而合。孫派拳學則將此稱作「卸肩」。

肩的高低一方面與身體的正仄有關。雙手（臂）齊出的正身式勢，多用平肩。單手左右呼應的仄身式勢，多後高前低，也有前高後低。

《萇氏武技書》卷二「論手足」一節中所謂「出手脫肩裡合肘，左右扶助如水流，擊動首尾一線起，打法何須捫攀勾」。同書卷五「二十四字偏勢退華山看果」一節有云「一肩高，一肩低，一胯擎，一胯落」，可見肩的高低還與左右腿（足）的進退轉換有關。拳勢之中，無須拘泥於「兩肩切忌一高一低」之論。

化勁、運勁、發勁

化勁要虛空粉碎，運勁要連綿貫穿，發勁要沉著鬆淨。

虛空粉碎則自身各部分彼此不相牽制，沒有這裡動那裡搖的相互影響，從而才能把對方的來勁消化乾淨；連綿貫穿則源源不絕，有縫就滲，鑽得進，提得起；沉著鬆淨則安舒穩妥，完整不偏，清脆俐落，脫得開，放得遠。

1958 年，我在淮海公園與田兆麟老師推手，田老師說：「推手打人，要打得你腳跟咚咚響，甚至發痛，而身上卻不覺得痛才對。老三先生（指楊健侯）打人就是這樣的。」這樣的功夫，總歸還在於練習時的用意放鬆，不持力氣。這幾句話說來容易，做到卻難。

化勁的高級階段，
情緒對人體生理機能的影響

孫祿堂在《拳意述真》第八章《練拳經驗及三派之精意》中說：

「余練化勁所經者，每日練一形之式，到停式時，立正，心中神氣一定，每覺下部海底處（即陰穴處）如有物萌動。初不甚著意。每日練之有動之時，亦有不動之時，日久亦有動之甚久之時，亦有不動之時，漸漸練於停式，心中一定，如欲洩漏者，想丹書坐功，有真陽發動之語，可以採取。彼是靜中動，練靜坐者，知者亦頗多。乃彼是靜中求動也。

　　此是拳術，動中求靜，不知能消化否？又想拳經亦有『處處行持不可移』之言。每日功夫總不間斷。以後練至一停式，周身就有發空之景象，真陽亦發動而欲泄。此情形似柳華陽先生所云『復覺真元』之意思也。自覺身子一毫亦不敢動，動即要泄矣。心想，仍用拳術之法以化之。內中之意，虛靈下沉，注於丹田，下邊用虛靈之意，提住穀道。內外之意思，仍如練拳趟子一般。意注於丹田片時，陽即收縮，萌動者上移於丹田矣。

　　此時，周身融和，綿綿不斷。當時尚不知採取轉法輪之理，而丹田內，如同兩物相爭之狀況。四五小時，方漸漸安靜。心想，不動之理，是余練拳術之時，呼吸二息仍在丹田之中，至於不練之時，雖言談呼吸，並不妨礙內中之真息，並非有意存照，是無時不然也。莊子云『真人呼吸以踵』，大約即此意也。因有不息而息之火，將此動物消化，暢達於周身也。

　　以後又如前動作，仍提在丹田，仍是練拳趟子，內外總是一氣，緩緩悠悠練之，不敢有一毫之不平穩處，動作練時，內中四肢融融，綿綿虛空，與前站著之景況無異。亦有練一趟而不動者，亦有練二趟而不動者。嗣後亦有動時，仍是提至丹田，而用練拳之內呼吸，轉法輪，用意主之於丹田，以神轉息而轉之，從尾閭至夾脊、至玉枕、至天頂而下，與靜坐功夫相同，下至丹田。亦有二三轉而不動者，亦有三四轉而不動者。所轉者，與所練趟子消化之意相同。以後有不練之時，或坐立，或行動，內中仍以用練拳之呼吸，身子行路亦可以消化矣。

以後甚至於睡熟，內中忽動，動而即醒，仍以用練拳之呼吸而消化之，以後睡熟而內中不動，內外周身四肢，忽然似空，周身融融和和，如沐如浴之景況。睡時亦有如此情形，而夢中亦能。用神意呼吸而化之。因醒後，已知夢中之情形而化之也。以後練拳術，睡熟時內中即不動矣。後只有睡熟時，內外忽然有虛空之時，白天行止坐臥，四肢亦有發空之時，身中之情意，異常舒暢。每逢晚上，練過拳術，夜間睡熟時，身中發虛空之時多。晚上要不練拳術，睡時發虛空之時較少。以後知丹道有氣消之弊病。自己體察內外之情形，人道縮至甚小，消除百病，精神有增無減。以後靜坐亦如此，練拳亦如此。到此方知拳術與丹道是一理也。」

此則顯然是因為練拳而提高了情緒，而情緒的推高，又能活躍人體各種生理功能，如內分泌系統，包括腦垂體性腺的分泌，因而出現了性興奮。當意注到行轉法輪（佛家語，也即道家所謂的小周天）引導內氣沉納於丹田後，性興奮受到抑制，因而陽即收縮。

中架子和大小架子

中架子與陳溝老架相比，內容相似而動作變慢，節律變勻，用勁變柔。它是小架子和大架子的發展基礎。它的外表特徵是圈多而大。

後來班侯、少侯將架勢收縮成小架子，而澄甫將架勢開拓成大架子。架勢大小變化後，圈子的幅度也隨之收縮

到了極小，接近於點，因形式上已看不出來，所謂有圈之意，無圈之形。

因此，無論大架或小架，倘若學之不得其法，便將太極拳練成了無圈的動作。動作無圈，練起來固然簡便，但是健身與拳技效果，自然也就差了。

九　腳

傳統楊式太極拳腿法九腳，從拳的架勢來分：左右分腳、左右蹬腳、左右踢腳、二起腳、單雙擺蓮腳。以使用法而論，則分為：踢腳、翅（分）腳、蹬腳、（二）起腳、（單雙）擺（蓮）腳、接腳、套腳、襯腳、踩腳。翅腳即刺腳，踩腳即踹腳。

太極拳由鬆得沉、由沉入輕的鍛鍊步驟

楊派傳本《太極拳拳譜·輕重浮沉解》：「夫雙輕不進於浮，則為輕靈；雙沉不進於重，則為離虛，故曰上手。」把輕靈與沉著都評為上手，可見，輕靈絕不是入門初學的人一下子就能追求得到的境界。

此拳論還一再強調輕與浮、沉與重的不同之處，旨在告訴我們，太極拳在由鬆得沉、由沉入輕的鍛鍊歷程中，輕，必須經過沉的這一過程，否則得到的不是輕，而是浮。輕，是輕靈；浮，是浮滑。兩者截然不同。

清吳修齡《手臂錄》評少林僧洪轉《夢綠堂槍法》三奇之軟中說：「石敬岩、程真如峨眉槍法，以重硬為初門，以輕虛為脫化，若軟字，槍中至極處也。程沖斗只言

重硬，不言輕虛，所以火氣不除。此段非沖斗所及，乃少林本法也。但言用時之軟，而不言練時之強，實則無根本，所以不及峨眉。」這裡說的重硬，就是太極拳中所說的沉實；輕虛，就是太極拳中所說的輕靈；軟，就是太極拳中所說的柔。

引申到太極拳中，練架子時，處處放鬆，以求得沉實雄厚的基礎功夫，推手時活潑緊跟，以求得到輕靈順遂的機勢，當然必須在練時能夠沉實，才能有用時的輕靈。所謂「從實處下手，從虛處脫化」，理固然矣。

把放鬆當作是輕靈，不從實處基礎功夫下手，企圖一步登天，就容易犯浮滑之病。

掤

太極拳中所謂似鬆非鬆的掤勁，是在持久鍛鍊中，有意無意間逐步形成的。它包括了聽、化、黏、隨等技擊技巧在內，所以是遍身都有的，絕不是只侷限於身體的某一部分，如臂、肘等。因此也無須強調臂、肘與腋下留有一拳等機械要求，也無須強調臂、肘永遠保持相當的緊張度之類的要領。

抽胯

抽胯，孫祿堂《八卦掌學》中的說法有：「兩胯裡根極力往回抽勁，裡胯根抽至如圓圈裡邊圓線，如『）』是也」「兩胯裡根如圓圈裡面，無有棱角」「內裡似乎開圓圈之意」「腹內要似覺圓圈虛空一般」「兩胯裡根均向回

抽勁，又兼向外開勁，此式是內開外合之意」。

卞人傑《太極拳練法的十二個基本原則》之十「抽胯」則云：「抽是向內抽縮的意思，怎樣把胯向內抽縮呢？你練拳時兩腿不是要進退麼？譬方你的左腿前進一步，身體的重心還支在右足的時候，立刻注意把左足的根節向內抽縮，同時叫右腿的根節向外挺突，使兩胯的位置並列在一條橫線上，沒有凹凸不平衡的情形，這便是抽胯的方法。右步前進時也是一樣，不過左挺右抽，換一個方向而已。退步時也是一樣。」

郝少如《武式太極拳》錄郝月如《太極拳的走架打手》云：「習太極拳者，必先求尾閭正中。正中者，脊骨根對臉之中間也。邁左步，左胯微向左上抽，用右胯托起左胯；邁右步，右胯微向右上抽，用左胯托起右胯。則尾閭自然正中。能正中，則能八面支撐。能八面支撐，則能旋轉自如，無不得力。」

卞、郝兩說相近，但與孫說並非一回事。孫說的是成式時，兩胯在原地位置上，附近的相關肌肉群和韌帶的最大限度放鬆和拉長。而卞、郝所說，則是在式勢變動時，兩胯位置的調節。

足掌貼地與足心貼地

拳界「足掌貼地」與「足心貼地」的說法，其實是拳勢在將成定式時，氣達湧泉穴的一剎那，是設想中的足心湧泉穴鬆沉塌地，接著腳掌前外緣和腳跟著地，湧泉穴回縮，氣貫五趾，所謂腳心空，則是真正成定式的時候了。

這種說法，其實也是有它的來源的。那就是孫祿堂在《太極拳學》中說的「兩足尖亦不用力抓扣，兩足後跟亦不用力蹬扭，身子如同立在沙漠之地」的演繹。

黏手接勁與散手接勁

黏手接勁已難，散手接勁更難。其難在於手雖散開而意思仍舊要黏住。

所以，太極拳散手的基礎在於黏手。散手要從黏手練起，這就是太極拳散手黏打和其他拳術散手格打的根本不同之處。

沾連粘隨與粘連綿隨

《打手歌》末句，據李亦畬手抄《太極拳譜》，原應是「沾連粘隨不丟頂」。「沾」字在《太極拳譜解》中解釋為「提上拔高之謂也」。在推手中是「引而提之」的一種方法，等到對手被沾起，就可以「起而放之」。葉大密老師說，當年楊澄甫老師在推手時常說「一沾就成」。田兆麟老師則索性說「一沾起就打」。說明沾了就會停頓，會斷，對方跟不上的話，就會丟。

孫祿堂先生認為這個字在《打手歌》中用得不妥，提出把「沾連粘隨」改成「粘連綿隨」。陳微明先生在1925年初版《太極拳術》所載《打手歌》末句用的是「粘連黏隨不丟頂」。

「粘」字原是「黏」字的俗寫，北方有讀「粘」為「沾」的。則知「粘」字實為「沾」字的諧音筆誤。1933

年再版《太極拳術》時，陳先生就把《打手歌》末句改成了「粘連綿隨不丟頂」。1957 年 9 月孫祿堂原著，孫劍雲整理的《太極拳》（1962 年 12 月第五次印刷時改名為《孫式太極拳》）附錄參考資料中的《打手歌》末句，也為「粘連綿隨不丟頂」。

太極拳之用掌

太極拳掌心之凹與凸，不僅是內容設想和外觀形式上的不同，更重要的是關係到出勁能不能玲瓏剔透，也就是出勁清脆還是悶憋的問題。清脆是銳，悶憋是鈍。脆勁長裡有短，短裡帶長，能長也能短。悶勁是斷勁，只有短而沒有長，也只能短而不能長，和外家拳的格打震掌一樣，能打而不能發，能擊而不能放。

太極拳與內家拳

太極拳與內家拳的論爭由來已久。實際上這裡我們首先必須弄清楚的是「內家拳」這一名詞的定義，究竟是狹義的一種拳術的專門名稱還是廣義的一個類型拳術的籠統名稱。

據黃梨洲《王征南墓誌銘》中所說，「少林以拳勇名天下，然主於搏人，人亦得以乘之。有所謂內家拳者，以靜制動，犯者應手即仆，故別於少林為外家」。

《寧波府誌》「張松溪傳」：「蓋拳勇之術有二：一為外家，一為內家。外家則少林為盛，其法主於搏人，而跳踉奮躍，或失之疏，故往往為人所乘。內家則松溪之傳

為正，其法主於禦敵，非遇困危則不發，發則所當必靡，無隙可乘，故內家之術為尤善。」

這裡明確指出內家拳與外家拳最為主要的區別，在於以靜制動、主於禦敵和跳踉奮躍、主於搏人的對敵策略，以及個別的技擊訓練方式方法。

黃百家《王征南先生傳》中所載，內家拳術就有六路、十段錦等不同的套路。適用於不同階段（時期）不同訓練要求的需要。所謂「六路與十段錦多相同處，大約六路練骨，使之能緊，十段錦緊後又使之放開」，因之足以說明內家拳是廣義的一個類型拳術的通稱，而不是狹義的一種拳術的專稱。

我們不妨再把內家拳的禁犯病法和太極拳的練習要點來一番比較。內家拳的禁犯病法是：懶散、遲緩、歪斜、寒肩、老步、腆胸、直立、軟腿、脫肘、截拳、扭臀、曲腰、開門捉影、雙手齊出等。

太極拳的練習要點有：用意放鬆、連綿不斷、周身完整、中正安舒、分清虛實、斂腹含胸、拔背頂勁、鬆腰收臀、沉肩垂肘、坐腕伸指、緩慢均勻等。

很明顯，不歪斜就是中正安舒，不寒肩就是要沉肩，不脫肘就是要垂肘，不老步、不雙手齊出就是要分清虛實，不腆胸就是要含胸，不扭臀就是要收臀，不曲腰就是要鬆腰。內容基本相同，要求大致不相違。

因之把太極、形意、八卦等對敵策略和技擊訓練方法基本相同的幾種拳術，統統歸併於內家拳這一個類型之內，應該是無可非議的。

意在人先

意在人先的「先」，表現在手上的進或退，應該是一個極小值。愈小愈好，要小得對方絲毫不曾察覺。等對方察覺，已經是「我順人背」，成了定局，來不及再有所變化了。

磨轉心不轉

鄭曼青《鄭子太極拳十三篇》述口訣中，「曰磨轉心不轉，磨轉者即喻腰轉，心不轉者，乃氣沉丹田之中定也」，作者自加按語道：「磨轉心不轉者，此家傳口訣也。比諸拳論所謂腰如車軸、腰為纛二語，尤為顯赫。余得此意後，自覺功夫日見進境。」

郝少如1987年12月26日在體育宮的一次講課中講到虛實時，則說「磨子是虛的轉，實的不動」，把上虛下實，上體才能靈活轉動的意思包括在裡面了。

鄭說的磨轉心不轉，可以補充郝說的上體轉動應該以脊柱為樞軸。上體轉動角度大時，腰脊也應該有相應度數的扭轉，像擰轉的脆麻花（鉸鏈棒）一樣，不能真的像磨心那樣，是一根筆直的鐵梗。

收 頦

收頦這個說法，見諸新中國成立後各派太極拳的論著中。或稱「顎」，或稱「頷」，或稱「頦」，動作要領大致都是主張下頷部要保持微微裡收的姿勢。

清乾隆年間萇乃周著《萇氏武技書》卷二「面部五行論」中說：「凡一動之間，勢不外屈伸，氣不外收放，面上五行形象，亦必隨之相合，方得形氣相兼之妙。故收束勢者，氣自肢節收束中宮，面上眉必皺，眼必收，鼻必縱，唇必撮，氣必吸，聲必噎，此內氣收而形象聚也。展脫勢者，氣自中宮發於肢節，面上眉必舒，眼必突，鼻必展，唇必開，氣必呼，聲必呵，此內氣放而外象開也。留心熟練，內氣隨外，外形合內，內外如一，堅硬如石。」

卷三「合煉中二十四勢」中則說：「納氣頭面形容之說：凡納氣皆以頭面為先，其要只是轉四個圈，左往右轉一圈，右往左轉一圈，前往後轉一圈，後往前轉一圈，皆是皺眉促鼻，上唇後束，下唇前朝，如象捲鼻之狀，所云納氣如吞川，蓋必如以口吞物，盡力一吸，氣方納得充實飽滿。」

同卷「納氣」中又說：「頭面往上揚，則咽喉之氣易入，口上唇往上微縮，下唇往前朝，如象捲鼻。」這裡是主張在動作呼吸時，身軀頭面的外表形態也要隨之適應而有所變化。而且吸氣時的口唇形狀卻與諸家太極拳論著所述的下頦微收的姿勢恰恰相反。應該指出的是，這種呼吸法是完全用口來進行的。

1932 年 6 月，吳興國術館出版張景祺編著《太極要義》一書，其中刊載的楊澄甫《太極拳之練習談》中則說，「其口似開非開，似閉非閉，口呼鼻吸，任其自然」，此則與孫祿堂《八卦掌學》之《太極學圖解》中所說：「頭要往上頂勁，口似張非張，似吻非吻，舌要頂上

齶，呼吸要從鼻孔出氣」相同，都是主張口唇自然閉合，
而並不強調上下唇區別對待。

至於楊澄甫所說「口呼鼻吸，任其自然」，應該理解
為用鼻用口，聽任自便，不為勉強的呼吸法，不是什麼一
定要「以鼻引氣，以口呼氣」的迎氣法或呼氣時要默念一
字的四時五氣動功六字呼吸法。

太極拳的訓練原則既是主張用意放鬆，純任自然的，
那當然以採用任其自然的呼吸法為恰當。即使是收頦，準
確的做法是頭部整個以百會穴為支點，使下頦部向裡微
收，而不影響兩眼平視為限度，而不是頦部局部裡收。

足趾抓地的問題

足趾抓地說，見諸姜容樵、姚馥春編著《太極拳講
義》第十章《太極拳譜釋義歌訣》（所謂的乾隆抄本、光
緒初年木刻本）云：「順項貫頂兩膀鬆，束烈下氣把襠
撐，胃音開勁兩捶爭，五指抓地上彎弓。」

徐哲東先生《太極拳理董辯偽合編》辯乾隆舊抄本及
光緒木刻本云：「今按姜容樵本既有十三勢行功心解之
文，即為出於武禹襄（1812—1880 年）以後之證，乃云
乾隆時舊本，已堪大噱。至太極拳譜清代從未有刻本，何
來光緒木刻本乎？此實誣妄之尤者矣。至於二十字訣後之
文，顯為出於形意拳者之筆。」

從太極拳的發展進化歷程來看，陳溝傳統老架似還保
留著「腳趾、腳掌要摳住地」「五趾要用力抓地，大拇趾
尤得用力」「足底皆用力抓地」等練法。孫祿堂《太極拳

學》「無極學圖解」明確指出「兩足亦不用力抓地」，似乎有意針對足趾抓地論而寫的。楊式諸家有「足跗須軟如綿，足心湧泉方能鬆沉塌地」「腳踏實地，以意使兩足湧泉與地吻接，足跟與足掌要自然與地面接觸……腳趾用力抓地，會造成足踝部的僵滯」，等等。

葉大密老師在《醫療保健太極拳十三式》一稿中有「三五」一說，即「五心齊意，五指齊氣，五趾齊地」。五心齊意，就是意想要達到頭頂心（百會）、兩手心（勞宮）和兩足心（湧泉）；五指齊氣，就是內氣要均勻地分佈到五個手指頭上；五趾齊地，就是五個足趾須與足掌、足跟一起平均地伏貼於地面。並且他還曾補充說：「要膝上有圈（足踝鬆開），然後才能使足趾、足掌和足跟一起平伏貼地。」

失　黏

兩人接手時，接觸點就是黏著點。一般情況下，黏著點一經黏定後，是不能再有所轉動的。對手透過黏著點的作用力大小和方向，也不是我所能變動或更改的。我所能做的只能是在黏著點保持不動的前提下（這就是捨），透過旋轉肢體或移動腳步來把我自己的重心的垂直基面，偏離開對手勁力作用方向的範圍，然後再循縫蹈隙、趁勢借力將對手發放出去。否則黏著點不要說位置移動，就是接觸面的角度有些微改變，也往往為對手所發覺，從而使對手重心的垂直基面隨之變動，以致改變勁力作用的方向，反而給對手以可乘之機。這就是術語中所講的「失黏」。

失黏及丟，與匾一樣，是推手中的一種毛病。不過失黏是主動造成的，匾是被動造成的。

「裡開外合」試譯

所謂「裡開外合」，實際上是內功拳界裡習練內功的一句古老的籠統說法。

它在練習之前，首先要把兩髖關節、兩肩關節、頸椎部分，用意念去想像把它們放鬆。好像在我們一輩童年時代裡的老式洋囡囡，兩髖關節、兩肩關節、頭頸項，都只用一根細鬆緊帶來把它們連鎖住，頭和身軀，正好像一隻擺正了的葫蘆，如果把它的兩腳、兩手暫時簡單地固定一下，用一點小力氣把它的頭和身軀垂直下撳，可以看到它的頭和身軀可以同時下沉下去。我們在習練內功中所利用的，將是頭和身軀的自重加上放鬆髖、肩關節的意念，而不是加上外力的撳。

接下去是踝關節，用意念把它們放鬆，以使兩腳的腳掌面猶如吸盤那樣，五趾、腳掌緣、腳跟均勻受力，不抓不扣地平放在地面上。

然後開始用外（逆腹式）呼吸吸息，幫助意念中的內氣從腳底湧泉穴、循足少陰腎經路線，出於舟骨粗隆下，沿內踝後，進入足跟，向上行於腿肚內側，出膕窩的內側，上向股部內後緣，通向脊柱尾閭長強穴。

具體做法是，踝關節以上的小腿開始，兩內側面的肌肉群，有沿著腿徑先向後再向後外鬆鬆張開的意念，逐漸向上，過膝關節（這樣兩膝關節前面部分就有向裡對合的

感覺，但不能使他們在外形上看出來）。

繼續向上至兩大腿裡側面，一直到髖關節外的腹股溝處。這時，兩股骨頭的大轉子處，也就有由裡向外略為張開的感覺。身軀連頭，也自然就有下沉的感覺和形象，隨著兩膝彎處也自然而然地就有被動下屈的感覺和形象。古人比喻的兩足為足弓，自然也就有上下對合的現象，這就是兩足部分的「裡開外合」。

外呼吸繼續吸息，意念上使小腹部的內壓力稍微降低，腹肌自然地收縮而內癟，幫助內氣進入尾閭長強穴後，循督脈腰俞穴、陽關、命門、懸樞、脊中身柱上升，直至大椎。此時，身軀連頭繼續下沉，斂腹含胸，臀部隨身軀的下沉而向前收攏，幫助尾閭往前彎伸。腰背部命門穴處感覺爆滿，下與陽關、腰俞，上與懸樞、脊中，基本保持在一個曲面上，不凹不凸，大椎穴處頸椎向前彎傾，下和尾閭相向靠攏，古人比喻的身軀為身弓，此時，在外形上也就有上下對合的形象。

按照郝少如老師的講法，此時的腹部和胸部「似都有掏空的感覺」，下肋部的左右兩旁，隨著身軀的下沉，也都有向前捲和的感覺，這就是所謂的「護肫」。

此時的外呼吸雖然仍在吸息，而頭部卻隨著頸椎的前彎，已有前俯的形態。

然後，保持下部足弓、中部身弓的彎曲相合不變，意念上再把頸椎部分放鬆，輕輕抬起頭來，大約正好使頭頂的百會穴放端正，兩眼向前平視為度，隨即把舌尖輕輕舔抵上齶近門齒處，隨著外呼吸變為呼息，引導內氣從大椎

過頭頂（不要停留），下齦交入承漿，循任脈過玉堂、膻中，此時膈肌自然鬆弛上凸，小腹部內壓力也自然感覺有所增加，腹肌也放鬆外凸，意念上就借此幫助內氣繼續向下，過鳩尾、神闕、氣海、會陰，交督脈於長強，再由長強穴自然將內氣分為兩股，從兩旁足太陽經的會陽穴，送入兩臀下的承扶、殷門、委陽、委中穴，經承山、崑崙、申脈而直至兩足小趾外側的至陰穴，斜趨兩足心足少陰腎經的湧泉穴。

等到兩足足底有內氣到達的感覺時，意念上再放鬆一下踝關節，然後從踝上的小腿開始，先撐開兩足弓，而後身弓（推手時最後為手弓），則內勁自然而然地由足底而上，節節貫穿上行，最後是由兩肩而前的兩手弓，直至到達手指端的所謂「形於手指」。此為內功拳內功的一個「大周天」練法。

習練時應該先練定步式，一開始用小平行步即太極起式，熟悉後再練習川字步（坐後腿）即左右倒攆猴式，最後才練弓步（坐前腿）即左右摟膝拗步式。

練動（退進）步也可以開始先練左右倒攆猴式，然後再練左右摟膝拗步式。所不同的是，在退步的足趾掌跟或進步的足跟掌趾平伏貼地後，才可以做足弓、身弓、手弓上的「裡開外合」功夫，要等平撐身軀坐後腿或平送身軀坐前腿到位後，才能抬頭向前平視，做放開足弓、身弓、手弓的功夫。

這樣的練法，則旋踝、合膝、裹襠、抽胯、收臀、斂腹（抱起丹田）、護肫、含胸，以及撐（送）腿、丹田落

位（放開尾閭）、拔背頂勁、沉肩垂肘、坐腕伸（舒）指，等等的所謂身法，全部都有了，而且都是由下而上，由後而前的所謂「節節貫串」「完整一氣」（完整一氣是一氣呵成的，有人把它比喻成「排門板一塊」是不對的）。

穴位名稱也不必一時之間就把它們全部都強記住，只要能把意念中內氣所循行的經絡路線大致瞭解就夠了。

關於二丁

早在 20 世紀 50 年代初，復興公園香山路邊門進來向左（北）拐彎的小路旁，蓋有一個茅亭，是吳氏太極拳趙壽邨老師教拳時給學員休息的場所。當時他教的學員中，有簡號「大丁」和「小丁」（丁晉山、丁德山）二位學員，人稱「二丁」。

茅亭向東，直著走去的馬路段，是楊氏葉家拳葉敏之老師教拳的場所，而丁受三老師則是和葉敏之老師在抗日戰爭勝利前差不多時間，向葉大密老師學拳的。所以，在 20 世紀 50 年代初，丁受三老師和蔣錫榮老師，就都已在衡山公園。教授太極拳了。湯祥生老師和丁善清老師，那時還在武當太極拳社向葉敏之老師學太極拳。後來葉敏之老師參加盧灣區醫院工作，不去公園後，湯祥生和丁善清才先後在復興公園教拳。

湯祥生學過吳氏太極拳，所以他也教吳氏拳。因而丁受三和丁善清是兩輩人，不能像在同輩中的「大丁」和「小丁」那樣稱為「二丁」。

第二編
溯端竟委

金仁霖於嘉興煙雨樓

源流考

幾個有關太極拳歷史考證問題的科學探討[①]

早在 1961 年 5 月，為了寫好《各流派太極拳在上海的發展簡史》，筆者有幸結識了著名文學家、太極拳研究家徐哲東先生（1898—1967 年），承蒙提供了有關郝派太極拳在上海發展過程中的許多具體細節。

在太極拳歷史考證方面的很多問題，筆者的觀點都和他相同，諸如：太極拳創自陳王廷之說，推斷有餘，實證不足；研究太極拳不先從一系一家的太極拳本身技藝方面下工夫，對這方面的體會總是膚淺的，往往會從形式上去看問題；反對不鑒別史料的可信（所謂信史）與否，以為只要有材料就該認為可據，如所謂「治考據者，以博為其道也」，等等。因而，他鼓勵筆者寫有關太極拳歷史考證方面的文章，甚至同意筆者引用他還沒有正式發表過的許多資料。

後來徐先生在 1967 年 10 月不幸去世，這件事就一直擱置了下來。轉眼 30 年，1993 年秋，病後得暇，因撿出舊稿，補充以新的資料，整理成篇。問題雖然瑣碎，但各個擊破，未嘗不有裨於整個太極拳歷史的考證也。

---

① 原載《上海武術》1996年第4期，1997年第1、2期，《武魂》1997年第1、2期。

一、近代流行的楊、吳、武、郝、孫幾家太極拳，都是由河南溫縣陳家溝派生出來，並根據山西人王宗岳寫的《太極拳論》和《打手歌》的理論，改革創新而發展起來的。

近代流行的幾家太極拳流派，如楊、吳、武、郝、孫等，都是源出於河南溫縣陳家溝：

陳長興（1771—1853 年）把老架傳給楊露禪（1799—1872 年）。楊露禪傳給次子楊班侯（1837—1892 年）、三子楊健侯（1839—1917 年）。楊班侯傳給其子楊兆鵬（1872—1930 年）、長侄楊少侯（1862—1930 年）。楊健侯傳給三子楊澄甫（1883—1936 年）。楊少侯傳給其子楊振聲（1878—1939 年）、學生田兆麟（1891—1959 年）、尤志學等。

楊澄甫傳給其子楊振銘（1910—1985 年）、楊振基、楊振鐸，學生牛春明（1881—1961 年）、陳微明（1881—1958 年）、張欽霖（1887—1963 年）、董英傑（1888—1961 年）、武匯川（1890—1936 年）、崔毅士（1890—1970 年）、李雅軒（1894—1976 年）、鄭曼青（1901—1975 年）、曾壽昌等。田兆麟傳子田穎嘉，學生黃文叔（1884—1964 年）、陳志進、葉大密（1888—1976 年）、林鏡平（1900—1997 年）等。是為**楊派**。

楊班侯傳給滿族人全佑（1834—1902 年）。全佑傳給其子吳鑒泉（1870—1942 年），學生王茂齋（1862—1940 年）、郭松亭。吳鑒泉傳給其子吳公儀、吳公藻，

女兒吳英華（1905—1996 年），女婿馬岳梁（1901—1998 年），外甥趙壽村（1901—1962 年），學生吳圖南（1884—1989 年）、徐致一（1892—1968 年）等。王茂齋傳彭廣義（仁軒）、楊禹廷（1887—1982 年）等。是為**吳派**。

武禹襄（1812—1880 年）學太極拳，啟蒙時師從楊露禪，之後，又從河南溫縣趙堡鎮陳清平（1795—1868 年）學了陳溝新架一系的趙堡架，結合山西人王宗岳的理論，融會貫通以後，傳給外甥李亦畬（1832—1892 年）、李啟軒兄弟等。是為**武派**。

李亦畬傳給其子李石泉（1873—1932 年）、李遜之（1882—1944 年），姨甥馬同文，以及學生郝為真（1849—1920 年）、葛福來等。

郝為真傳給其次子郝月如（1877—1935 年），學生李聖端（1888—1948 年）、李香遠（1889—1961 年）等。郝月如傳給其子郝少如（1908—1983 年），學生張士一、徐哲東等。是為**郝派**。

郝為真傳給友人孫祿堂（1861—1932 年）。孫祿堂傳給其子孫存周（1893—1963 年）、孫務滋（1899—1921 年），女兒孫劍雲（1914～2003 年），學生齊公博（1875—1960 年）、孫振川（1885—1945 年）、孫振岱（1888—1955 年）、柳印虎、胡席圃等。是為**孫派**。

　　以上諸家太極拳流派，無論楊派也好，吳派也好，武派也好，郝派、孫派也好，它們的盤架子和推手的訓練方法，有共通的一點，那就是都能夠遵循王宗岳《太極拳論》和《打手歌》的理論指導，並尊之為經典著作，而把它們流傳下來。

　　陳家溝和趙堡鎮陳家則並不是這樣。從清朝末年到民國初年，他們不但都沒有王宗岳《太極拳論》和《打手歌》的流傳，並且在練架子和推手的訓練方法上，有很多方面都與《太極拳論》和《打手歌》的理論不相符合，甚至在某些方面是有所抵觸的。

　　由於上述情況的存在，我們不得不回顧一下有關這方面的歷史。原來，武禹襄是在 1852 年（清咸豐二年壬子）到他大哥武澄清（1800—1884 年）河南舞陽縣任所後，才得到他大哥在舞陽縣鹽店發現的、其中抄有王宗岳《太極拳論》和《打手歌》的《太極拳譜》的。

　　之後，他才在太極拳技藝和原理方面有所領悟。除了陸續撰寫了「打手要言」「四字密訣」等好幾篇理論性的文章以外，並且把去舞陽縣時趁便到溫縣趙堡鎮向陳清平學來的趙堡新架，根據王論，進行了多方面的改革和創新，然後再把拳架和拳譜，傳給外甥李亦畬、李啟軒兄弟。李亦畬則再傳給其子李石泉、李遜之，姨甥馬同文，以及學生郝為真、葛福來等，所以，他們都有王譜和武、李著作並留傳下來。

　　楊家則因楊露禪曾是武禹襄習練太極拳的啟蒙老師，而楊露禪的次子楊班侯，又是曾經受讀於武禹襄的，因而

能在武家得到王宗岳的《太極拳譜》及較早時期的武家著作，所以，楊班侯的學生陳秀峰才有《太極拳真譜》手寫本石印傳世。

楊家自從得到王譜及武家著作，便遵循著王、武理論，經由祖孫三代的教學實踐，把原來從陳家學來的老架和推手，進行了較長時期不斷的改進和完善：架子，由楊班侯改進成小架子，楊健侯改進成中架子，楊澄甫再改進成大架子；推手，則從原來的只有同側順步進一步、退一步的一種，完善成為合步、順步二類都有，定（站）步、動（活）步俱全。動步從一步到三步，以至於走四斜角方向的進三（或二）步、退二（或一）步的拗步大。

孫家則在陳溝趙堡新架一系傳下來的郝派基礎上，結合形意、八卦和楊派大、小架的部分內涵進行了架子高、步子活、進步後腳跟、退步前腳撤、沉提轉換交代清楚的改革以外，在推手方面，則從原來的只有合步進三步、退三步的一種，增添到合步、順步二類都有，並且還特為補充了定步的基礎推手法。和楊、武、李、郝四家一樣，孫家也有王譜和武、李著作留傳下來。

陳家溝和趙堡鎮陳家則並不是這樣。直到清末民初，他們既沒有王譜和武、李著作留傳，練架子依舊一直固守著傳統的、類似於形意拳明勁階段的練法，推手則只有順步動步進一步、退一步的一種。因此，無論在練架子或推手方面，在一定程度上，是不能和王、武、李、楊諸家的理論相符合的。

直到 20 世紀 50 年代以後，陳派的幾位提倡者，如沈

家楨（1891—1975 年）、顧留馨（1907—1990 年）、李劍華、李經梧等，才在理論和實踐兩方面，都開始吸取王、武、李、楊諸家的可借鑒部分。

練架子開始改變了那種「指肚用力」「四指駢住，指中節伳（繃）住，使指向手背微彎（如瓦壟狀）」，伸指肌腱始終保持非常緊張，震腳發勁，比形意拳明勁階段的練法還要明顯的傾向；推手也逐漸在向楊、吳兩家的傳統名目和內容靠攏。如單、雙手挽花，合步定步推手，順步動步（一進一退）推手，大（順步大身法），活步（花腳步、亂踩花）等。

沈壽在 1984 年 6 月福建人民出版社出版的《太極拳法研究》中，把陳家溝陳家太極拳，稱之為「原始陳式太極拳」。這不僅表明了他數典而沒有忘祖，同時也說明了太極拳也和其他技藝一樣，一定要隨著時代的進步和發展，而在外形和內容上，相應地有所改革和創新，否則便會削弱了它適應時代的生命活力。

二、河南溫縣陳家溝陳家，在文字記載上「太極拳」名稱出現時間的探討。

1932 年 1 月，唐豪（1897—1957 年）在陳家溝陳森（槐三）處，得到封面上題有「同治十二年癸酉（1873 年）新正，穎川氏宗派」的《陳氏家譜》。在乾隆十九年（甲戌1754 年）譜序中十一世至十五世陳氏諸祖先名旁，有的注有「拳手」「拳頭」「拳」「拳師」，以及陳王庭長短句遺詩中有「悶來時造拳」一句，其中的「拳」字，

都沒有寫明白是什麼拳。唐豪在 1935 年 12 月中國武術學會出版的《戚繼光拳經》「受戚氏拳經影響的近代拳法」一節中，也承認「不過譜注和詩，均未說明其所造者為太極拳」。

同時，唐豪在陳家溝陳省三（1880－1942 年）處抄來三省堂本《拳械譜》，在篇名《長拳譜》的式勢歌訣末後，注有「此是長拳，惟熟習者得之耳」十一字。又在篇名《十三勢》三套標題下，注有「此名大四套捶」；四套標題下，注有「此名紅拳」；歌訣最後二句還說「要知此拳出何處，名為太祖下南唐」。炮捶架子式勢名目末後，注有「十五拳十五炮，走拳用心」十字。總之，在這本三省堂本《拳械譜》中，也只有提到過「長拳」和「十三勢」兩個名稱。

直到 1934 年 9 月 29 日，徐哲東在南京向陳子明借來抄錄出的陳家兩儀堂本《拳械叢集》中，有篇名「頭套十三勢拳歌，三套拳，四套、五套拳歌，二套炮捶十五紅十五炮」，接下去才有篇名「太極拳一名頭套拳，一名十三勢，即十三折，亦即十三摺也」的出現。

徐哲東在式勢名目後的按語中說：「右（原書係直排本，故云，下同）文亦據兩儀堂本，與以上所錄之五節，字出一手，紙色亦一律。然其名目之多寡，與前所錄頭套十三勢歌，小有不同，故仍復錄之，以備參考。」又篇名：「二套捶，太極拳。」

徐哲東在式勢名目後也有按語說：「右兩則亦在兩儀堂本中錄出者，但與前所載太極拳及頭套、二套名目，又

小有出入。考書中有四頁，紙較黃而粗，字體亦與前後各頁不同，此兩則即載在四頁中者，蓋四頁非兩儀堂本所原有，裝訂者誤合之也。」這四頁雖然不能肯定就是文修堂本中的東西，但至少是同一時期所裝訂，由他人轉抄來的，那是無可懷疑的。

又，在徐哲東向陳子明借來抄錄出的文修堂本《拳械譜》中，有篇名「頭套捶架」的，在它的式勢名目後並有附記「二套捶、三套捶失傳」「右此頭套捶拳架，如能熟練純習，就能生巧，只要日夜加功，如若董（懂）內中情理使手，可為教師」。徐哲東在按語中說：「右頭套捶拳架及附記二條，均自文修堂本中摭出，與兩儀堂本中所謂十三勢太極拳之名目，大致相同。」

再據文修堂本中「槍法自序」篇後有「道光癸卯年桂月（道光二十三年八月，1843 年 9 月 24 日—10 月 22 日）張文謨號開周重抄」十五字的題記，槍棍法後更有「以上槍棍譜係河北王保（堡）村得來，道光二十三年歲在癸卯中秋（1843 年 10 月 8 日）張開周重抄錄謹誌」33 字的題記，結合文修堂本中有「民國十七年（1928 年戊辰）九月二十二日歲貢生縣丞年八十歲，陳鑫字品三號應五別號安愚謹誌」的附記，家譜末後也有「我高曾祖父皆文兼拳最優，森批」的陳森批註，則可以確定，為《拳械譜》和陳氏家譜最後寫附記和批註的人，是陳氏十六世的陳鑫（1849—1929 年）和陳森。

他們倆和楊氏第二代傳人楊班侯、楊健侯，武氏第三代傳人郝為真都是同一時代的人。

　　文修堂本中張開周重抄槍棍譜的時間是在 1843 年 9 月 24 日至 10 月 8 日這 14 天間，則陳家溝陳家的輾轉再抄進來，和陳鑫、陳森堂兄弟倆之間的相互抄成，然後再裝訂成冊，時間最早肯定也要在 1843 年 10 月以後的 15 年以上，即陳鑫年齡在 10 歲以上懂事以後。

　　所以，陳家溝陳家在文字上明確有「太極拳」名稱出現的時間，也就要在 1858 年（清咸豐八年戊午）以後的若干年月。

　　上題敘述到武禹襄是 1852 年到河南舞陽縣去探望他大哥武澄清，才得到他大哥在該縣鹽店發現的、抄有王宗岳《太極拳論》《打手歌》等的《太極拳譜》的。那麼，它的寫成、抄出，直到被發現，時間當然還要在 1852 年以前若干年月。

　　陳家溝陳家在 1858 年以後若干年月，才開始有「太極拳」名稱的文字記載。王宗岳則早在 1852 年以前若干年月，就有成熟的太極拳理論著作寫出。

　　加之，從清末到民初，甚至在武、楊、李、郝諸家傳人，把王宗岳《太極拳譜》的內容局部到全部公開發表以後，陳家溝還一點也沒有王宗岳《太極拳譜》留傳下來的痕跡出現。

　　因此，要隨便攀牽什麼王宗岳曾學拳、學推手、學春秋刀、學槍桿於陳家溝陳家，是不符合辯證邏輯的。即使那位編寫《陰符槍譜》的山右王先生，也是不可能的。武術界哪有學成了器械再去學拳腳的道理？俗語形容得好，「八十歲學吹打」是笑話！

三、陳子明編著《陳氏拳械譜》中的六句《擠手歌訣》，是把陳溝原來幾本抄本和書中沒有標題或稱之為七言俚語的四句歌訣，增添了二句，使之成為六句小律，再根據王宗岳六句《打手歌》的次序和《太極拳論》中的相關內容，修改並給以定名的。

李亦畬手抄《太極拳譜》中的《打手歌》是「掤攦擠按須認真，上下相隨人難進，任他巨力來打我，牽動四兩撥千斤，引進落空合即出，沾連粘隨不丟頂」六句。辛亥革命以後，這首歌訣最早刊載在1925年上海中華書局出版陳微明編著的《太極拳術》中，是在《太極拳論》注後面，名稱也還是《打手歌》，歌訣也只有六句，不過最後一句把「沾連粘隨不丟頂」印植成了「粘連黏隨不丟頂」。之後，1927年9月上海文華美術圖書印刷公司出版徐致一編著的《太極拳淺說》第九章附錄（五）打手歌，歌訣也是六句，文字完全和《太極拳術》的相同；1929年上海九福公司出版《健康指南》中的《太極拳全圖》（五）打手歌六句；1930年上海武學書店出版姚馥春、姜容樵編著的《太極拳講義》第九章打手歌六句；1931年1月上海文光印務館出版董英傑執筆、楊澄甫編著的《太極拳使用法》，在推手圖解前沒有標題的歌訣六句，文字也都和《太極拳術》的相同。「沾」字作「粘」，「粘」舊為「黏」字的俗寫，而北音有把「粘」讀成「沾」（ㄓㄢ）的。由是造成了諧音筆誤而把「沾」字書寫成了「粘」字。但於此可見，它們之間是有著一脈相承的血緣關係的。

1933 年，北平軍分會尉官差遣隊出版彭廣義編著的
《太極拳詳解》第九章第一節《推手歌》中，則把六句歌
訣增添成為八句，前六句和上面介紹過的幾本書中所刊載
的歌訣，文字完全相同，諧音筆誤的「粘」字也相同。而
末後二句「試觀耄耋能禦眾，俱係先天自然能」，是其他
諸本都沒有的，「俱」字當是「豈」字的諧音誤植。顯
然，這是編著者根據《太極拳論》的內容，自作主張地把
六句七言小律，增加了兩句湊成八句，使歌訣成為七言律
詩的。

1958 年 11 月，人民體育出版社出版的《武術運動論
文集》，在唐豪撰寫的「太極拳的發展及其源流」一節
中，認為王宗岳的六句「打手歌」「顯然是綜合了陳溝的
四句和六句加以修改的」，那究竟是怎麼一回事呢？

原來陳溝的打手歌，抄錄在兩儀堂本中，篇名小四套
亦名紅拳式勢歌訣之後，沒有標題的四句「掤擠摟捺須認
真，上下相隨人難進，任他巨力人來打，牽動四兩撥千
斤」。

刊載在 1933 年 4 月，開封開明書店出版陳鑫編著的
《陳氏太極拳圖說》卷首，「太極拳著解」節之後標題為
「七言俚語」的是「掤攦擠捺須認真，引進落空任人侵，
周身相隨敵難近，四兩化動八千斤」四句。

刊載在 1935 年 10 月，南京仁聲印書局出版陳績甫編
著的《陳氏太極拳匯宗》中，陳鑫的《太極拳圖畫講義
初集》卷四，標題也稱「七言俚語」的是「掤攦擠捺須
認真，引進落空任人侵，周身相隨人難近，四兩擒動八

千斤」四句。刊載在 1935 年 1 月，油印本陳子明編著的
《陳氏拳械彙編》中稱為「擠手歌訣」的是「掤攦擠捺須
認真，周身相隨人難進，任人巨力來攻擊，牽動四兩撥千
斤，引進落空合即出，沾連粘隨就屈伸」六句。

　　徐哲東在 1937 年 4 月南京正中書局出版的《太極拳
考信錄》卷下「文徵篇」的按語中認為，這是「陳子明據
別本抄出者」。實際上，這首歌訣比陳溝其他諸本中的歌
訣，只多出了兩句。而歌訣的最後二句，在楊、吳二家傳
譜中已經發表過的詞句是「引進落空合即出，粘連黏隨不
丟頂」；在李、郝二家傳譜中已經發表過的詞句是「引進
落空合即出，沾連粘隨不丟頂」。油印本把《陳氏太極拳
圖說》和《陳氏太極拳匯宗》標題為「七言俚語」的第二
句歌訣「引進落空任人侵」最後的「任人侵」三字修改成
了「合即出」，並且把歌訣的位置也調換到了第五句，使
之和楊、吳、李、郝四家傳譜中的一樣；把增加的最後一
句歌訣，李、郝二家傳譜原來詞句為「沾連粘隨不丟頂」
的「不丟頂」三字修改成為「就屈伸」，也正好是王宗岳
《太極拳論》中「隨屈就伸」這一句的縮簡。

　　陳溝在過去直到清末民初，既然沒有王宗岳《太極拳
論》的留傳，而在楊、吳、李、郝四家把王宗岳《太極拳
論》和《打手歌》的傳本公開發表後多年才印行的《陳氏
拳械彙編》中，把陳溝原來兩儀堂本和《圖說》《匯宗》
中，沒有標題或稱之為「七言俚語」的四句歌訣，增添了
兩句，使之成為六句小律，再根據王宗岳《太極拳論》和
《打手歌》的相關內容，修改增訂並給以定名的痕跡，是

非常明顯的。更何況陳溝最早沒有標題的四句「打手歌」的出現，又是和太極拳名稱的出現在同一時期。因此，唐豪倒過來說「王宗岳的六句打手歌，顯然是綜合陳溝的四句和六句加以修改的」，理由是不夠充足的。由此而進一步推導出王宗岳曾經學拳、學推手於陳家溝的推斷當然是更加毫無根據的。

四、當唐豪的所謂廠本《太極拳譜》，被證實是道道地地的楊氏傳本之後，則唐豪據以考出「寫《陰符槍譜》的山右王先生就是山右王宗岳；王宗岳得陳氏之傳者，不單是太極拳一種，陳溝的春秋刀也兼得其傳；王宗岳不僅得長拳十三勢、打手之傳，兼得一百單八勢長拳之傳」的論證，全都不能成立了。

1936 年 5 月，中國武術學會出版唐豪編著的《王宗岳太極拳經‧陰符槍譜》，係唐豪根據 1930 年在北京琉璃廠書肆得到的楊氏傳本《太極拳譜》和《春秋刀譜》《陰符槍譜》合抄本，即所謂廠本《太極拳譜》，經過一番加工刪改，而後出版的。如原來篇名《先師張三豐、王宗岳傳留太極十三勢論》的，把它刪改成為《十三勢論》了。實際上，這就是李亦畬手抄本《太極拳譜》中，武禹襄《打手要言》的最後一個「又曰」的一段文字，楊氏學者把它潤色成篇，並給以篇名的。

廠本中的《十三勢名目》，把它和油印本楊澄甫《太極拳使用法》附錄中刊載的清光緒元年乙亥五月十六日（1875 年 6 月 19 日）楊少侯手抄《太極拳十三勢名目》

相對照，其中除了「扇通背」中的「通」字作「童」，「左右分腳」中的「腳」字作「步」，「轉腳擺連」中的「連」字作「蓮」，其他的名稱次序，無不一一相同，甚至連「卸步搬攔捶」中的「卸」字誤作了「卻」字的也都相同。可見，它倆同是楊家第二代的產物了。

所以，徐哲東在1937年4月，南京正中書局出版的《太極拳考信錄》卷上《廠本王宗岳太極拳經辨第九》中，認為「今觀廠本拳譜與楊本同，而楊氏拳譜中顯有武禹襄之手筆，則唐氏所得之合抄本，決非王宗岳所手定，亦不出於王氏嫡派學者之手，皆可證明。此冊為後人所抄合，亦復顯而易見」。

同書卷中《太極拳依託張三豐考第十一》中，進一步認為「又按唐豪所得陰符經譜太極拳譜合抄本中亦有張三豐遺論數語，可見此譜出於楊氏一派。楊氏有此拳譜而無陰符槍譜與春秋刀譜，陳溝有此春秋刀譜又無此槍譜及拳譜，是此冊為後人合抄之的證。合抄者既非承一家之傳授，則欲據此合抄本以定王宗岳學於陳溝，其說不攻自破矣」。

廠本《太極拳譜》是楊氏傳本這個論點，直到1964年3月，人民體育出版社出版唐豪、顧留馨編著的《太極拳研究》第四章「太極拳的呼吸」的後面，唐豪在20世紀50年代考釋的永年李福蔭重編的廉讓堂本《太極拳譜》發表（也和廠本《太極拳譜》一樣，作了加工刪改），唐豪在該譜的《十三勢說略》和《五字訣》二節的附志中，才終於承認了「曩予在廠肆得一抄本，篇名為

《先師張三豐、王宗岳傳留十三勢論》。1931 年出版之
《太極拳使用法》篇名為《祿禪師原文》，皆楊門弟子所
附會」，「予於一九三〇年在北平廠肆得王宗岳（實際是
山右王先生）《陰符槍譜》與楊氏《太極拳譜》合抄本」。

　　廠本《太極拳譜》既然被肯定了是楊氏傳本，那裡面
當然就有武禹襄在 1852 年以後的著述附入，那麼，合抄
本的抄成當然還要在武禹襄 1852 年後的著述附入之後更
晚一些時間。這樣，當然就不可能因此而得出「太極拳經
（譜）與陰符槍譜合抄在一起，其理論與文采又相合致
（實際上文采極不合致），苟非一人的著作，沒有這般巧
合的事」，山右王先生即山右王宗岳的簡單推測。

　　當然也就不可能得出「這陰符槍譜與太極拳經（譜）
之間，尚有春秋刀殘譜一種，其刀法現尚為陳溝練習，刀
譜也可在陳溝拳家之間抄得，據此以觀，王宗岳得陳溝之
傳者，不單是太極拳一種，陳溝的春秋刀，王宗岳也兼得
其傳。……尤其不可能由此而進一步推定王宗岳得長拳十
三勢打手之傳，當在居汴洛時（1791 年辛亥，乾隆五十
六年及其後），並推定王宗岳不僅得長拳十三勢之傳，兼
得《拳經總歌》及六句《打手歌》，其後即自撰《太極拳
論》一篇，連同潤改之《打手歌》一首，寫定成譜。《拳
經總歌》則存而不錄。……由《太極拳釋名》之『長拳
者：如長江大海，滔滔不絕』三句推斷，宗岳兼得一百單
八勢之傳」。

　　這完全符合唐豪個人腦海裡神話般想法的論證，什麼
都是推定、推斷，從學術考證的角度來看，當廠本《太極

拳譜》被證實是道道地地的楊氏傳本之後，則這些據以推測的論證，當然就全部不能成立了。

　　五、陳溝《拳械譜》中的所謂「一百單八式長拳」，洪洞縣《忠義拳圖稿本》中的所謂「通背拳」，都不是王宗岳《太極拳譜》「太極拳釋名」一節中所説的「太極拳一名長拳」的長拳。

　　1936 年，山西洪洞縣榮儀堂石印樊一魁編著的《忠義拳圖稿本》，從卷一逐勢繪圖的《通背拳圖譜》來看，它的歌訣名稱，和徐哲東 1934 年 9 月，在南京從陳子明處借來抄錄下來的兩儀堂本《拳械叢集》中的《拳勢總歌》、文修堂本《拳械譜》中的《拳勢總歌一百單八勢》、唐豪 1931 年在陳溝從陳省三處抄錄來的三省堂本《拳械譜》中的《長拳歌》，以及 1925 年 1 月油印，陳子明集編的《陳氏世傳拳械彙編》中的《長拳歌訣》，除了個別詞句和文字稍有出入以外，其餘部分都完全相同。

　　樊一魁在《通背拳圖譜》自序中說的「此拳乃河南郭永福所傳」「郭在少林寺曾受藝」「郭於乾隆年間鏢師來洪，在洪羈留多年，傳藝於賀家莊賀懷璧，後賀留傳南北，皆是口傳心授，按照前軌」「樊一魁童年時習拳於萬安鎮楊如梅及喬伯僉，係藝中名手，實為郭師永福之嫡派」，云云。

　　這些，顯然是編著者在簡樸地介紹他所知道的這套「通背拳」的歷史淵源和授受情況，並沒有繪聲繪色地來形容這套「通背拳」有什麼了不起的地方，也沒有假借什

麼有名拳種或新興拳種的時髦名稱。因此，「隨便捏造」和「改名」的罪名，應該加不到編著者樊一魁身上去的。何況，在 20 世紀 50 年代，曾經傳說山西省洪洞縣高公村一帶，仍舊還有人會練這套「通背拳」。

從 1992 年第 9、10、11 期（總第 104、105、106 期）《中華武術》上發表的張從儉提供的《洪洞通背拳》的內容來看，可以證明這確屬事實。

再據臺灣《武壇》雜誌（劉雲樵 1971 年創刊，1973 年停刊）上，張唯中在《重振國術武藝，發揚中華文化》一文中，引用過河北省高陽縣傳授長拳的李從吉的一段談話：「我雖原籍河北省，但遠祖和陳氏一族一樣，原來都是山西洪洞縣大槐樹村的居民。據祖先們說，『那個地方每到舊曆正月，在廟前舉行武術大會，頗為盛大』。另外，把祖傳長拳的技法和姿勢，與陳家溝十三勢長拳和戚繼光《紀效新書》『拳經捷要』篇的三十二勢的圖解等，一一對照起來看，連名稱都大多相同。因此，可以認為，所有這些都是宋太祖長拳流傳下來的。」

綜上所述，這套陳溝無傳的一〇八式的拳，叫「長拳」也好，「通背拳」也好，甚至還可以有更多的不同名稱。非常明顯，它和兩儀堂本中的「小四套亦名紅拳」（三省堂本作「四套此名紅拳」）一樣，是陳家溝在什麼時候從外面什麼地方傳抄進來的拳譜，而絕不是王宗岳在《太極拳論》裡所說的「太極拳一名長拳」的長拳譜。

倒是唐豪，既然已經肯定了陳家溝在陳長興、陳有本是已經不傳的長拳一〇八式，忽而又得出「在乾隆年間

（1736—1795 年）由河南鏢師郭永福傳入山西洪洞縣賀家莊，改名為『通背拳』，並且陳家溝陳家於 1791 年及其後傳與王宗岳，而陳家溝自家卻不傳」這樣荒誕無稽、不能自圓其說的結論。

那麼，郭永福又是怎樣來陳家溝學拳的呢？王宗岳在 1791 年（乾隆五十六年辛亥）及其後，又是怎樣來陳家溝，向陳家溝早於陳長興、陳有本一輩的哪一位學到一〇八式長拳的呢？這不真正是在自己給自己製造矛盾嗎？

六、指導陳家溝和趙堡陳家訓練太極拳的基礎理論是形意拳理論。

在前二題中，曾經多次提到過陳家溝和趙堡陳家，直到清末民初，他們既沒有王譜和武、李的著作留傳，而他們的練架子和推手，卻又都是類似於形意拳明勁階段的練法，因而不得不使筆者要調查研究一下，究竟指導陳家溝和趙堡陳家訓練太極拳的是什麼理論？

翻開 1935 年 10 月南京仁聲印書局出版陳績甫編著的《陳氏太極拳匯宗》「太極拳入門總解」篇刊載的《陳長興太極拳十大要論》的第一章至第九章，把它們和 1929 年上海大東書局出版凌善清編著的《形意五行拳圖說》上篇中，附會為《岳武穆形意拳要論》的要論一至要論九對照一下。便可以看出，陳書中除了把諸論都改稱為章並給以命名，以及在文字字句和結構上稍有改動外，它們的內容，卻仍舊和凌書的一樣。不過陳書中的第九章「身法」，只是截取了凌書要論九中「步之為用大矣哉」一句

為止的前半論；而凌書要論九後的交手法，陳書卻把它移後而補進了第十章剛柔。又，陳書在《陳長興太極拳十大要論》後面接下去的《用武要言》，卻恰恰是把凌書要論九「步之為用大矣哉」一句後面接下去的後半論，以及要論九後交手法的全部內容，兼收並蓄地一併抄襲了進去，講的當然完全都是形意（舊時籠統稱為「心意六合」）拳的拳技理論。

1937年2月，中國武術學會出版唐豪撰著的《行健齋隨筆》在「形意拳鼻祖與譜」一條中說「民二一（1932年），余遊陳溝，於陳春元家借閱陳品三（鑫）遺著，見有品三手錄《三三拳譜》一冊。三三者，內外各三合即六合也。譜有十大要序一篇……惜春元將品三著錄諸稿，秘不以公開，僅許借抄其目錄題記，否則收諸武藝叢書中，亦可考訂他譜之有無沿誤也。其目錄如左（原書係直排本，故云）：一曰雙手，二曰拳經總序，三曰解法必用，四曰手足妙用，五曰錦囊，六曰短手，七曰十九問答，八曰六合十大要（序，一、三節，二、五行，三、四梢，四、身法，五、手法，六、步法，七、上法，八、截法，九、三性調養法，十、內勁），九曰總打，十曰十二上法，十一曰虎撲鷹捉，十二曰易筋經貫氣訣，十三曰心意拳論，十四曰法式，十五曰筋法論，十六曰起落論，十七曰七十二拿法，十八曰總論，十九曰穴門，二十曰生死擒拿手，二十一曰擒手，二十二曰不宜打處。」

把它和1988年6月，四川科學技術出版社出版寶鼎原著、林暄整理的《形意拳與內功十三段》一書中的《形

意拳譜正編》對照一下，就可以知道，所謂《三三拳譜》中，「八曰六合十大要」中十大要的名目和內容，無一不在其中，只是「四梢和五行」「步法和手法足法」，這兩要的名目次序顛倒了一下，第十要的「勁法」「陳家溝譜作『內勁』」和「勁法」第一句「夫內勁者」的「勁」字，寶書都把它錯植成了「動」字。

《三三拳譜》既然就是《形意拳譜》。那麼陳春元又何必要這樣神秘呢？原來它是陳家溝用以指導訓練太極拳的基礎理論。在當時的社會情況來說，應該是秘不外傳的東西。這一點，唐豪未嘗不知道，所以他要在 1940 年 7 月，現代印書館出版的《中國武藝圖籍考》手搏篇六合拳譜一卷的考釋中，再次提出來，氣話一番道：「陳鑫抄譜，予居陳家溝時，其猶子春元僅許借錄序目，不肯公之於世，八一三後溫縣淪為戰區，此譜倘化劫灰，則秘私之毒，與炮火何異乎？」

1985 年 11 月，人民體育出版社出版了陳小旺編著的《世傳陳式太極拳》一書，書末附有《太極拳十大要論》（陳長興）和《用武要言》（陳長興）二篇所謂古典拳論，再一次證實了我在上面所提論證的可靠性。

但這還是不夠全面的，因為上面所論證的還僅僅是侷限於陳溝本村老架一系的。那麼趙堡新架一系的情況是怎樣的呢？

事情很是湊巧，1991 年 3 月以後，陝西科學技術出版社出版劉會峙編著的《武當趙堡傳統三合一太極拳》，廣西人民出版社出版王海洲演述、嚴翰秀整理的《秘傳趙堡

太極拳》，二書相繼應市。這就極有力地幫助了筆者，使筆者能夠在這較短的時期裡，整理出下面幾段文字來回答這個問題。

先看劉書的附錄「太極拳經典要論」，捨棄了前面十九篇清末民初以來諸家太極拳著作中早就見到過的，明顯就是從他們那裡輾轉傳抄進來的文字。可以看出，附錄「經典要論二十、古傳《太極拳九要論》」，和上面所舉二陳書中的一樣，也完全是凌書中附會為《岳武穆形意拳要論》的「要論一」至「要論九」，而附錄「經典要論二十一、古傳論法」，恰好是凌書中「要論九」後的交手法。

再看王書的「第八章、趙堡古典太極拳論選登」，和劉書一樣捨棄了選登「王宗岳太極拳經」。可以看出，「選登二、太極拳九要論」，也就是凌書中附會為《岳武穆形意拳要論》的「要論一」至「要論八」和「要論九」中「步之為用大矣哉」一句為止的前半論，而「選登三、太極拳注解」，恰也正好是凌書「要論九」中「步之為用大矣哉」一句以後的後半論。「選登四、論法」「五、捷要論」「六、天遠機論」三篇，也正好是凌書中「要論九」後交手法的前、中、後三段。其他像「選登十、七疾」「十一、八字訣」「十二、十法」，則更明顯地是學過形意拳的盡人皆知的形意拳的「七疾」「八字」和「十法」。

特別應該指出的是，劉書「附錄二十，古傳《太極拳九要論》。九、九要論」的最後一段和王書選登的太極拳

注釋，開門見山就說出「此捶一名心意」，接下去「蓋心意者，意是心出，拳隨意發，總要知己知彼，隨機應變，……」云云，則又完全是上面舉出過的二陳書中所附會為陳長興《用武要言》中的文字。

至於劉書第二部分「拳架與推手二、武當趙堡傳統三合一太極拳歌序」歌訣第一句就說「太極拳亦稱心意拳」，則是因為編著者在拳技理論上，襲用了形意拳的理論而不自知的緣故。從而也就肯定了陳家溝新架一系的趙堡架，也是以形意拳理論來作為指導訓練太極拳的基礎理論的。

寫到這裡，不禁使筆者聯想起已故老師，原上海武當太極拳社社長葉大密。在他的《柔克齋太極傳心錄》《記奇遇李景林將軍》一文的一段文字：「丁卯（1927年）十一月某日，突來一不知姓名之客，持朱紅色大名片訪余。顧視之，原是三年前形意、八卦、太極名家老前輩孫祿堂老伯所說精通武當劍術之李芳辰（宸）將軍。今得此機會，驚奇靡已。來使遂偕余至祁齊路（今岳陽路）寓所拜見將軍。一望而知是儒者風度之大將，無赳赳武夫氣象。後觀余練楊家太極拳、劍畢，歎道：『不失武當真意，曩日在奉直各省所見者，夾有八卦、形意，非純粹之太極可比。』回顧左右眷屬及侍從者云：『爾輩不習此拳，難得余劍之真傳。』言罷，隨手取劍起舞，矯若神龍，變化莫測，輕靈高雅，歎為觀止。當即懇求執弟子禮，果允所請，為余一生之大幸事。時陳微明、陳志進諸友在滬辦『致柔拳社』，約往學習，以資提倡。」文中所

謂「夾有八卦、形意，非純粹之太極可比」一語，原來說的就是用八卦掌、形意拳的理論來指導太極拳實踐的太極拳。這真是非見多識廣如李景林太老師者，不能道此也。

七、王宗岳的《太極拳論》並不是像唐豪論斷的那樣，「是一篇引用《打手歌》和《周子全書》哲學理論，總結出推手經驗的論文」，並「確定王宗岳的《太極拳論》作於乾隆二十二年（1757 年丁丑，《周子全書》刊行）以後」，「從而也考出了王宗岳是什麼時代人物」。

早在 1957 年，唐豪在第 4 期《體育文叢》上寫的《提出證據來談談太極拳源流》一文中，就開始提出：「要研究王宗岳《太極拳論》究竟和張三豐有沒有關係，以及王宗岳究竟是什麼時代人物，還必須進一步探討《太極拳論》其他理論的根源，才能釐清這兩個問題，到哪裡去找資料呢？一部是《周子全書》，一部是《三豐全書》。

「《周子全書》出版於乾隆二十一年（1756 年）之後，是一部 11 世紀到 18 世紀闡發周敦頤（哲學理論）的結集。書裡有康、雍、乾三個帝王推崇的文章，因此從出版之後就成為一部知識份子常讀的書，這和科舉有密切關係。王宗岳的《太極拳論》，是一篇引用《周子全書》和《打手歌》總結太極拳經驗的論文……

「王宗岳引用《周子全書》，有的句子直襲而不改（簡表列舉出『無過不及』『不偏不倚』兩句），有的句子加以發揮，一經對比就能看出，可證王宗岳寫作《太極拳論》的時候，最早當在乾隆中葉《周子全書》出版以

後。」

接著，1958 年 11 月《武術運動論文集》出版，在唐豪寫的《太極拳的發展及其源流》一文中，不僅重複了這個觀點，並且進一步作了更加肯定的錯誤論斷。他說：「《太極拳論》是一篇引用《打手歌》和《周子全書》哲學理論，總結出推手經驗的論文。要研究王宗岳是什麼時代的人物，要研究《打手歌》起源於何地，張士一的考證（見徐哲東《太極拳考信錄》附錄：答張君書）沒有告訴我們。我們要搞明白王宗岳不是神仙張三豐的傳人，和推手的具體內容及其早期理論的發展，對於以上兩個問題，就有進一步研究的必要。研究的資料，其一是《周子全書》；其二是陳溝傳譜上的《拳經總歌》和《打手歌》；其三是王宗岳的《太極拳論》。

「《周子全書》乾隆二十二年（1757 年）出版於江西，它是一部 11 世紀到 18 世紀時人，闡發周敦頤哲學（理論）的結集。《太極拳論》部分的理論出於這部書……從而也考出了王宗岳是什麼時代人物。

「王宗岳採用《周子全書》的哲學理論作為推手理論，有的句子不改，有的句子加以發揮，一經對比，就可以看出《太極拳論》中『陽不離陰，陰不離陽，陰陽相濟，方為懂勁』四句，就是採用《周子全書》裡面胡煦的『陰陽不相離，又有相須相互之妙』兩句發揮出來的。同樣的例子，《太極拳論》中，『太極者無極而生，陰陽之母也』兩句，剛句是採用周敦頤的『無極而太極』發揮出來的。周敦頤卒於宋熙寧六年（1073 年），胡煦卒於清

乾隆元年（1736 年）。根據胡煦的卒年以及《周子全書》出版時期，確定王宗岳《太極拳論》作於乾隆二十二年以後，這是常識上的判斷。」

為了弄清這個問題，筆者不惜在「大煉鋼鐵」之年，參加體力勞動之餘，稍有時間，就乘車趕往福州路，尋尋覓覓於中圖公司、古籍書店之間。真是上天不負苦心人，終於在不到兩年的時間裡，筆者不僅搜集到了《周子全書》也搜集到了在清康熙四十八年（1709 年己丑）已刊行的《周濂溪集》。對照之下，才確知《周濂溪集》是《周子全書》的前身，卻比《周子全書》的刊行，早了48 年，將近半個世紀。

同時，筆者還搜集到了明天啟四年（1624 年甲子），善用熟地黃的名中醫張景岳（1562─1639 年）著的《類經圖翼》。在這部書裡，張氏已把《太極圖說》連圖例帶說明，運用到中國醫學的理論中去了。

再說，就是唐豪認為王宗岳在《太極拳論》中引用《周子全書》直襲而不改的「無過不及」「不偏不倚」兩句。我們不妨翻開早在南宋紹熙元年（1190 年庚戌）就開始刊行的《四書集注·中庸章句》，以儒家道統繼承人自命的、宋哲理學家朱熹在南宋淳熙十六年（1189 年己酉）春三月戊申日作的序。開宗明義「中庸章句」的第一句，對《中庸》的「中」字注釋，便是「中者，不偏不倚，無遇不及之名（義）」。

誰都知道，《四書集注》自元延祐（1314─1320年）以後六百年間，「科舉奉為圭臬，士子用作金磚」，

是元、明、清三朝帝王統治時代，知識份子必讀之書。誰能保證《太極拳論》作者王宗岳，不從熟悉得連注釋也都背得出來的《四書集注・中庸章句》中去引用，而一定要去引用那既冷僻又後出的《周濂溪集》，或更後出將近半個世紀的《周子全書》呢？

所以，唐豪所做出的「《太極拳論》是一篇引用《打手歌》和《周子全書》哲學理論，總結出推手經驗的論文」，「確定王宗岳《太極拳論》作於乾隆二十二年以後」，以及「從而考出了王宗岳是什麼時代人物」這三個論斷，下得太粗糙，而取證視野太狹隘。僅就第一個論斷而言，《周濂溪集》和《周子全書》的刊行，時間相差就有 48 年，將近半個世紀。何況像簡表中所列舉出來的，引用《周子全書》直襲而不改的「無過不及」「不偏不倚」兩句，為何不直接引用《四書集注》，而要大兜而特兜其圈子，去遠取之於《周子全書》的呢？

我們更可以看到，在《太極拳論》中，還有闡述太極拳技擊理論比較精彩而有趣味的部分內容，大多還是引申《孫子兵法》的。而《孫子兵法》十三篇，是經過曹操刪訂過的，至少是三國魏黃初元年（220 年庚子）以前的作品。我們是不是可以僅僅憑著這麼一點理由，也來胡斷個什麼《太極拳論》的作者王宗岳，還是個遠在 1700 多年前的人物呢？那當然也是不恰當的。

不過，透過上面多方面的實例引證，和較細緻的對比分析，有充足的理由來否定唐豪提出的所謂「《太極拳論》是一篇引用《打手歌》和《周子全書》哲學理論，總

結出推手經驗的論文」，「確定王宗岳《太極拳論》作於乾隆二十二年以後」，以及「從而也考出了王宗岳是什麼時代人物」這三個錯誤的論斷，那倒是肯定的了。

《陳長興太極拳歌訣、總歌》出自《洪洞通背拳圖譜》[1]

早在 1997 年第 1 期《上海武術》上，刊載了筆者撰寫的《幾個有關太極拳歷史考證問題的科學探討》，筆者在文中就曾提出：「1936 年，山西洪洞縣榮儀堂石印樊一魁編著的《忠義拳圖稿本》，從卷一逐勢繪圖的《通背拳圖譜》來看，它的歌訣名稱，和徐哲東 1934 年 9 月在南京從陳子明處借來抄錄的兩儀堂本《拳械叢集》中的《拳勢總歌》、文修堂本《拳械譜》中的《拳勢總歌一百單八勢》、唐豪 1931 年在陳溝從陳省三（1880－1942 年）處抄錄來的三省堂本《拳械譜》中的《長拳歌》，以及 1925 年 1 月油印，陳子明集編的《陳氏世傳拳械彙編》中的《長拳歌訣》，除了個別詞句和文字稍有出入以外，其餘部分都完全相同。

「樊一魁在《通背拳圖譜》自序中說的『此拳乃河南郭永福所傳』『郭在少林寺曾受藝』『郭於乾隆年間鏢師來洪，在洪羈留多年，傳藝於賀家莊賀懷璧，後賀留傳南北，皆是口傳心授，按照前軌』『樊一魁童年時習拳於萬

---

[1] 原載《上海武術》2002年第4期。

安鎮楊如梅及喬柏僉，係藝中名手，實為郭師永福之嫡派』，云云。這些，顯然是編著者在簡樸地介紹他所知道的這套通背拳的歷史淵源和授受情況，並沒有繪聲繪色地來形容這套通背拳有什麼了不起的地方，也沒有假借什麼有名拳種或新興拳種的時髦名稱。因此，『隨便捏造』和『改名』的罪名，應該加不到編著者樊一魁身上去的。」

　　上海教育出版社 1961 年 11 月初版、1962 年 9 月第二版，顧留馨編著的《簡化太極拳》，1963 年 11 月第三版時改名為《怎樣練習簡化太極拳》，在這兩本書第一部分「一、太極拳的來龍去脈」下的附注中，以及人民體育出版社 1964 年 3 月初版，顧留馨編著的《太極拳研究》第一章太極拳的起源和發展簡史「一、太極拳的起源」節後的附注中，都有「長拳一〇八勢於乾隆年間由河南鏢師郭永福傳入山西洪洞縣賀家莊，1936 年樊一魁著《忠義拳圖稿本》（洪洞縣榮儀堂石印八冊）將此拳逐勢繪圖，勢名和歌訣與《陳氏拳械譜》所載相同，惟別字較多，雖已改名為『通背拳』，實為陳王庭所創在陳家溝失傳之長拳一〇八勢。據說洪洞縣高公村迄今仍有人會練」這一說法。

　　所以，我在《科學探討》的第五題中，對此也曾有「無論這套在陳家溝無傳而不是失傳的一〇八式的拳，叫『長拳』也好，『通背拳』也好，甚至還可以有更多的名稱，非常明顯，它和兩儀堂本中的『小四套亦名紅拳』（三省堂本作『四套此名紅拳』）一樣，是陳溝（在裝訂成譜前）什麼時候從外面什麼地方傳抄進來的拳譜，而絕

不是王宗岳在《太極拳論》裡所寫『太極拳一名長拳』的長拳譜，並且保留了此『通背拳』在山西洪洞縣迄今還有留傳」這一看法。

1978年在廣西南寧舉行的全國傳統武術表演大會上，山西省洪洞縣通背拳家徐鳳山表演了洪洞通背拳一○八式母拳，榮獲一等獎。

2001年10月，在山西省武術院召開的山西省部分老拳師座談會上，薛盛才以洪洞通背拳老拳家的身份，演示了洪洞通背拳。

值得提出的是，2002年第9期（總第252期）《武林》雜誌上發表了洪洞通背拳家薛盛才寫的《洪洞通背拳的源流特點》一文，在源流一節中寫道：「又據通背拳傳人徐克明先生家傳手（抄）本所云：『余自束髮受書，即從吉賢學習拳業。先生臨汾苗屯人也，諱書升，號少令，字俊先。其為人平和端方，善於誘（導）人，文章而外，又精熟通背拳一百單八勢。常於授課之暇，領吾等三四人習學拳棒。越十餘載，遠近馳名，天下號為神拳，得之異人傳授者。有河南郭永福，也親得其傳。後郭設教於洪邑蘇堡村，從其學者有大弟子賀家莊賀懷璧、二弟子韓家莊張修德……』」這點資料，正好把它拿出來作為樊一魁在自序中所述歷史淵源和授受情況的補充。

《拳經總歌》刊載於南京正中書局1937年4月初版，徐哲東編著的《太極拳考信錄》卷下文徵編22頁，「歌」後，徐哲東加有按語云「右（原書係直行排本，故云）文據兩儀堂本，文修堂本無之」。南京仁聲印書局

1935 年 10 月初版，陳績甫（照丕，1893—1972 年）編著的《陳氏太極拳匯宗》上冊《太極拳學入門總解》編弁言後第 1 頁的篇名作《陳長興太極拳歌訣》。

《拳勢總歌》刊載於徐哲東《考信錄》卷下「文征編」17 ～ 21 頁，篇名下徐哲東注有「此篇陳子明《拳械彙編》作《長拳歌訣》，文修堂、兩儀堂二本皆有」，後一行「一百單八勢」下注「兩儀堂本無此」六字。中國武術學會 1937 年 2 月 20 日出版唐豪著的《行健齋隨筆》66 頁的篇名是《陳溝長拳譜》而不是《陳氏太極拳譜》。陳績甫在《陳氏太極拳匯宗》《太極拳學入門總解》編中作《陳長興太極拳總歌》。

這樣，就可以明確地得出，陳績甫在《陳氏太極拳匯宗》中的《陳長興太極拳歌訣》和《陳長興太極拳總歌》，雖然都抄錄自族裡的文修堂本、兩儀堂本、三省堂本《拳械譜》或陳子明的《陳氏世傳拳械彙編》，而實際上卻都是間接抄自迄今有傳的洪洞通背拳拳譜裡的東西。

宋唯一的武當劍術和李景林的武當對劍法源流不同考[①]

要考證這個問題，必須要把《太極八卦考證二》中弄虛作假的地方剔除掉；把《八卦掌始祖究竟何人——宋唯一的一段回憶》中錯誤和附會的地方辨證清楚。然後才有可能提出一些可靠的資料，以此來證明是否有真實性。

---

① 原載《上海武術》1999年第1期。

一、《太極八卦考證二》辨偽

1932 年 12 月 21 日，《國術統一月刊》第 87 期（中央國術館六周年紀念特刊）上姜容樵發表了《太極八卦考證二》。

《太極八卦考證二》是姜容樵根據宋唯一《武當劍譜》裡的丁序、自序和附錄，抽掉了一部分真實內容，補進一些太極拳、八卦掌方面道聽塗說的傳聞，結合筆者主觀上的褒貶意圖，揉捏並拼湊出來的一段荒唐史。

（一）筆者在文章一開始就把當時只有油印本的《武當劍譜》書名，改為《武當劍、太極、八卦歸一附圖解說明》。偷換了論題，為以後種種的捏合和附會，創造了條件。

（二）油印本中的丁序、自序、正文和附錄，都沒有牽涉到太極拳、八卦掌一類的說法。而姜在文章中，忽然把武當單練劍擴大到「拳劍」，並且把附錄中陳蔭昌的傳人只有野鶴道人一人，也擴大到野鶴道人的同胞兄弟避燈俠。避燈俠再傳董海川。由於董海川是八卦掌門中的著名人物，因而就編出董海川從避燈俠學八卦掌等一連串的附會故事來。

（三）文章中把首先接觸宋唯一並從師學劍，而後又將宋推薦給師長李景林，並自稱為「宋君劍僕」的營長丁齊銳，說成是「唯一初傳（團長）張驤五先生……」這樣才有可能給喜歡奉承吹噓的張憲（驤五）向郭叔蕃敘述時，把丁齊銳換成了自己。

（四）1930 年，上海武學書店出版了姜容樵和姚馥春

合編的《太極拳講義》。在第十章「太極拳譜釋義」中，董就偽稱是什麼「得乾隆時之抄本，復得光緒初年之木版書」「其原文較世傳者多三分之一，皆太極之要訣」。譜中的所謂二十字訣，也被吹噓成「尚有二十字，亦為斯術之寶筏，國內流行之太極拳譜多未載」。這個所謂乾隆抄本、光緒木版書，在 1937 年 4 月南京正中書局出版，徐哲東先生著的《太極拳理董辨偽合編》辨偽編（三）《辨乾隆舊抄本及光緒木版本》中就被證偽。文中說：「今按姜容樵本既有《十三勢行工心解》之文，即為出於武禹襄以後之記。乃云乾隆時舊本，已堪大噱。至太極拳譜，清代從未有刻本，何來光緒木版本乎？此實誣妄之尤者矣。至於二十字訣後之文，顯為出於習形意拳者之手筆。」而吳孟俠、吳兆峰父子倆，卻把它抄襲過來，並把它杜撰成五個字一句的《五字經訣》。發表在 1958 年 3 月人民體育出版社出版的太極拳叢書之三《太極拳九訣八十一式注解》一書的第二章《太極拳之要訣》第九節中。並且在該書的前言中，把它說成是「卅年前從牛師連元學習太極拳。牛師係太極拳名家楊班侯的高足，得楊氏秘傳太極拳九訣中的第九個歌訣」。

可是在同書第二章《太極拳九訣注解》第九節《五字訣》標題下的括弧附注裡，自己卻不打自招地說出「這是二十字冠頂之訣，每五字一句」。原來就是從姜、姚書中搬移過來的二十字訣，經過再加工而編寫成的。以偽作偽，根本不是太極拳裡的東西。

（五）油印本自序中只有「……吾有空中妙舞劍法，

原係武當內家九派三乘也。吾習下乘劍法，已傳八人，再傳汝已（以）成九數也」。姜把「吾習下乘劍法，已傳八人，再傳汝已成九數也」演繹成已傳八代，到「海川、唯一為第九代」。以至擴大到「唯一初傳張驤五先生，後傳李芳辰、蔣馨山兩先生，即近世盛行武當劍法……為第十代」。殊不知道家以九數為極則，形容其到絕頂或到最後的意思。所以，「再傳汝以成九數也」，應該理解為「再傳你是最後一個人了」的意思才對。

二、《八卦掌始祖究竟何人 —— 憶宋唯一的一段回憶》辨誤

1983 年 10 月，在內蒙古青少年雜誌社出版的《武門精粹》上，郭叔蕃寫了《八卦掌始祖究竟何人——憶宋唯一的一段回憶》一文，其中說道：

「宋唯一，遼寧北鎮城內鼓樓大街人。在奉系軍閥張作霖盤踞東北時，1919 年，奉軍第一師師長李景林（河北棗強人，字芳宸）駐防錦州市北之義縣。其一旅一團團長張憲（河北冀縣人，字驤五），為其眷屬尋覓住所。在義縣城內文獻胡同，尋得宋姓前院。主人曰：『吾名宋唯一，八卦掌名師董海川之師弟。吾師壁（姜容樵作「避」，下同）月俠，董之業師壁燈俠，吾與董海川係伯叔師兄弟。……董海川係在安徽九華山學藝，業師為壁燈俠，學的是「坎卦」八卦掌。我學的是「離卦」八卦掌。』宋氏暢談後，即以所著《學藝心得》手寫本贈予張憲（抗戰時遺失）。張氏拜謝而出，即以電話報告師長李

景林說：『發現劍俠門徒，即吾之房主宋唯一。』翌晨，李即派參謀迎請宋到師部，盛筵款待。陪座者有張憲、蔣馨山等。嗣後，宋即每日到師部教授八卦掌及武當劍。」

這篇回憶錄所證，有很多失實和附會的地方。

（一）根據 1986 年第 2 期《中華武術》特約通訊員李生和邱萬春六次去北鎮調查後所寫的《宋唯一和武當劍譜》中說：「……宋中年後長期居住北鎮，在北鎮縣西門北側城牆下，轆轤把胡同有一所宅院，共有房間 20 多間，前後兩層，尖頂草蓋，宋住裡院（西院）。……1922 年，奉軍第一師駐防北鎮，營長丁其（齊）銳攜眷住宋宅外院，認識了宋唯一。而後又將宋唯一推薦給師長李景林。……其時宋唯一已 63 歲了。李景林遂拜宋唯一為師，學習武當（單練）劍法。當時跟隨李景林同去拜會宋唯一的還有郭岐鳳、林志遠等人。」宋唯一的住處是在北鎮縣西門北側城牆下轆轤把胡同，而不是義縣城內文獻胡同。

（二）租用宋唯一住宅外院的，是當時駐防在北鎮縣的營長丁齊銳，而不是駐防義縣的團長張憲。

（三）和李景林第一次同去拜會宋唯一的，是郭岐鳳和林志遠等人，而不是張憲和蔣馨山等人。張、蔣等人向宋唯一學劍，應當還在後一時期。

（四）巫邑閭山，應該就是醫巫閭山的誤記，也就是宋唯一在《武當劍譜》自序末所具的一無慮山，本是東胡語「大山」的意思。此山在北鎮縣城西北十里許，橫跨北鎮、義縣二縣，長達 80 華里，過去山裡多道觀廟宇。據此，則宋唯一的學得武當單練劍術，應該就在本縣，而不

是什麼「川、鄂接壤處」。

（五）回憶錄中的「董海川……學的是『坎卦』八卦掌，我（宋唯一）學的是『離卦』八卦掌」，完全是清嘉慶二十二年（丁丑，1817 年）蘭簃外史纂輯的《靖逆記》裡「……嘉慶十五年（庚午，1810 年）春……牛亮臣見克善拳法有『八方步』（梅花拳步法）。亮臣曰：『爾步伐似合八卦？』克善曰：『子何以知之？』亮臣曰：『我所習坎卦。』克善曰：『我為離卦。』亮臣曰：『爾為離我為坎，我二人坎離交宮，可習其所習可也。』」這一段記載的移植和附會。

實際上《靖逆記》裡所記載的，是清嘉慶十八年（癸酉，1813 年）北京近郊爆發以李文成、林清為首的「天理（八卦）教」農民起義。它是以八卦卦名來分支的。文中所說馮克善所習的「離卦」是指拜王祥為師所加入的「天理教」中的「離卦教」；牛亮臣所習的「坎卦」，是指拜林清為師所加入的「天理教」中的「坎卦教」。因此，馮、牛二人對話中的「離卦」「坎卦」，不是拳法而是「天理教」農民起義的組織。

（六）1922 年冬，丁齊銳認識了宋唯一後，隨即向宋學練武當單練劍法。不久，宋唯一就把他和他二弟宋德樸（1881－1927 年）合編的《武當劍術》原稿，交給丁齊銳閱讀，並請丁為此書作序。並不是像回憶錄中說的那樣送給丁一本《學藝心得》。

（七）宋唯一到李景林師部教的只是武當單練劍法和散擊劍，並不是武當對練劍法，更沒有八卦掌。這些情

況，可參閱 1948 年第 1 期《中華武術》李天驥在《學練武當劍五十年》中說過的「……當時，宋唯一的劍法以單練、散練為主。李景林學練後，朝夕揣摩研究，在繼承單練劍的基礎上，創編（筆者注：不是創編，見下文三）了對練，以高超的劍法享譽武壇」，以及 1986 年第 3 期《精武》上，康戈武在《關於董海川從畢澄霞學得八卦掌的考證》中說過的「《武當劍譜》原稿本作者宋唯一在《自序》中述及其學藝經過時，只說野鶴道人教了他武當劍，沒有談到傳授八卦掌一類的說法。……關於董海川學藝於畢澄霞（或曰避燈俠）、宋唯一學藝於畢澄霞同胞兄弟畢雲霞（或曰避月俠）之說，是虛構附會入宋唯一《武當劍譜》中的」。

從這些文字資料和考證中，可以得到確鑿的證明。

三、《武當內家對手劍法》和《武當劍譜》

1927 年年底，上海武當太極拳社社長葉大密（1888—1973 年），在《柔克齋太極傳心錄》中《記奇遇李景林將軍》一文中說：「李老師武當（對）劍，係武當山第十三代陳世鈞先生所授。先生皖北人，為袁世凱幕友。」1935 年 4 月，上海商務印書館再版黃元秀編著的《武當劍法大要》附錄《李師芳宸傳略》中也說：「李師諱景林，字芳宸，又字芳岑。冀南棗強縣人，河北世家也。……其祖以技擊聞於兩河間，師幼時得父之傳授，桓桓有俠士風。及壯，遨遊塞外，遇異人皖籍陳世鈞先生。先生沉默寡言，出沒無蹤，冬夏一衲，係武當嫡派，能天盤、地

盤、人盤劍術。師受其業數載。」1983 年第 11 期《武林》上，陳正清在《武當劍傳家劍》中提到李景林的授受情況，大致也和《傳略》相同。

1945 年秋，昆明致文印刷鑄字所出版吳志青（1887—1949 年）編著的尚武樓叢書第二種《太極正宗源流、國術叢論、國術理論體系、歷世紀》合刊本中，則說：「……李師曾云『此劍得自異人傳授，計共六路。由第一路至第五路為對劍法，其第六路為獨練之法，式式奧妙，異於常劍。惜大半遺忘，絕技竟成『廣陵散』。」1985 年11 月，浙江人民出版社出版顧啟歐、章曉雲編著的《武林名家》，在《黃元秀四度學劍》一文中也說：「李景林自稱『古廣川』（今河北棗強縣）人氏，自幼得武當正宗陳世鈞（1851—1922 年）的真傳，深得武當（對練）劍法的妙旨。這一劍法，本是武當山道家的護山劍，秘而不傳。清道光年間，武當隱士郭濟光，傳出這套（對練）劍法，因係單線相傳，會練的真是寥若晨星。」

以上從李景林本人及直接跟他學劍的黃元秀、葉大密等，及間接傳人吳志青，直到最近的顧啟歐、章曉雲的說法都比較一致。則陳世鈞似乎不應該暫時「因其人無處可考」而說成是虛構的。

根據我所見到過的葉大密老師和濮冰如（玉）師姊，當時向李景林老師學習武當對劍時，從李老師那裡手抄得來的，署名為「浮山劍道人圓虛」撰寫的《武當內家對手劍法》，內容不僅有劍綱、劍法十三勢名稱、十三勢之功能、十三勢之對象、十三勢之攻守等篇名的理論部分，還

有內家對手劍法五趟，即五套對劍法的式勢名稱。和李景林老師所傳授的武當對劍法對照一下，內容可說是大體相同，式勢卻多了不少。這似乎又和李老師自己所說過的「惜大半遺忘」相符合。因此，在這裡我就有足夠的理由這樣說：「李景林老師的武當對劍法，和浮山道人圓虛的武當內家對手劍法，是一脈相承的。」

如果這個浮山，就是現在江蘇盱眙縣西的浮山，那它和安徽淮南的來安、嘉山（今明光），淮北的五河、泗縣相鄰近。清末民初，這些地方還隸屬於安徽的泗州管轄，道道地地在皖北地區，這恰恰又和陳世鈞的籍貫相同了。

當然，在這裡我不可能就此而隨便得出「浮山道人圓虛就是陳世鈞或郭濟光」這樣的結論。但至少可以提出「武當對劍是否是從皖北地區流傳出來？或是在該地區還有所流傳？」這樣的問題來作為探討。

但是可以肯定，李景林的武當對練劍法，和宋唯一的武當單練劍法，並不是同一種劍法。它們的來源也各不相同。

李亦畬《太極拳小序》寫作時間考[①]

1964 年 3 月，人民體育出版社出版了唐豪、顧留馨編著的《太極拳研究》（下稱《研究》）一書，書中 136—139 頁第四章，是唐豪考釋的《廉讓堂本太極拳譜》，李

---

① 原載《上海武術》2002年第2期，《太極》2006年第2期。

福蔭寫的序文。唐豪在附記中寫道：該篇是「據 1938 年戊寅夏，節武一如所抄廉讓堂石印本」的節抄本。實際上，正本廉讓堂本太極拳譜的序文，是稷山馬力伯（甲鼎）寫的，李福蔭寫的是後序。

唐豪在 142 頁《太極拳釋名》後的附識第四段中寫道：「馬印書此篇，為其姨丈李亦畬於 1867 年（同治六年丁卯）所遺留。亦畬則得其母舅武禹襄。」唐豪在同頁的第五段中又寫道：「馬印書所抄，當據 1867 年（同治六年）或更早之文。既無篇名、篇首，復有缺佚，此可推見禹襄所得正譜已有漫患。」

唐豪在 161 頁《五字訣》後的附識第一段中又寫道：「馬印書抄本，首題太極（脫一拳字）小序，末題丁卯端陽日亦畬李氏識。亦畬有生之年，只逢一丁卯，則此序初稿當作於 1880 年（同治六年）。初稿首句，作太極拳始自宋張三豐。」在 168 頁《左虛右實之圖》中的唐豪附識中則寫道：「郝和藏本無此篇。馬印書與廉讓堂本皆列在亦畬著作內。馬印書為李亦畬姨甥，生於 1870 年（同治五年丙寅），親見親聞，為亦畬作無疑。」這裡，唐豪把 1870 年的紀年搞錯了，同治五年丙寅是 1866 年，三版《研究》已為之改正。

那麼，馬印書抄錄李亦畬手寫《太極拳譜》的最小虛年齡，至少也應該在 10 歲以上，即 1875 年清光緒元年以後的事了。再從《太極拳小序》的內容來看：馬印書抄本的首句作了「太極拳始自宋張三豐」；「我郡南關楊某」一句，「某」字作了「某老祿」三字；「備極精巧」一句

中的「巧」字作了「妙」字；「伊不肯輕以授人」一句中
的「伊」字下多一「亦」字；「素聞豫省懷慶府趙堡鎮有
陳姓名清平者」一句，「豫省」後脫了「懷慶府」三字，
「平」字作了「萍」字。而關鍵性的幾句「予自咸豐癸
丑，時年二十餘，始從母舅學習此技，口授指示，不遺餘
力。奈予質最魯，廿餘年來，僅得皮毛」則沒有變動。

　　由此可以推算，咸豐癸丑是咸豐三年（1853 年），
李亦畬（1832—1892 年）年 22 虛歲，開始從武禹襄
（1812—1880）學太極拳，此時武禹襄年正好 42 虛歲。
武禹襄於光緒六年庚辰（1880 年）年 69 虛歲去世。李亦
畬實際從武禹襄學了不足 27 年的太極拳。如果馬印書抄
本中的《太極拳小序》寫於同治六年（丁卯 1867 年），
則要 27 年減去 13 年，那時李亦畬只從武禹襄學了 14 年
還不足的太極拳。在《太極拳小序》中，他不可能把它寫
成「廿餘年來」。從而可以肯定，唐豪輾轉從武一如處抄
來的《太極拳小序》，紀年肯定有錯誤。那麼，一版《研
究》153 頁武萊緒撰寫的《先王父廉泉府君行略》下的唐
豪附識一開始就寫道「1880 年（同治六年丁卯）」，三
版 132 頁已改為 1876 年（同治六年）；161 頁《五字訣》
後的唐豪附識一開始又寫道，「馬印書抄本，首題太極
（拳）小序，末題丁卯端陽日亦畬李氏識。亦畬有生之年
只逢一丁卯，則此序應作於 1880 年（同治六年）」，三
版《研究》139 頁也已改成為 1876 年（同治六年）。這兩
處的 1880 年西元紀年，又該作何解釋？

　　原來，一版《研究》中唐豪考釋的《廉讓堂本太極拳

譜》是唐豪生前尚未定稿的草稿本，當時唐豪已經發覺在這兩處的「同治六年」紀年上有問題，因而他在見到這兩處的有關紀年時，就隨手把它改寫了西元紀年上去，以便在定稿時改正。顧留馨向來尊重唐豪，也就在一版《研究》出版時把這兩處唐豪批改而只改了西元紀年的原來面貌，保留了下來。

但筆者個人認為，還不如把這兩處的紀年，改成為1879年，即清光緒五年來得更為妥當。因為這一年，不僅干支紀年是己卯，和武一如錯抄來的紀年丁卯的地支「卯」字相同，更為重要的是這一年武禹襄本人還健在，極有可能來為外甥兼學生的李亦畬正在正稿繕寫的《太極拳小序》提出文字上的潤色和內容上的修改，特別是像首句有關太極拳歷史傳說的糾正。

這樣，就使李亦畬的整理《太極拳譜》，從初稿、修改、定稿，直到「老三本」分別謄正送出，更具有連貫性，更符合思維邏輯。

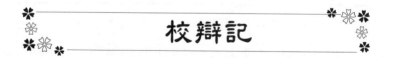

校辯記

楊氏太極拳學者修改
太極拳經典著作的例證①

一、增添「動靜之機」四字

楊氏《太極拳譜》傳本在王宗岳《太極拳論》第一句

「陰陽之母也」之前，增添了「動靜之機」四字。這樣，不僅使之和「陰陽之母」四個字對仗，成為道道地地的駢體文句，並且也使之和後一句中的「動之則分，靜之則合」起到了承上啟下的照應作用，因此，無論在文法結構和文義用詞方面都是無可非議的。

這個改動，在出版物中出現得最早的，是 1921 年 12 月出版的許禹生的《太極拳勢圖解》，其次，是 1927 年 9 月出版的徐致一的《太極拳淺說》，然後，是在 1929 年九福公司出版的《康健指南》中的《太極拳全圖》，1931 年 10 月出版的吳圖南的《科學化的國術太極拳》，1935 年 6 月出版的吳公藻的《太極拳講義》上編，抄本則僅見於上海武當太極拳社社長葉大密老師轉抄的楊健侯（老三）先生持贈田兆麟老師的藏本。歷史資料證明，許禹生（1879—1945 年）和田兆麟都曾經向楊健侯學太極拳，吳鑒泉的父親全佑則先在旗營跟楊露禪後，從楊露禪之命在端王載漪府拜楊班侯為師學太極拳的。鑒於永年李福蔭所輯廉讓堂本《太極拳譜》（以下簡稱李廉讓堂本）和李亦畬（1832—1892 年）工批手抄自留本和持贈郝和本《太極拳譜》（以下簡稱李亦畬抄本）中的王宗岳《太極拳論》第一句都沒有「動靜之機」四個字。

所以我們認為，這個改動時間較早，大約是楊露禪、楊班侯父子倆還在北京端王府及諸旗營教拳講課時，由向

---

①　本文為筆者與蔣錫榮師兄合作完成。原載《上海武術》1994年第3期。

他們父子倆學拳的王公們或陪伴王公們學拳聽課的文人學子所增添的。

二、把「連而不斷」改成了「斷而復連」，「能粘依」改成了「能呼吸」

在楊、吳兩家《太極拳譜》傳譜中，把李廉讓堂本誤為李亦畬寫而實際為武禹襄寫的《十三勢行功歌解》和李亦畬抄本中武禹襄《打手要言》中的第一個「解曰」一段，並穿插了李廉讓堂本武禹襄《太極拳解》和李亦畬抄本中武禹襄《太極要言》第二個「解曰」中的部分內容，把它們合併起來統稱之為《十三勢行工（功）心解》其中「收即是放，連而不斷」一句，楊、吳兩家傳本中都把它改成了「收即是放，斷而復連」。這是楊氏學者在李廉讓堂本王宗岳《太極拳論》後的「又曰」，和李亦畬抄本《打手要言》第二個「又曰」中「勁斷意不斷」的基礎上，再根據楊氏二代教拳經驗，總結成「勁斷意不斷，藕斷絲猶連」一句話的意思而改寫成的。

這在陳秀峰《太極拳真譜》中《十三勢用工心解》之後的「又曰：彼不動，己不動，似鬆非鬆，彼微動，己先動，將展未展，勁斷意不斷」句後有「陳秀峰加此：彼不動，己先動，勁斷神不斷，藕斷絲猶連」二十一字，以及楊澄甫《太極拳使用法》（原文解明）中說的「楊老師常言『勁斷意不斷，藕斷絲猶連』，蓋此意也」，雙雙得到證明，不過陳秀峰本把「猶」字寫成了「又」字，這當然是諧音筆誤所造成的。

在同篇中「極柔軟，然後極堅剛」的後半句，李廉讓堂本和李亦畬抄本中都還保持原來的「能粘依然後能靈活」，而楊、吳二家的諸多傳本中，卻都已把它改成為「能呼吸，然後能靈活」了。這個改動表明了修改者對太極拳實際功夫的體驗，比原作者更加深入了一層。

因為，即使是在一般推手時，僅僅只是在外形肢體上能夠跟隨得上對方，還是不夠的，必須在外形肢體上能夠跟隨得上的同時，還要在內在呼吸上也能夠跟隨得上對方的呼吸。那才真正是全面的所謂「完整一氣」，才真正是裡裡外外的所謂「合住對方」，然後才能既輕鬆而又乾脆地把對方發放出去。更何況，進一步要把它運用到太極散手和太極器械方面去了。

三、把「每一動，惟手先著力，隨即鬆開……」云云三十九字改成了「一舉動，周身俱要輕靈，尤須貫串」十三字

李廉讓堂本中武禹襄（十三勢說略）開頭一段「每一動，惟手先著力，隨即鬆開，猶須貫串一氣，不外起承轉合，始而意動，繼而勁動，轉接要一線串成」計 39 字，李亦畬抄本中武禹襄《打手要言》最後一段，又曰：「每一動，惟手先著力，隨即鬆開，猶須貫串，不外起承轉合，始而意動，既而勁動。轉接要一線串成」是 37 字。

在楊、吳二家的諸多傳本中，都把它改成了「一舉勁，周身俱要輕靈，尤須貫串」13 個字。除了在楊澄甫《太極拳使用法》中把這篇文章稱之為《祿禪師原文》，

最後還注有「原注云：此係武當山張三豐老師遺論，欲天下豪傑延年益壽，不徒作技藝之末也」外，其他各本都把它稱之為《太極拳論》並附上原注的這個篇名和原注，顯然也是楊氏學子所改定的。

實際上，武禹襄原文頭一句「每一動，惟手先著力，隨即鬆開」是有很大語病的，既然是《打手要言》，當然是指推手。在雙方功夫相差很大的情況下，功夫大的加上體力占絕對優勢的，固然可以做得到「惟手先著力，隨即鬆開」，如果功夫體力二者都不相上下，一搭手，手上既然已經用上了力，再想要把它鬆開，那已經是千難萬難的了。更何況像現在的競技推手比賽，稱過了體重再來分組配對，雙方的功夫又是差不了多少，主觀上偏偏又都想搶先用力來推對方。除了只能出現像吳修齡在《手臂錄》中所批評的那樣「去柔存剛，幾同鬥牛」「氣力奮發，殆同牛鬥」之外，想要意思安閒、神態自如、若無其事地來進行推手比賽，簡直是不可能的。

從這一角度來看，楊氏學子把原來這 19 個字改成為「一舉動，周身俱要輕靈，尤須貫串」13 個字，無論在理論上或實踐上都是有它的積極意義的。

四、把「靜」字改成了「淨」字

李廉讓堂本和李亦畬手抄本《十三勢行工歌訣》中「腹內鬆靜氣騰然」一句中的「靜」字，以及李廉讓堂本《十三勢行工歌解》李亦畬手抄本《打手要言》中第一個解曰中「發勁須沉著鬆靜，專注一方」一句中的「靜」

字，在楊、吳二家的《太極拳譜》傳本中都已把它改成了
「淨」字。從字義上來說，它已含有數量上比較多少的意
思在裡面了。就拿前一句「腹內鬆淨氣騰然」來說吧，惟
其是腹內放鬆得乾淨，內氣才有翻騰上升的現象出現，腹
內放鬆得愈乾淨，內氣也就翻騰得愈厲害。

　　但應該指出的是，這種翻騰現象是動的，而不是靜
的，靜了是不會有什麼東西可以騰然的。再如拿後一句
「發勁須沉著鬆淨，專主一方」來說，發勁時思想上固然
要堅定沉著，肢體上卻要放鬆得乾乾淨淨，而且是愈乾淨
愈好，然後「認定準頭」專注一方而去，才能將對方發放
得乾脆俐落，一往無前。

　　這兩個地方的改動，應該承認是改得恰當，改得好
的。有人認為「把『靜』字改成『淨』字是不對的」，那
無非是因為原作者的文化水準要遠比楊家三代祖孫中的任
何一人都高。但是如果把楊家前二代在宮廷教拳時，學拳
的王公或陪伴王公來學拳的有什麼「侍讀」「侍講」一類
官銜的學子來和原作者相比較，那也就只能說是小巫見大
巫了，更不要說是來個把什麼「大學士」「協辦大學士」
官銜的了，難道他們也不能替老師潤色給他們講解的拳論
和筆記的嗎！

五、把「存心」改成了「在心」，把「動牽」改成了「牽動」，把「蓄神」改成了「精神」

　　李廉讓堂本中王宗岳《太極拳論》後武禹襄所加的
「解曰」和李亦畬抄本中《打手要言》第一個「又曰」一

段：「先在心，後在身，腹鬆，氣斂入骨，神舒體靜，刻刻存心。切記：一動無有不動，一靜無有不靜；視靜猶動，視動猶靜，動牽往來氣貼背，斂入脊骨，要靜。內固精神，外示安逸，邁步如貓行，運勁如抽絲。全身意在蓄神，不在氣，在氣則滯。」其中第一句末了「刻刻存心」中的「存」字，在楊、吳二家的傳本中，除了陳秀峰本和葉大密老師抄藏的楊健侯先生傳本中沒有改動外，其餘各本都把「存」字改成了「在」字。說明這個字在楊班侯、楊健侯兄弟傳出的譜本中，還沒有改動。改動的時間，應該還在他們的譜本傳出以後。

把「存」字改成了「在」字，在意義上並沒有多大出入，只是把平聲字換成了仄聲字，讀起來聲調比較協調順口而已；另外「動牽往來氣貼背」一句中的「動牽」二字，楊、吳二家傳本中也都把它改成了「牽動」，這兩個字顛倒過來意義完全一樣，但平仄卻協調了。

至於「全身意在蓄神」一句中的「身」字，陳秀峰本、陳微明本和吳圖南本都保持著原來的「身」字，而徐致一本、九福公司本、吳公藻本則都把它寫成了「神」字，這當然是吳鑑泉在後來的傳本中諧音筆誤所造成的。因為這個錯誤比較明顯，所以沒有什麼多研究的必要。但在同一句中的「蓄神」兩字，除了陳秀峰本、吳圖南本仍保持著原來的面貌以外，其他楊、吳二家的傳本都把它改成了「精神」二字，那當然是從楊健侯傳本開始改動的。

但我們決不可以小看了這一字之改動，因為「蓄神」二字，充其量也只不過是「內固精神」一語的重複叮嚀，

而「精神」恰就是「精」「氣」「神」中的精和神，俗話說的「有精神」卻必須先要內氣充盈體內，然後才能使精神顯現於體表的，所謂「神完氣足」也就是俗話說的「神氣實足」。

六、把「沾連粘隨」改成了「粘連綿隨」

李廉讓堂本和李亦畬抄本中《打手歌》，同樣都是「掤、攦、擠、按須認真，上下相隨人難進，任他巨力來打我，牽動四兩撥千斤，引進落空合即出，粘連粘隨不丟頂」六句共 42 字，其中「任他巨力來打我」一句中的「我」字，除了陳秀峰本、葉大密老師抄藏楊健侯老先生傳本作「咱」以外，其他如楊、吳二家傳本都是統一寫作了「我」字。最後一句「粘連粘隨不丟頂」中的第一個「粘」字，葉大密老師抄藏楊健侯老先生傳本作「沾」。

根據田兆麟老師所藏《太極拳譜解》楊健侯傳本（俗稱老譜）中「沾粘連隨解」節有「沾者，提上拔高之謂也」的解釋，則「沾」是提，是擎，也就是向上向高方向的引進，所以「粘連粘隨不丟頂」一句，原文應該是「沾連粘隨不丟頂」。由於北音有把「沾」字讀成ㄓㄢ的，但意義上還是和「粘」差不多，如「粘在一起」「粘貼」等，所以抄寫者便把「沾」字含糊地寫成了「粘」，也就可以說是諧音筆誤吧。

至於徐致一本、九福公司本、吳圖南本索性把「粘」字寫成了「黏」，那無非是因為舊字典只有「黏」或「作粘」「俗作粘」這一類注釋的關係。

這裡有個小故事，是上海武當太極拳社社長葉大密老師親自講給我們聽的。1930 年 11 月 11 日，李景林、孫祿堂、楊少侯、吳鑒泉、楊澄甫、褚民誼、田兆麟、武匯川、陳微明、陳志進等人都到當時的法租界薩坡賽路（今淡水路）南永吉里十九號祝賀武當太極拳社成立五周年紀念。

在閒談中，陳微明老師首先向諸多太極拳老前輩提出，是否要把《打手歌》末一句中的「粘」字改回為「沾」字的問題，因為陳微明老師在初版《太極拳術》中是把「沾」字寫成「粘」字的。當時，田兆麟老師首先回憶道：「老三先生（指楊健侯）和我打手時常常說『一沾就成（功）嘛』。」接著，楊澄甫老師索性補充道：「沾起來就打嘛。」這就說明瞭「沾」字不僅含有《太極拳譜解》沾連粘隨解中所說提上拔高的引進的意思，並且還含有「即丟即頂」「逢丟必打」的意思在裡面，也就是說已經是屬於隨便「找勁」的了。

「找勁」是推手的高級階段，當然不是初學推手的人所適宜學習的。因此，孫祿堂老先生隨即提出，「要使初學推手的人，在推手時能夠做到連綿不斷，就該把《打手歌》的最後一句，改成為『粘連綿隨不丟頂』才恰當」。後來，陳微明老師果然在 1933 年再版《太極拳術》時，把《打手歌》的末一句修改成了「粘連綿隨不丟頂」了。

再從1957年9月初版、1988年2月修訂，孫祿堂原著、孫劍雲整理的《孫式太極拳》附參考資料五，推手歌訣的末句來看，同樣也已改寫成了「粘連綿隨不丟頂」，可以

作為旁證。

七、把「必至偏倚」一句刪去，把「不是」改成了「不在」，把「物將」兩字顛倒過來改成了「將物」

李廉讓堂本《十三勢說略》和李亦畬手抄本《打手要言》中有又曰「有不得機得（手抄本無此『得』字）勢處，身便散亂，必至偏倚。其病必於腰腿求之」這一段中的「必至偏倚」四字一句，楊、吳二家傳本中都把它刪去了。理由是散亂到了一定程度，就會清楚地暴露出自己的弱點所在，給了對方一個可以趁虛而入的機會，不一定要等到表現出自己的身軀已經偏倚時。

接下去，「上下前後左右皆然。凡此皆是意，不是外面」這一段的最後一句「不是外面」，楊、吳兩家傳本中也都把「不是」兩字改成了「不在」，以使不表現在外面的意思更加明確、更加肯定些。

再下去，「有上即有下，有前即有後，有左即有右。如意要向上，即寓下意，若物將掀起，而加以挫之之力，斯其根自斷，乃壞之速而無疑」這一段中，「若物將掀起」一句中的「物將」兩字，楊、吳二家傳本中，又都把它顛倒過來改成了「將物」。

從文言文法上講，這一段中「如意要向上，即寓下意」這兩句是承應第一句「有上即有下」而作了一般文字上的說明，然後接下去再舉「若將物掀起，而加以挫之之力，斯其根自斷，乃壞之速而無疑」這個日常生活中既簡單而又具體的例子來作為補充說明的。

　　這裡所用的「挫」字，是作向下撳按的意思來解釋的。如果用了原來的「物將」，則這一句的意思就變成了猶如物體自身將要掀聳起來的時候，而給它一個向下撳按的力。這樣，作用的結果就不會是「斯其根自斷，乃壞之速而無疑」。恰恰是把這剛掀聳起來而自立不穩的物體，重新把它撳按回去，從而使它恢復平穩，這豈不是在給這物體自身的穩定幫了個大忙？

　　這裡，如果是把「挫」字當作「摧斷」的意思來解釋，則對於「若物將掀起而加以挫之之力」這一句話本身的意思，倒也可以自圓其說，但和前面的「如意要向上，即寓下意」，在文法上已是互不相干，而和接下去的「斯其根自斷，乃壞之速而無疑」，更是顢頇不通了。

　　以我們低水準的理解，這一段講的正是《打手歌》最後一句，「沾粘連隨不丟頂」中的第一個字——「沾」字。根據楊氏老譜《太極拳譜解》「沾粘連隨」節中，對「沾」字的解釋是「沾者，提上拔高之謂也」，則可以知道，「沾」是向上向高處的引進，也就是李亦畬《撒放密訣》中「擎起彼身借彼力」的「擎」字。

　　可得注意，李氏已將「擎」字說得清清楚楚，是要借用對方的反作用力的。

　　為了防止對「擎」字的錯誤理解，李氏在後面的小注中又特為注了「中有靈字」，說明了在使用「擎」字時要輕靈，決不是憑著力氣大來蠻幹一下就算是符合了的。

為《楊式太極是一家》補漏正誤

　　2001 年第 4 期《武林》雜誌刊載了瞿世鏡先生撰寫的《楊式太極是一家》（以下簡稱《一家》）一文，對筆者於 2000 年 7 月發表在臺灣第 22 期《太極學報》上《為正名》（以下簡稱《正名》）一文的前言部分，提出了「內容大致不錯，但有兩三處細節，仍需按事實更正」的意見。為此，筆者認真地讀完了《一家》全文，始知瞿先生乃黃景華先生及門弟子，學識淵博。惜乎僅是為了筆者在《正名》前言中兩次提到了瞿先生的太極拳老師黃景華醫師，竟然惹起瞿先生按捺不住的情緒衝動，寫出了既和《正名》前言毫不相干的所謂更正，又和事實大相徑庭的許多戲劇性的訛人情節來，深為歎惋！現依照《一家》原文有疏漏、訛誤處出現的先後為次序，列出下列 11 條，以為補漏正誤之證例：

　　第一，瞿文開始就寫道：「鄭曼青師伯早年在上海美術專科學校教中國畫時，景華師曾向他學畫，故有師生之誼。他們二人在葉大密的武當太極拳社學拳 8 年，澄甫公來滬後，又在楊家同門學藝，成為師兄弟。」

　　這樣說來，黃景華先生當年曾在葉大密老師創辦的武當太極拳社學過太極拳、劍的事，並非虛構。而武當太極拳社是經過當時的教育局立案、教育部備案的合法太極拳教學團體。根據該社修訂的《簡章》，以最高的太極拳、劍研究班來說，期限也只有「六個月為一學期，在第二學

期以後是否繼續研究，悉聽學者自便」。

黃景華先生在那時居然一學就是 16 個學期（8 年），那麼，那時候的葉大密老師和黃景華先生師生間的情感是如何的融洽，是不言而喻的了。瞿文寫到這裡，卻把這些事實一筆掠過，致使讀者莫明其關係，讀來索然，這是首先必須要在這裡給瞿先生補充疏漏的。

第二，瞿文寫道：「澄甫公在上海，先後曾有三處寓所，1928 年自南京來滬，住金神父路聖達里。去杭州任國術館教務長返滬，住巨籟達路大瑞里。去廣州授拳返滬，住福熙路安樂村。金仁霖在文中云：澄甫公從南京到上海即住『巨籟達路聖達里』，顯然是記錯了。」

筆者在《正名》前言中寫的是：「那時，楊澄甫老師還住在聖母院路、巨籟達路（今瑞金一路、巨鹿路）的聖達里。」查對了上海地圖出版社 1954 年 9 月第一版第 4 次印刷的地圖，路名索引表的路名欄下，有用括弧注明的《上海分區街道圖》，聖母院路（今瑞金一路）和金神父路（今瑞金一路）雖然同屬於盧灣區，又是在同一條南北向的馬路上，但以霞飛路（今淮海中路）為界：霞飛路以北直至福煦路（今延安中路）是聖母院路，它是可以和東西向的巨籟達路（今巨鹿路）相交的；霞飛路以南直至徐家匯路是金神父路，它是不能和巨籟達路相交的。瞿先生在文章中把我寫在前面的主要馬路「聖母院路」給漏掉了，所以便成為「巨籟達路聖達里」了。

在 2000 年第 6 期《太極》第 19 頁香港馬偉煥、西安路迪民合寫的《楊澄甫年表初探》年表中 1930 年的紀事

可以參考，只是聖母院路後括弧裡注的「今瑞金二路」，應改正為「今瑞金一路」。

第三，瞿文寫道：「關於澄甫公贈葉大密照片一事，中間有一段過節。葉大密自告奮勇為澄甫公整理書稿，但遲遲未能動筆。澄甫公遂索回原稿資料，由董英傑師伯整理成《太極拳使用法》一書。

葉大密向澄甫公進言：此書語言俚俗，訛漏甚多，有傷大雅。澄甫公即命景華師前往神州國光社，將全部存書取回焚毀。景華師在焚書之時，葉大密悄悄對他說：『不要都燒掉，裡邊有好東西。你給我留一本，我送你一對龍泉劍。』葉大密走後，澄浦公問景華師：『葉大密說什麼？』景華師不敢隱瞞，直言稟告。翌日，葉大密到楊家推手，澄甫公連發猛勁，將葉大密彈出兩丈開外。事後太師母侯夫人問澄甫公，為何發此猛勁。澄甫公曰：『葉大密說《使用法》不好。景華燒書，又叫他暗中留一本，說書中有寶。此人出爾反爾，心術不正！』葉大密獲悉澄甫公產生誤會，遂向澄甫公再三說明：『說《使用法》不好，因其文字鄙俗。說書中有寶，此乃楊家真傳。』澄甫公聞之釋然，遂以照片相贈。」

瞿先生把這虛構的情節，描寫得活靈活現。可是在這虛構的情節裡，你把楊澄甫老師描繪成什麼樣的人了？事實上，我早在 1961 年，為了寫好《各流派太極拳在上海的發展簡史》，透過徐哲東先生的介紹，對於孫派太極拳傳入上海的情況，要我請教徐先生的同鄉好友、老一輩武術家章啟東（明）老先生（章老先生是前輩武術家孫祿堂

老師的學生）。20世紀30年代，章老先生寫過一本《形意連環拳圖說》並出版，有關武術界裡的舊聞軼事，博聞而強記。承蒙他老人家約我在8月初的某日晚飯後到葉老師家的書房去面談，見面後才知道他老人家竟然也是葉老師的要好老朋友。當他老人家把「孫派太極拳傳入上海是最早」的主要問題談清楚後，也談到了葉老師那時為什麼要擱筆不寫《使用法》，他老人家居然當著葉老師的面，直截了當地對我說：「因為葉先生是沒有正式向楊澄甫老師磕過頭（呈過紅帖子）的，所以在楊老師磕過頭的師兄弟中，有說閒話的，說『楊老師怎麼會叫不磕頭的學生去代筆寫書』，閒話傳到葉先生耳朵裡，葉先生當然不肯寫了。」老法師果然一語道破機關。

那麼，後來的什麼進言、焚書、悄悄語，以及謊稱楊澄甫老師說的『此人出爾反爾，心術不正』等，當然是全都挨不到沒有向楊老師磕過頭的學生葉大密老師身上去了。葉老師對這些事回避還唯恐來不及，哪有動輒是葉老師所作所為之理！

第四，提到《太極拳使用法》，葉大密老師自己留存的那本《使用法》，當時原是名畫家徐悲鴻老前輩之物，是文藝界田漢老前輩在徐老前輩案頭看見後索取來送給葉老師的。所以在此書前面第一頁的題字頁上，不僅徐老前輩用鋼筆簽有「悲鴻」二字，葉老師還寫有墨筆題記。這本書至今還保存在葉師母處。其實，《使用法》這本書既經上市，已分發到各銷售店裡的書，是無法再全部收回來銷毀掉的。

　　1955 年 1 月 23 日，我在河南中路商務印書館南側的昭通路上，就曾買到過簇新的一本，編號是 00893，這本書我至今還保存著。同年不久，又在這條路上買到紙色略為泛黃的一本，此書後來為吳壽康老師兄索去。

　　第五，當楊澄甫老師在葉大密老師處取去《使用法》原稿、照片等資料時，楊澄甫老師還特為留送給葉老師一本《楊家傳抄老譜》（即三十二目，實際四十目）。但就是為了這本老譜，後來被葉老師的磕頭師兄弟知道了，才又惹出了那麼多的恩恩怨怨。

　　20 世紀 40 年代後期，葉老師存心把這本拳譜放在濮冰如大姐處，但被覬覦已久的磕頭師弟某某借去不還；無獨有偶，也正是瞿文中提到過的某兄弟兩人，在楊澄甫老師去世後，改門去投拜吳鑒泉老師學吳家太極拳，吳鑒泉老師去世後，又向師兄趙壽村老師學。湊巧也在 20 世紀 40 年代後期，某兄弟倆忽然又回到了武當太極拳社向葉敏之老師學拳，直到把葉敏之老師當時放存在我處的一本 1933 年 12 月上海武術學會初版，書末附有唐豪代跋的《太極拳源流考》，陳子明編著的《陳氏世傳太極拳》，和一本經過鄭曼青先生親自用銖畫筆，在第二十八節扇通背用法末後，「兩手展開」一句下，補加進去了「如扇」兩字的，1934 年 2 月上海大東書局初版，楊澄甫著的《太極拳體用全書第一集》線裝本兩本書，由兄弟倆中的弟弟出面，當著葉敏之老師的面，向我索借到手以後，從此兄弟兩人就連學拳也不再來了。

　　看來他們有一個共同的想法，那就是：習練太極拳，

如果能夠得到像傳奇小說中形容的那樣一本秘本太極拳譜，或者好的太極拳書，即使沒有老師的悉心指導，沒有自己的堅持實踐，沒有自己的用心鑽研，太極拳功夫也會自然上身的，成名成家後也就自然會被眾多的太極拳愛好者認可的。

第六，瞿先生寫道：「金先生文中提到，澄甫公來滬定居，葉大密介紹濮冰如姊弟、鄭曼青先生、黃景華醫師、張叔和眷屬投拜楊門學藝，保障澄甫公生活。此說似有誇張之嫌。濮秋丞、張叔和家道殷實，對澄甫公或有裨益，然而曼青師伯兩袖清風，景華師一貧如洗。據景華師自述，當時他非但不付學費，而且中午、晚上均在楊家用膳。每天除練拳之外，還須練推手、抖白臘杆，體力消耗極大。楊家以大砂鍋用文火煮牛蹄筋，景華師與同門師兄弟皆用麵餅捲牛蹄筋加蔥醬作為主食，有此耐饑之物落肚，方能補充體力消耗。在楊家免費用餐之師兄弟人數不少，澄甫公每月開支自然不菲。靠葉大密介紹幾名學生，豈能保障其生活？」

瞿先生簡直是在和我開文字玩笑了，第二條剛給你指出怎麼會把我寫在前面的主要馬路「聖母院路」給漏掉了，這裡又把我寫得清清楚楚的「在楊澄甫老師來到上海定居後，葉大密老師又透過濮秋丞老先生為介紹，先後把濮冰如大姐和其弟弟、鄭曼青先生、黃景華醫師，以及張園主人張叔和的子女和眷屬，全部都投拜在楊澄甫老師門下，以保障楊澄甫老師在上海生活上的安定」這一段文字中的「葉大密老師又透過濮秋丞先生為介紹」改寫成為

「葉大密介紹」，把「以保障楊澄甫老師在上海生活上的安定」改寫成為既簡單而又絕對的「保障澄甫公生活」，以至於出現了「靠葉大密介紹幾名學生，豈能保障其生活」這種既脫離了實際，又用了顢頇無理的語句來責問，不知用意何在？

誰都知道，舊社會的俗成慣例，無論謀求職業，學習技藝，投拜師傅都是要鋪好紅氈毯，點上紅蠟燭，行過跪拜大禮的，然後呈上紅帖子並送上紅包「束修」的。紅帖子上既要寫上學生的姓名、年齡、籍貫，又要有介紹人、擔保人的簽名蓋章（或用畫押、指紋代替），介紹人在當時社會上有名望、有身價（有實業、有家產）的，則可以兼當擔保人，慣例應該由家長負擔的「束修」和逢年過節的「禮金」，則也可以由介紹人一手包攬下來。

說得透徹些，楊澄甫老師畢竟是靠「薪入」來維持生活的，筆者早在 1995 年第 1 期《武魂》發表過的《太極名家葉大密》一文中，就曾寫到過「1928 年，楊少侯、楊澄甫先後來到南京，葉老師又（趕到南京）從少侯、澄甫倆學習拳架、劍、刀和杆子……在葉老師向楊氏兄弟學習的同時，武匯川和褚桂亭等人也隨楊澄甫老師在南京。由於中央國術館安排不下，楊澄甫老師就托葉老師帶武匯川、褚桂亭和武的學生張玉來上海謀生。三人都住在葉家。武、褚二位先在武當太極拳社授課，後由葉老師分別介紹到幾家公館去教拳，半年後，武匯川在霞飛路（現在的淮海中路）和合坊成立了匯川太極拳社，後遷蒲石路、貝禘鏖路（現在的長樂路、成都南路）。褚桂亭除在葉老

師介紹的幾家公館教拳外，也曾在匯川太極拳社授課，後被南京某軍政機關聘為國術教官」這樣一段文字可以說明。所以，楊澄甫老師在 1929 年來上海定居時，既然已辭去了中央國術館的職務，當然是拿不到薪金的了。

正如瞿先生寫的那樣，「濮秋丞、張叔和家道殷實，對澄甫公或有裨益」，已經是很不錯的了，哪能去絕對保障。倒是瞿先生代老師黃景華先生寫的自述中的那段文字，寫得實在是太出人意料了。當年，瞿先生的老師黃景華先生透過濮秋丞老先生的介紹在楊家學藝，既沒有像張欽霖、田兆麟兩位先輩那樣，以實在的勞動來作為報償，為什麼會「不付學費」？為什麼能「在楊家免費用餐」？瞿先生不說這原由確實令人不解。

第七，瞿文寫道：「金先生說葉大密介紹黃景華醫師向澄甫公學拳。其實景華師投拜楊門之時乃美專學生，尚未學醫。」筆者在《正名》前言中這樣寫是根據了一般的通俗習慣，是以瞿先生的老師黃景華先生最後的也是最主要的職業職稱來稱呼的。應該說是尊稱。

恕我在這篇文章中遵照先生意見，全部都改用了通稱。大概就是為了這些「鑽進去出不來」的旁枝小節，才會使得瞿先生連老師黃景華先生的老師的稱呼也想不起來了，不信且看：在《一家》全篇整整三頁的文字裡，總共 16 處提到了葉大密老師的名氏，哪有一處不是自書「葉大密」三字的，這難道就是最大的禮貌？

第八，瞿先生寫道：「金仁霖先生乃田兆麟師伯首徒葉大密之高足，除上述細節之外，對《太極拳體用全書》

的評價相當公允，本人別無異議。」承蒙瞿先生對筆者
《正名》正文的認可評價，謹先在這裡表示感謝，儘管
「首徒」這個名稱是那麼的新鮮動聽，可是葉大密老師不
是田兆麟老師的開門弟子（第一個學生），請參看筆者
《幾個有關太極拳歷史考證問題的科學探討》第一題。

　　第九，瞿先生寫道：「健侯公以大、中、小三套架子
授徒，北京汪永泉、上海田兆麟等師伯均學過中架，葉大
密師承田兆麟，雲手有一開一合、兩開兩合、三開三合之
分。」

　　據筆者所知，北京中醫學院王友虞老中醫師傳授出來
的「李式太極拳」，是由李瑞東（鼻子李）老師傳下來
的，分第一路一、二段，第二路四、五、六段。第三段中
的雲手仍稱雲手（四隅轉肩腰如軸），第五段中的雲手稱
下勢雲手（蹲膝雙手轉球進），第六段中的雲手稱上勢雲
手（上勢雲手肩胯勁）。北京已故武協顧問汪永泉老師傳
授出來的稱「老六路」，第三路中的雲手是一合一開，第
五路中的雲手是兩合兩開，第六路中的雲手是三合三開。

　　以上兩家傳出來的實際上是屬於同一類型的老架子。
上海田兆麟老師傳出的才是中架子，在第二段裡的第一個
雲手和第三段裡的第二、第三個雲手，無論在早期蔡翼中
《太極拳圖解》中，中期陳炎林《太極拳刀、劍、杆合
編》中還是晚年自編《太極拳、刀、劍手冊》中，其練法
都是一樣的。唯獨葉大密老師傳授的是：在第二段中的第
一個雲手仍是雲手；第三段中的第二個雲手是折疊雲手，
第三段中的第三個雲手是雲捶。

謹在此提出以為補漏正誤。

第十，瞿文寫道：「其二是因材施教。例如提手用法有二，提上打，沉下打皆可。身材高大者，用『上提手』之後，即以鬆沉勁劈肩，武匯川師伯善用此法。20世紀50年代我在上海外灘公園觀看推手，常見田兆麟師伯運用提上打法。但身材矮小者卻難用此法。」

筆者只是在武當太極拳社五周年紀念留念照片上看到過武匯川老師坐著拍的照片，印象不深。田兆麟老師則因有緣吧，直到他在1959年1月10日（星期六），是他最後一次去淮海公園的那天，他還是照常第一個先教好我推手，而後他再去教其他學員的拳，我則去趕71路公共汽車上班去了。

因而可以在這裡約略說上幾句：他是中等身長、體態結實的人。因而瞿先生在文中寫的「常見」中的「常」字，應該是「嘗」字，曾經看見，印象不深而已。

第十一，瞿先生在文章最後寫的「出手一丈八」，那是我家鄉（古吳地）方言的諧音誤寫。「出手丈把」，完整的句子應該寫成為「出手放人，動輒丈把」。「丈把」不能直譯成「一丈八」，「把」字放在量詞後面是個約數。所以丈把既包括了一丈八尺，也包括了一丈五尺、一丈二尺，甚至於比一丈還要少一點的「尋丈」；另外「出手」還是製衣行業的專用詞，指的是袖子長度，如果你到我家鄉去說「出手一丈八尺」，對方一定會驚訝起來。這也是瞿先生以後寫文章必須要注意的。恕我也趕時髦，用清代大學問家紀曉嵐在《閱微草堂筆記》卷十五《姑妄

聽之一》的自題中說的「若懷挾恩怨，顛倒是非，如魏泰、陳善之所為，則自信無是矣」。願與瞿先生共勉之！

《中國唐代三世七太極拳與劍術》辨偽①
——就書名內容和書中的玄理部分與編著者商榷

這裡，我想先來簡略地議論一下這本書的書名和內容是不是名實相符。且看該書第四章「唐代太極拳的三十七式目次和練習」「二、唐代三十七式太極拳的目次」一節中的名目和民初袁世凱的幕客宋書銘傳出、偽託其遠祖宋遠橋手記的《宋氏家傳太極功源流支派考》中所開列的三十七式名目，除了個別名目編著者有所取捨外，其餘名目可以說是完全相同。

再看同章第三、四、五、六、七節五段所謂唐代三十七式太極拳，編著者示範演練的照片，一望便可認出是完全脫胎於近代的楊派架子，而且是大架子。

徐哲東教授，早在 1937 年 4 月南京正中書局出版的《太極拳譜理懂辨偽合編》下編「太極拳譜辨偽（六）辨許俞程殷之傳」節後就說過：「辨曰：右（原書係直行排印本）所錄許俞程殷四家之傳及拳譜，必出於宋書銘。觀許禹生書有宋書銘自云，宋遠橋後又為袁世凱幕客，則其人必略識文墨，故附會古籍，造作師承，偽撰歌譜，以自神其術也。觀許宣平諸歌訣，多襲用王宗岳拳譜，並襲武禹襄語如開合鼓盪主宰定，此襲用武氏語，此作偽之跡甚

---

① 原載《上海武術》1995年第2、3期。

明……予聞宋書銘之太極拳架頗近楊氏。周秀峰曾言之後問龔潤田，其說亦同周君，中央國術館六周年紀念特刊中，太極拳考證三，有云『此為太極拳第三考證，其譜亦為吳峻山所珍藏，一為唐朝許宣平所傳授之宋遠橋，初名卅七式，動作名稱與今之楊氏太極十九相同。然則李先五太極拳第五章三十七式之名目，當即宋書銘所傳為出於許宣平者，其名目幾乎全同楊氏譜，只刪去其重複之名目。然則宋書銘之太極，仍為楊氏之傳，特諱其所自來，而偽以欺人耳』。」

再看該書後面第八章「三十七式太極劍（護身劍術要求快捷，定名追風）」序言，明明已經說清楚「這趟太極劍是在傳統的太極劍套路上改編的，參考國家（體育）運動委員會運動司 1962 年資料，而進一步地明確劍術中的『蓄發』關係，並將各過渡動作也分列攝影以便初學」，卻又偏偏要在該書開頭總的序言中說什麼「最後是武當護山劍之一，也練左右手劍的左右勢，久練得防身劍術矣」。參考國家體委 1962 年資料而改編的追風護身劍，一下子變成了武當山的護山劍，這個飛躍可真不小，實在令人吃驚。但也由此而導致筆者的反感，認為拳偽劍偽的內容，實在是和書名太不相稱了。

下面，必須詳盡討論的是該書第六章：唐代三十七式太極拳的應用研究「一、唐代三十七式太極拳醫療方面的應用研究」一節中，存在的連編著者自己也沒有搞清楚的玄理。且看該書在 104 頁中寫的「『三十七』拳術，雖然架子有三十七個之多，而實際上只是在打出『八門勁』

來，就是所說的『掤、攦、擠、按、採、挒、肘、靠』各式中，按八門勁別弄清楚了，並依法用心意來運勁走氣，則遍體流行，這就是『密中之密』，『竅中之竅』奧秘」。接著又在 106 頁中繼續寫道「以上是『八門手法』，尚有以下的『五行步法』，所謂『手抱八卦、腳踏五行』，是唐拳的一項主要原則」。當筆者細讀了寫在下面的所謂「密中之密，竅中之竅奧秘」的具體內容之後，不禁為之大吃一驚：這不是編著者除了把「下丹田」改指「湧泉穴」外，其餘照搬了發表在 1989 年第 6 期《武術健身》雜誌上，陳式太極拳學者馮志強撰寫的《淺談陳式太極拳基本功法及推手入門》一文中的部分有關內容嗎？而馮文中的這些內容，則又是抄襲了發表在 1984 年第 2 期《武魂》雜誌上吳派太極拳學者王培生撰寫的《陰陽、八卦、五行功法》一文中的「太極八法所屬經絡、臟腑、竅穴和八卦的對應關係」和「十天干和五步之間的因果關係」二節的有關內容而稍加發揮的。由於王的原文在這二節中犯了把中國醫學中藏象學說中的臟腑名稱和經絡學說中的經絡名稱混淆並等同起來的錯誤，照搬和抄襲王文的馮文勢必也同樣犯了這種錯誤。

我們不妨看看下面列舉的具體內容和三家的對照。

一、關於掤、攦、擠、按、採、挒、肘、靠八種勁法

（一）掤　勁

該書說：「掤屬坎，為正北方，屬水，分佈在人身的竅位是會陽（陰），屬腎經。其姿勢：手臂在身前由下向

上掤勢。練功時，以意行氣，由下丹田起隨手臂之上掤而上行至上丹田（眉間），古人稱為『抽坎補離』，可使心腎二經之氣相同（通），水火既濟（注：下丹田指湧泉穴，唐拳下丹田不同於其他流派）。」

馮文是：「掤屬坎，（為）正北方，為水，人身竅位在會陰，屬腎經穴。練功時用意引氣，由下丹田（會陰）起，隨氣臂上掤而行至上升丹田（祖竅），此為『抽坎補離』，可使心腎二經之氣相通，水火既濟。」

王的原文是：「掤，在八卦中是坎（☵）中滿，方位正北，五行中屬水，人體對應竅位是會陰穴，此穴屬腎經，八法中此字主掤勁。」

（二）攦　勁

該書說：「攦屬離，為正南方，屬火，分佈在人身的竅位是祖竅穴，屬心經。其姿勢：兩手臂前收而往回收，叫攦手。練功時，意守於祖竅而回吸，等（手）自然而攦回身前，可調整心經所屬之臟腑機能。」

馮文是：「攦屬離，為正南方，為火，人身竅位在祖竅，屬心經。兩臂前伸回收叫攦手。意由祖竅而回收吸氣，手自然攦回，能調整心經所屬的臟腑功能。」

王的原文是：「攦，在八卦中是離（☲）中虛，方位正南，五行中屬火，人體對應竅位是祖竅穴，此穴屬心經，八法中此字主攦勁。」

（三）擠　勁

該書說：「擠屬震，為正東方，屬木，在人身的竅位是夾脊，屬肝經。其姿勢：手臂（主要是右手）手心向

裡，手背朝外，另一手（附在此腕旁，左手）由懷前向外推出，當推出時前一臂成半圓形，為擠手。練功時，意移夾脊，用意引氣，經雙臂掌，向對方擠出，手自隨之而擠出，可調整肝經所屬之臟腑機能。」

馮文是：「擠屬震，為正東方，為木，人身竅位在夾脊，屬肝經。右手心向裡，手背向外，左手掌附於右手裡腕旁，向外推為擠手。意由夾脊用意引氣向前擠出，可調理肝臟的功能。」

王的原文是：「擠，在八卦中是震（☳）仰盂，方位正東，五行中屬木，人體對應竅位是夾脊穴，此穴屬肝經。八法中此字主擠勁。」

（四）按　勁

該書說：「按屬兌，為正西方，屬金，分佈在人身的竅位是膻中（兩乳之間正中處），屬肺經。其姿勢：兩手手心向下，由上而下向下按，如按手。練功時，『意移膻中，以意引氣向下丹田（湧泉）沉降，手自隨之而下按』，以肺經之氣補腎經之氣，以金生水。」

馮文是：「按屬兌，為正西方，屬金，人體的竅位在膻中，屬肺經。兩手心下按，意由膻中引氣向下丹田（會陰）沉降，以肺經之氣補腎經之氣，此為金生水也。」

王的原文是：「按，在八卦中是兌（☱）上缺，方位正西，五行中屬金，人體對應竅位是膽（膻）中，此穴屬肺經，八法中此字主按勁。」

（五）採　勁

該書說：「採屬乾，為西北方，屬金，分佈在人身的

竅位是性宮與肺俞兩處，屬大腸經。其姿勢：以手回抓為採（學者注意：只要你在拳術中使用手回抓就是採，採樹葉一樣用採勁，一頓而採之）。練功時，『意移性宮，以意引氣由性宮向肺腑俞吸，並直下湧泉，手自隨之而抓』。可調整大腸經而補腎經，以金生水。」

馮文是：「採屬乾，西北方位，屬金，人身竅位在性宮（囟門）與肺俞兩處，屬大腸經。以手回抓為採，用意由性宮引氣吸到肺俞穴直下湧泉穴，可調整大腸經而補腎經，以金生水。」

王的原文是：「採，在八卦中是乾（☰）三連，方位隅西北，五行中屬金，人體對應竅位是性宮和肺俞兩穴，該（兩）穴屬大腸經，八法中此字主採勁。」

（六）挒　勁

該書說：「挒屬坤，為西南方，屬土，分佈在人身的竅位是腹丹田，屬脾。其姿勢：抓住對方手臂手腕以後而『擰轉』之為挒。練功時，『意守腹丹田，以意引氣由丹田經兩肋上達性宮』。可補肺經之氣，以土生金也。」

馮文是：「挒屬坤，西南方位，屬土，人身竅位在中丹田，屬脾經。抓截對方反關節，用彈抖力為挒，用意由中丹田引氣，經兩肋上達性宮，可補肺經之氣，以土生金也。」

王的原文是：「挒，在八卦中是坤（☷）六斷，方位隅西南，五行中屬土，人體對應竅位是丹田穴，此穴屬脾經，八法中此字主挒勁。」

（七）肘　勁

該書說：「肘屬艮，為東北方向，屬土，分佈在人身的竅位是肩井，屬胃經。其姿勢：用肘向外靠頂，外射內氣。練功時，『先蓄勁即意移上丹田，以意引氣由肩井向湧泉沉氣，當肘要外射時再以意引氣，由湧泉上升經尾閭分（由）兩肋上引（行）經肩井，耳後離骨處到泥丸宮為止，遂即外射』。可調整胃經機能，並降心經之火。」

馮文是：「肘屬艮，為東北方位，屬土，人體對應竅位在肩井，屬胃經。用肘向外靠擊，以意引氣，由湧泉穴上升經尾閭，分由兩肋至肩井穴，可調胃部機能，降心中之火。」

王的原文是：「肘，在八卦中是艮（☶）覆碗，方位隅東北，五行中屬土，人體對應竅位是肩井穴，此穴屬胃經。八法中此字主肘勁。」

（八）靠　勁

該書說：「靠屬巽，為東南方向，屬木，分佈在人身的竅位是玉枕（頭後枕骨兩旁的穴位），屬膽經。其姿勢：以自己身體的有關部位，貼靠在對方之身，使之不能得力，無論為膀、肘、背、胯、膝等部位均可靠之。練功時，『以意行氣，由湧泉上至尾閭，經過玉枕等小周天路線而轉，其勁即由要向外靠之部位發出』。可調整肝膽經之機能。」

馮文是：「靠屬巽，為東南方位，為木，人身竅位是玉枕，屬膽經。人體有關部位靠擊對方之身為靠，用靠較多者，如肩肘膝胯等，用意引氣由湧泉上至尾閭玉枕，可

調理肝膽功能。」

王的原文是：「靠，在八卦中是巽（☴）下斷，方位隅東南，五行中屬木，人體對應竅位是玉枕穴，此穴屬膽經，八法中此字主靠勁。」

二、關於進、退、顧、盼、定五種步法

（一）進 步

該書說：「進是以氣催身向前進，其竅位在會陰，腎經，屬水。當邁步時，意守會陰，以氣催身前進。」

馮文是：「進則以氣催身向前邁步，其竅位在會陰，腎經，屬水，邁步時意相會陰，以氣催身前進。」

王的原文是：「前行，如欲前進，只要意想會陰穴，眼神朝前上方看，身體便會自然前進。」

（二）退 步

該書說：「退是氣催退步，其竅位在祖竅，心經，屬火。當退步時意達祖竅，引氣催身後退。」

馮文是：「退是向後退步，其竅位在祖竅，心經，屬火。當退步時意由祖竅引氣催身後退，神氣要攝取對方。」

王的原文是：「後退，如欲後退，只要意想祖竅穴，眼神向前下看，身體便會自然後退。」

（三）左顧、右盼

該書說：「顧盼：顧是左顧，盼是右盼。這裡說左顧右盼，不是用眼睛左右看，而是以意引氣，分別著力於膻中或夾脊。在練功中假說（設）有人從右邊撲來，身即向左轉，轉身時以意引行（氣）著力於膻中，催身而轉動；

反之，如果假設有人從左邊撲來，即向右轉，轉身時以意引氣，著力於夾脊，催身而轉動。」

馮文是：「顧盼是左顧右盼，以意引氣，著力於膻中、夾脊，設左右有人擊來，以夾脊催身左右『閃轉』。」

王的原文是：「左顧，如欲旋轉前進，只要意想夾脊穴往實腳之湧泉穴上落，身體便會自然地螺旋著前進；右盼，如欲旋轉後退，只要右手抬之與乳平（即以拇指和膻中穴相平），同時左手抬起至肚臍與心窩之間，而左右兩手心均朝下，意放膻中穴微收，眼神順左手食指往下看，入地三尺，身體便會自然地螺旋後退，上述為左虛右實，反之亦然。」

（四）中　定

該書說：「定，定是中定，就是站立於一地不動（步不動，臂不一定不動，有時可能似暫時不動，其實仍有一小動而不易看出），其竅位在中丹田（腹丹田），脾經，屬土。練功時重點意守腹丹田，並配合手臂動作而運氣。」

馮文是：「定是中定之意，要求動中能定，能靜。中定則生根，腳步穩健。竅位在中丹田，脾經，屬土，練功時可氣沉中丹田。」

王的原文是：「中定，如欲立穩重心，只要意想命門和肚臍，立時就會自穩如山岳。」

上面說的八種勁法和五種步法的八卦五行配位，顯然也是完全依照《太極拳譜》中十三勢（廉讓堂本作太極拳

釋名）節中所謂「掤、攦、擠、按即坎、離、震、兌四正
方也，採、挒、肘、靠即乾、坤、艮、巽四斜角也，此八
卦也；進步、退步、左顧、右盼、中定即金、木、水、
火、土也，此五行也。合而言之曰十三勢」而得出來的。

上面已經說過，由於王的原文在「太極八法所屬經
絡、臟腑、竅穴和八卦的對應關係」和「十天干和五步之
間的因果關係」這二節中，把中國醫學中臟象學說中的臟
腑名稱和經絡學說中的經絡名稱，混淆而等同起來了，因
而才會出現這樣錯誤的認識和理解：

「掤居坎位，坎屬水，象腎（臟），因而其對應竅
穴會陰穴，就屬足少陰腎經了；攦居離位，離屬火，象心
（臟），因而其對應竅穴祖竅，就屬手少陽心經了；擠居
震位，震屬木，象肝（臟），因而其對應竅穴夾脊，就屬
足厥陰肝經了；按居兌位，兌屬金，象肺（臟），因而其
對應竅穴膻中，就屬手太陰肺經了。

採居乾位，乾屬庚金，與辛金肺（臟）相表裡，屬大
腸（臟），所以對應竅穴性宮和肺俞，就屬手陽明大腸經
了；挒居坤位，坤屬己土，與戊土胃（腑）相表裡，屬脾
（臟），所以對應竅穴丹田，就屬足太陰脾經了；肘居艮
位，艮屬戊土，與己土脾（臟）相表裡，屬胃（腑），所
以對應竅穴肩井，就屬足陽明胃經了；靠居巽位，巽屬甲
木，與乙木肝（臟）相表裡，屬膽（腑），所以對應竅穴
玉枕，就屬足少陽膽經了。」

實際上，在經絡學說中，會陰穴在兩陰之間，屬任
脈，不屬足少陰腎經；祖竅穴在兩眼之間入內一寸三分

（同身寸法）部位，是修煉家所發明，拿經絡學說來說是
屬於經外奇穴，不屬手少陽心經；夾脊穴在督脈脊中穴之
下，二十四節頭尾之中，與肚臍相對，也屬經外奇穴，不
屬足厥陰肝經；膻中穴在兩乳之間，屬任脈，不屬於手太
陰肺經；性宮（一說在祖竅穴，一說在兩眉之間印堂穴內
三寸部位的泥丸），也是屬於經外奇穴，不屬手陽明大腸
經；肺俞有二，位於第三胸椎棘突下，督脈身柱穴二旁各
一寸五分，屬足太陽膀胱經，也不屬手陽明大腸經；丹田
即石門穴，在臍下二寸，屬任脈，不屬足太陰脾經；肩井
穴有二，在肩上相當於督脈大椎穴與左右二肩峰連線中央
處，屬足少陽膽經，不屬足陽明胃經；玉枕穴有二，在督
脈腦戶穴二旁各一寸三分，屬足太陽膀胱經，不屬足少陽
膽經。

　　至於王的原文在「十天干與五步之間的因果關係」節
中把左顧解釋成是「旋轉前進」，右盼解釋成是「旋轉後
退」，這當然又是和修煉家「左陽升，右陰降」玄理的具
體結合，根據這樣的說法，十足是把太極拳氣功化了。

　　可不是麼？該書中說的「分佈在人身的竅位」，王的
原文是「人身對應竅位」。再據王的原文後面寫的「太極
拳屬內家拳，因此八卦方位與人體對應各有其竅，而每竅
在人體經絡臟腑中又各有其位。這樣，在太極拳運行中，
以意行氣，按竅運身，意到氣到，氣到勁到。這就是太
極拳內練要義的根本所在」這段文字，在 1989 年第 2 期
《武魂》雜誌上王培生的學生張耀宗整理後發表的《養生
技擊合一的太極拳基本八法》之一中，則把它改寫成了：

「太極拳是內功拳，是氣功的行功。太極拳八法和八卦方位與人體對應各有其竅，而每竅在人體經絡臟腑中又各有其位。因此，練習本功法，必須以意引氣，按竅運身，意到氣到，氣到勁到，此為內功拳之要義。」把「內家拳」三字改成了「內功拳」，並且強調了一句「是氣功的行功」，因而張文在後面寫道：「總之，只要明確人體固定部位所屬方位及其所產勁別，在具體應用時用意念一想即是。」張在這裡所說的應用，當然是指在練這「氣功的行功」時的應用，因而強調了意念的作用，那倒也是實事求是而無可非議的。

否則，像王培生的原文在最後說的那樣，「在體用中的具體意義，是指太極拳運行中，每一瞬間每一點，都會因動而生法，有法即出勁」。那麼請問，這每一瞬間都在變動著的點，怎麼就能用自己身體上固定不變的所謂對應竅位（穴），實際上也就是一個固定的點來先平衡好自己，然後再去平衡好對方的呢？這恐怕就是在太極拳推手時總是「氣力奮發，幾同牛鬥」，毫無一點「意思安閒」的關鍵所在。

下面，想就該書、馮文和王的原文中所敘述的太極八法五步所屬經絡、臟腑、竅穴和八卦五行的對應關係，仍舊採用古代地形方位，上南、下北、左東、右西，結合張耀宗文所謂「太極八法與八方相對應，非指外界之方位，其方位就在人體本身。人體背部之夾脊處為東方，意想夾脊往前腳上落則出擠勁；兩乳當中之膻中穴為西方，意想膻中沿一側之肩、肘、腕轉移至大拇指肚，按勁自會產

生；兩眼兩眉當中之祖竅（玄關天目穴）為南方，意想往裡吸出（攞）勁；腰部之命門穴為北方，意想命門找（合）環跳出掤勁；性宮與肺俞為西北，意想此處可出採勁；丹田為西南，意注丹田任意捯；肩井穴為東北，左右頂肋都可以；玉挖（枕）穴為東南，意想玉枕扛（合）大包（屬足太陰脾經），左肩右肩都可靠」，那樣地來畫成一個「後天八卦五行和太極八法五步的經絡、臟腑、竅穴配點陣圖」，則差不多和八卦掌裡的所謂「身體八卦之名」一樣，把好端端一個人的身軀四肢的部位弄得上下顛倒，左右交叉，說不出成了個什麼樣子。

東南	玉枕（頭）	屬膽經	靠	甲木	☴巽
南	祖竅（頭）	屬心經	攞	丙丁火	☲離
西南	丹田（腹）	屬脾經	捯	己土	☷坤
東	夾脊（背）	屬肝經	擠	乙木	☳震
西	膻中（胸）	屬肺經	按	辛金	☱兌
東北	肩井（肩）	屬胃經	肘	戊土	☶艮
北	命門（腰背）	屬腎經	掤	壬癸水	☵坎
西北	肺俞（背）性宮（頭）	屬大腸經	採	庚金	☰乾

後天八卦五行和太極八法五步的經絡、臟腑竅穴配點陣圖

總之，太極拳和氣功一樣，在它們已經走向世界的今天，無論在理論方面還是實踐方面都不能像過去那樣，可以用似是而非、極不科學的說教和做法，來自玄其說和自神其術的了。不然的話，到頭來不是被人家趕了上來，便是連自己也傳不下去，這實在是一種非常危險的現象。

《萇氏武技書》重校記[①]

徐震先生編訂之《萇氏武技書》，於 1936 年 12 月，由南京正中書局初版；1973 年 10 月，臺北中華武術出版社加撰提要後，由金氏印刷有限公司影印出版；1990 年 10 月，上海書店又據初版本影印出版。

是書編訂者原有校訂記一卷，附於書後。重校者於原書文字舛誤處，因據其是者先為改定之。其尚有漏錯或存疑者，復據其前後篇中文義及有關書籍，重為訂正之。並作此重校記一卷，以備查核。如是，則全書文字，已大致通順可讀，而無軒輊枘鑿之感矣。

卷一

中氣論

「飛上飛下飛左飛右」。「飛」為「非」字之誤植。

陰陽亂點入扶說

「足太陽經止於足小指內之次指背，足少陽經止於足大指內之次指背」。據《靈樞經》經脈篇，應作「足太陽經止於足小指背，足少陽經止於足小指內之次指背」。

「三經皆循腿內」。據《靈樞經》逆順肥瘦篇，應作「三經皆循腿內，而上走入腹」。

① 原載《上海武術》1996年第1期。

卷二

陰陽轉結論

「復摧一氣以足之」。「摧」應作「催」，下同。

三尖為氣之綱領論

「為臂臑血氣之道路」。據後文，應作「為臂臑往來血氣之道路」。

三尖照論

「則中下一線」。應作「則上中下一線」。

十二節屈伸往來落氣內外上下前後論

「手腕氣『木』於下」。「木」應作「扌」，下同。

「外側腳脖伸蹈，外側顛提」。「外側顛提」應作「內側顛提」。

遇氣論

「合抱者，胸不開則氣不得裡於前」。「開」應作「合」，「裡」應作「裏」。

剛柔相濟論

「氣無三僅不盡」。應作「氣無三催不至」。

「如青蜓點水」。「青」應作「蜻」，下同。

面部五行論

「方得氣相兼之妙」。據下文，「內氣隨外，外形合內，內外如一」，及卷三合煉中二十四勢節，合煉之法，為煉形第五層功夫，乃形氣合一，成功之法也，則此句應作「方得形氣相兼之妙」。

「眼包收」。「包」應作「必」。

咽肉色變論

「以五行有五性五形五色之同也」。「之」後脫一「不」字。

聚精會神氣力淵源論

「此煉形煉氣之最緊者」。「緊」後脫一「要」字。

點氣論

「此著人肌膚，堅硬莫敵，形而深入骨髓」。應作「此形著人肌膚，堅硬莫敵，而深入骨髓」。

「鍛羽勻停」。「鍛」應作「鎩」。

頭手二手前後手論

「二手敕住還不打」。「還不打」應作「不還打」。

「或遇捷手退恍打」。「退恍打」應作「退步恍打」。

論　足

「有磐石之穩」。「盤」應作「磐」。

「足有尖伸而下入者」。「足有尖」應作「有足尖」。

「蹬腳前僅」。「僅」應作「摧」。

「能摧宋一身之氣」。「摧宋」應作「催束」。

論　拳

「其搯法」。「搯」應作「搯」。

卷三

合煉中二十四勢

「斜歪扭標」。「標」應作「鏢」，下同。

「練引氣」。應作「煉行氣」。

「則三尖不照，落不穩當」。「落」後脫一「點」字。

養氣論

「六府雖主氣」。「府」應作「腑」，下同。

「四曰道之樞扭」。「扭」應作「紐」。

「即此是者也」。應作「即是此者也」。

「皆外狀法，若內狀」。「狀」應作「壯」。

練氣訣

「下卻是陽充」。「充」應作「終」。

「乃一身樞紐」。「身」後脫一「之」字。

納　氣

「右向左轉一圈」。「右」前脫一「由」字。

論外形

「而命門乃一身之樞也」。「樞」後脫一「紐」字。

「落點一盡」。「盡」應作「儘」。

「怒力一簇」。「怒」應作「努」。

奪　氣

「攔其肘，謂二門」。「謂」後脫一「之」字。

「而縱橫維我矣」。「維」應作「惟」。

「再用鐵充充磁」。「磁」為「礠」字之誤。

講打法

「一、打字即如常山蛇勢」。「字」應作「法」。

講點氣

「心動一如炮如火」。應作「心動一如炮燃火」。

卷四

論初學入手法

「三合者，腳手眼相合也」。「三」後應有「尖」字。

初學條目

「豈不蹉跎可笑矣」。「矣」應作「乎」。

「後腳堅立」。「堅」應作「豎」。

「自無堅之不破矣」。「堅」後脫一「硬」字。

「學拳停頓處宜沉著如力」。「如」應作「加」。

「反惹人心生嗔」。「心」後脫一「中」字。

「彼亦樂推戴我矣」。「樂」後脫一「於」字。

「凡人所不能者，我必能也」。依上句例，「也」應作「之」。

「揚揚自然」。「然」應作「得」。

卷五

二十四字論

「掔者如水立」。「水」應作「木」。

二十四字圖說

第四勢　仙人捧盤　停字八勢

「單跨毛籃」。應作「單挎花籃」。

「往下一板」。「板」應作「扳」。

第五勢　猿猴獻杯

「兩手摳如酒杯」。「如」後脫一「掇」字。

驚字八勢

「酌金罍」。「罍」應作「罍」。

「食指上跳」。「跳」應作「挑」。

第六勢　雙飛燕子　沉字八勢

「兩手皆側帖」。「帖」應作「貼」，下同。

第七勢　白鵝亮翅　開字八勢

「避相簾」。「相」應作「廂」。

第八勢　美女鑽洞　入字八勢

「兩拳分駝」。「駝」應作「馳」。

「寬廠地」。「廠」應作「敞」。

第十一勢　飛雁投湖　創字八勢

「丹鳳修領」。「領」應作「翎」，下同。

第十九勢　白虎靠山　閃字八勢

「身跨虎登山勢」。「身」前脫一「仰」字。

第二十一勢　螃蟹合甲　勾字八勢

「回稍鼻口」。「稍」應作「捎」。

「收人心坎」。「人」應作「入」。

第二十三勢　蝴蝶對飛　進字八勢

「上左步裏耳」。「裏」應作「裹」。

第二十四勢　金貓捕鼠　退字八勢

「兩腿一紐」。「紐」應作「扭」。

二十四偏勢

「陽　順手推舟」。「手」應作「水」。

「粘　金鋼扭鎖」。「鋼」應作「剛」。

「膝照他腿灣一棲」。應作「腿照他膝灣一踩」。

卷六

槍法

八大條目

「亂札」。「札」應作「扎」。

「吊開則遠路」。「遠路」應作「路遠」。

「力微則不（將土）」。「（將土）」應作「埒」。

起伏

「無開路則門戶不清」。「路」應作「合」。

崩打

「有消滯」。應作「無有稍滯」。

十二變通　挑撩

「撩則崩鮓」。「鮓」應作「迮」。

「應發時來」。應作「應時發來」。

「棣靠」。「棣」應作「撩」，「撩，他骨切，滑利也」。

「硝黃急火，連人皆板」。「黃」應作「磺」，「板」應作「扳」。

托槍式

「靈活催堅硬」。「催」應作「摧」。

降手

「刷敲科砍遍人還」。應作「刷敲抖斫遍人寰」。

「長板坡」。「板」應作「坂」。

「落上發氣下攻」。應作「上發氣下落攻」。

「低掃堂」。「堂」應作「蹚」，下同。

猿猴棒

「掃秦橫擔」。「秦」應作「棒」。

雙劍名目

美女退洞

「側逼他干」。「干」應作「杆」。

側蝶戲梅

「左手再面一扎」。「面」應作「回」。

青龍擺頭

「兩手要攔」。「要」應作「耍」。

楊氏《太極劍歌》及《太極刀名稱歌》校讀①

楊氏《太極劍歌》

我所見到最早的楊氏《太極劍歌》，是在葉大密老師的《柔克齋太極傳心錄》中。它是葉老師直接從楊澄甫老師那裡抄錄來的。全文是「劍法從來不易傳，直來直去勝由言，若仍砍伐如刀者，笑壞三豐老劍仙」七言絕句二十八字。第二句中的「勝由言」三字，當是「甚幽玄」三字的諧音筆誤。其次，是在 1948 年 1 月國光書局再版陳炎林編著的《太極拳刀劍杆散手合編》卷七太極劍篇的末後，名稱也是《太極劍歌》，歌訣文字則略有不同，全文

---

①　原載《上海武術》1994年第2期，《中國太極拳》1996年第5、6期合訂刊。

是：「劍法從來不易傳，如龍似虹最幽玄，倘若砍伐如刀式，笑死三豐老劍仙。」陳炎林的資料來源於田兆麟老師，田老師則得之於楊健侯老先生，所以轉較楊澄甫傳本為早，詞句也比較通順流暢。

至於李雅軒老師傳下來的《太極劍歌》全文是「劍法從來不易傳，游來游去似龍旋，若將砍斫如刀用，笑死三豐老劍仙」，雖然同是楊澄甫老師所傳，但較之葉老師本，文字上便顯得遜色了。

讀了清吳修齡《手臂錄》四卷卷末附載的《後劍訣》七絕一首，全文是「劍術真傳不易傳，直行直用是幽元，若唯砍斫如刀法，笑殺漁陽老劍仙」，才清楚地知道，無論葉老師、李老師的楊澄甫傳本也好，陳炎林的楊健侯傳本也好，它們都是從吳修齡的《後劍訣》移植過來讚美太極劍法的。

楊氏《太極刀名稱歌》

我所見到最早的楊氏《太極刀名稱歌》，也是在葉大密老師的《柔克齋太極傳心錄》中。不過那是從武匯川老師那裡轉抄來的，歌訣全文是：

「七星跨虎交刀勢，騰挪閃展意氣揚，左顧右盼兩分張，白鶴展翅五行掌，風捲荷花葉裡藏，玉女穿梭八方勢，三星開合自主張，二起腳來打虎勢，披身斜掛鴛鴦腳，順水推舟鞭作篙，下勢三合自由招，左右分水龍門跳。卞和攜石鳳還巢，吾師留下四方贊，口傳心授不妄教，斫、剁、劃、截、刮、撩、腕。」

　　計七言十六句，一百一十二字，歌後葉老師跋有「此歌自武匯川兄處抄來，大密」十二字。

　　應該說明的是，歌訣第二句中「閃展」中的「展」字為「賺」字的諧音筆誤，第十四句中的「四方」兩字為「此刀」兩字之誤抄，第十六句中的「刮」字為「割」字的諧音筆誤，因為在實用刀法中沒有「刮」字一法。

　　載於陳炎林編著的《太極拳刀劍杆散手合編》卷八「太極刀篇」中的，名稱雖然也是《太極刀名稱歌》，但歌訣頗有不同，全文是：

　　「七星跨虎意氣揚，白鶴涼翅暗腿藏，風捲荷花隱葉底，推窗望月偏身長，左顧右盼兩分張，玉女穿梭應八方，獅子盤球向前滾，開山巨蟒轉身行，左右高低蝶戀花，轉身、撩如風車，二起腳來打虎勢，鴛鴦腳發半身斜，順手推舟鞭作篙，翻身分手龍門跳，力劈華山抱刀勢，六和攜石鳳回巢。」

　　不過同樣也是十六句一百一十二字，而其中第十四句中的「手」字當為「水」字的諧音筆誤，最後一句中「六和」的「六」字當是「卞」字的誤植。

　　載於1959年6月人民體育出版社出版，傅鍾文示範、蔡雲龍編寫的《太極刀》第四頁中，名為《太極刀訣》的歌訣，全文只有十三句。它的次序和葉老師本第一句至第十三句完全相同，只是第五句「風捲荷花葉裡藏」中的「裡」字改寫成了「內」字，第十三句「卞和攜石鳳回巢」中的「回」字改寫成了「還」字。

　　見於李雅軒老師傳下的《太極刀名稱歌》的歌訣全文

是：

「七星跨虎交刀式，騰挪閃展意氣揚，吞吐含化龍形步（栗子宜本作『勢』），左顧右盼兩分章，白鶴亮翅五行掌，風捲荷花葉裡藏，玉女穿梭八方勢，三星開合自主張，二起腳兮打虎勢，披身斜跨鴛鴦腳，順水推舟鞭作篙，下勢三合自由著，左右分水龍門跳，卞和攜玉鳳還巢，吾師留下此刀贊，口傳心授不妄教。」

同樣也是十六句一百一十二字，不過第三句「吞吐含化龍形步」卻是他人傳本所沒有見到過的；其餘除了第二句中的「賺」作「展」，第四句中的「張」作「章」和第十句中的「掛」作「跨」，是諧音筆誤外；其他如第一句中的「勢」作「式」，第五句中的「展」作「亮」，第九句中的「來」作「兮」，第十二句中的「招」作「著」，最後一句中的「石」作「玉」，都只不過是文字上的不同修飾而已，沒有多大實際意義。

李傳的歌訣名稱和葉本、傅本所載基本相同，所傳習的刀法也基本相同，當然是同屬於楊澄甫老師所傳授的；陳炎林本的歌訣則是根據田兆麟老師由楊健侯老先生所傳授的，不獨十六句歌訣中有六句歌訣完全不同，所傳習的刀法也大不相同。楊澄甫是楊澄甫的，楊健侯是楊健侯的，清清楚楚，毫不含糊。

倒是《太極刀名稱歌》並不像《太極劍歌》那樣，僅僅是抽象概括地來讚賞和稱頌劍法的高明，恰恰像它的名稱那樣，是道道地地的刀法式勢名稱歌。

《陰符槍譜》作者辨誤[①]
——山右王先生不是山右王宗岳

　　1990 年，錢惕明君在第 6 期《中華武術》上發表了《陰符棍》一文之後，接著又在第 8 期《武林》上發表了《〈陰符經〉與武術——析陰符槍與陰符棍》一文。文中不僅把陰符槍的創造者直接指稱為王宗岳，並且把佚名氏為山右王先生寫的序文，說成是「介紹了王宗岳把《陰符經》原經，與自己精於槍術的實踐，結合起來研究的過程」，還說：「王宗岳為公之於後世，特著《陰符槍譜》。」因此，筆者認為有必要把 50 多年前，唐豪武斷編寫《陰符槍譜》的山右王先生就是撰寫《太極拳論》的山右王宗岳這一錯案，給以糾正的機會。

　　正好，1995 年第 9 期《武魂》上，吳文翰先生發表了《王宗岳其人》一文，已就《陰符槍譜》佚名氏序文中所講到的山右王先生的身世經歷、編寫槍譜的意圖和願望，結合清末以來太極拳界的各種傳聞稗說，從世情常態方面否定了唐豪的推斷。下面，我想再就《陰符槍譜》的實際內容方面來做一番探討，以為進一步的否定。

　　早在 1936 年 5 月，中國武術學會出版唐豪編著《王宗岳太極拳經陰符槍譜》的王宗岳考篇「陰符槍是王先生的」這一節中說：「數年前（1930 年），不佞在北平廠肆購得陰符槍譜與太極拳經（原作『論』，下同。）合抄

---

① 　原載《上海武術》1996年第2期。

本一冊。槍譜之前有乾隆乙卯五十九年（應為六十年，1795 年）佚名氏敘一篇，敘中說：陰符槍是王先生發明的。其說如左（原書是直排本）：『山右王先生，自少時經史而外，黃帝、老子之書及兵家言，無書不讀，而兼通擊刺之術，槍法其尤精者也。蓋先生深觀於盈虛消息之機，熟悉於止齊步伐之節，簡練揣摩，自成一家，名曰陰符槍。噫！非先生之深於陰符，而能如是乎？

『辛亥歲，先生在洛，即以示余。予但觀其大略，而未得深悉其蘊，每以為憾！予應鄉試居汴，而先生適館於汴，退食之餘，復出其稿示予，乃悉心觀之。先生之槍，其潛也若藏於九泉之下，其發也若動於九天之上，變化無窮，剛柔相易，而總歸於陰之一字，此誠所謂陰符槍者也。

『……先生嘗（原抄本作「常」，依徐哲東改）謂予曰：予本不欲譜，但悉心於此中數十年，而始少有所得，不以公諸天下，亦烏知其於功之若是哉（原抄本此句文字有錯亂）！於是將槍法集成為訣，而明其進退變化之法，囑序於予，因志其大略而為之序云。』

「這山右王先生是誰呢？吾以為即是王宗岳。茲將山右王先生就是王宗岳的證據，述之於後。

「陰符槍總訣云：『身則高下，手則陰陽，步則左右，眼則八方。陽進陰退，陰出陽回，黏隨不脫，疾若風雲。以靜觀動，以退敵前，審機識勢，不為物先。下則高之，高則下之，左則右之，右則左之。剛則柔之，柔則剛之，實則虛之，虛則實之。槍不離手，步不離拳，守中禦

外，必對三尖。』

「訣中高下、左右、剛柔、虛實、進退、動靜、陰陽、黏隨，一一與太極拳經理論吻合，這是山右王先生即王宗岳的一證。

「太極拳經上的王宗岳籍山右，陰符槍譜敘中的王先生也籍山右，這是山右王先生即王宗岳的又一證。

「有以上這些證據，證明了山右王先生，即是著太極拳經的王宗岳，在另外沒有找到別的新證據可以修正此說之前，大概不算十分武斷吧！

「這陰符槍譜與太極拳經之間，留有春秋刀殘譜一種，其刀法現尚為陳溝傳習，刀譜亦可在陳溝拳家之間抄得。據此以觀，王宗岳得陳溝之傳者，不單是太極拳一種，陳溝的春秋刀，王宗岳也兼得其傳。」

對於唐豪提出的第一個論證，我們不妨翻開明代新都程宗猷（沖斗）著的《少林棍法闡宗》來看，在上卷總論中，什麼奇正、虛實、眾寡、強弱、勞逸、機勢、前後、左右、高下、主客、長短、呼吸、動靜、陰陽、剛柔、攻守、縱橫、闔闢、捲舒、收放，等等，有關古代軍事戰略和戰術上的許多辯證用詞，差不多都被提到過了。

而《陰符槍譜》一、陰符槍總訣六則（一）中的「手則陰陽」、（二）中的「陽進陰退，陰出陽回」句，很明顯是俞大猷《劍經》總訣歌中的「陰陽要轉」；程宗猷《長槍法選》長槍說中「然槍法亦不過二手持以陰陽，一仰一覆，運用而已」；《少林棍法闡宗》問答篇中「用法雖難形容，大要不外拳之陽仰陰覆而已」；吳修齡《手臂

錄》卷二革法篇按語「動手必要陰陽互轉，轉得圓熟，百巧皆從此出」的概括。

（三）中的「以靜觀動」句，也是《劍經》總訣歌中「彼忙我靜待」和「總是以靜待動，以逸待勞，道理微乎道理微乎！」，戚繼光《紀效新書》長兵短用說篇第十、長槍總說節中「又莫貴乎靜也，靜則心不妄動，而處之裕如，變幻莫測，神化無窮」，何良臣《陣記》卷二技用章中「使手能熟，心能靜，心手與槍法混而化融，動則裕如，變不可測」的歸納。「審機識勢」句，則是《劍經》三教師原來合一家節中「一俱是順人之勢，借人之力」，《少林棍法闡宗》上卷總論中「隨機應變，使彼叵測」，下卷問答篇中「得機得勢，因敵制勝」「隨時審勢，可見而進」的提挈。

（四）中的「下則高之，高則下之，左則右之，右則左之」句，則也是《手臂錄》卷一槍法圓機說中「左則右之，伏機也；右則左之，伏機也；上則下之，伏機也；下則上之，伏機也」的刪節。

（六）中的「守中禦外，必對三尖」句，則又是《紀效新書》長兵短用說篇第十、槍有三件大病節中「一、立身法不正，二、當紮不紮，三、三尖不照。必上照鼻尖，中照槍尖，下照腳尖」，是《長槍法選》六合原論和《手臂錄》卷四古論注篇槍有三件大病節中「身法不正是一大病，當紮不紮是二大病，三尖不照是三大病」注「上照鼻尖，中照槍尖，下照腳尖」的省略。

其他，如「二、上平勢，青龍探爪，三、中平勢，

四、下平勢，五、穿袖、挑手、穿指、搭外、搭裡」等槍法的式勢和名稱，也俱見之於《紀效新書》長兵短用說篇第十和《手臂錄》卷一、二中。

《陰符槍譜》五、（二）節中「所謂中平一點，難招架也」，也見之於《紀效新書》長兵短用篇第十、《長槍法選》六合原論以及《手臂錄》卷四古論注篇中，所謂「中平槍，槍中王，高低遠近都不妨。高不攔，低不拿，當中一點難招架」是也。

《陰符槍譜》六、陰符槍七絕四首的第二首，「心須望手手望槍，望手望槍總是真，煉到丹成九轉後，心隨槍手一齊迷」，當是襲取了《陣記》卷二技用章中所說「使手能熟，心能靜，心手與槍法混而化融，動則裕如，變不可測」，以及《紀效新書》長兵短用說篇第十、長槍總說節中說的「其妙在於熟之而已，熟則心能忘手，手能忘槍，圓神而不滯」的思想內容，把它改寫成了絕句，而原抄本的抄錄者錯誤地把「忘」字抄寫成了同音的「望」字，以至於意義全非。

槍譜的作敘者，儘管在敘文中批評了「每慨世之所謂善槊者，類言勢而不言理。夫言勢而不言理，是徒知有力而不知有巧也，非精於技者矣」。

實際上，槍譜中除了一、陰符槍總訣六則，每則四言四句計九十六字；六、陰符槍七絕四首，其中第一、第三兩首是純粹的讚美詩，計五十六字，去掉不計，尚餘第二、第四兩首計五十六字，連同總訣九十六字總共一百五十二字是抽象概括言理的以外，其餘所謂言理的，也都包

括在：二、上平勢七則；三、中平勢十三則；四、下平勢
十一則；五、穿袖、挑手、穿指、搭外、搭裡十七則，總
共四十八則的具體言勢之中。

綜觀《陰符槍譜》全書，其具體內容不及《劍經》
《陣記》《紀效新書》《少林棍法闡宗》《長槍法選》以
及《手臂錄》的賅博而精要的地方，如《陣記》卷二技
用章所載「圈串不宜甚大，尺餘便好」；《紀效新書》長
兵短用說篇第十、末後記述的唐荊川語：「人身側形只有
七八寸，槍圈但拿開他槍一尺，即不及我身膊可矣。圈拿
既大，彼槍開遠，亦與我無益，而我之力盡矣」；《手臂
錄》卷一，一圈分形入用說：「總用之則為一圈，剖此圈
而分用之，或左或右，或上或下，或斜或正，或單或複，
或取多分，或取少分，或取半分，以為行著諸巧法，而後
槍道大備，則知槍之萬變，不出於圈。」則反而沒有道
及。只是截取了《劍經》《陣記》《紀效新書》《少林棍
法闡宗》《長槍法選》《手臂錄》幾本著作中的部分一般
內容，給以概括、歸納、提挈、刪節、省略，加工連綴而
已，並沒有新的發明。

它的敘述方法，部分承襲了《少林棍法闡宗》上卷的
破棍譜注，也是顯而易見的。

因之，唐豪認為訣中「高下、左右、剛柔、虛實、進
退、動靜、陰陽、黏隨」一一與（王宗岳）太極拳經理論
吻合，這是山右王先生即王宗岳的證據，是不能成立的。

唐豪提出的第三個論證，原來在《王宗岳太極拳經陰
符槍譜》王宗岳考篇，山右王先生就是王宗岳節中是這樣

寫的：「太極拳經與陰符槍譜合抄在一起，其理論與文采，兩者又相合致，苟非一人的著作，沒有這般巧合的事，這是山右王先生即王宗岳的又一證。」這個論證，自經徐哲東（震）在1937年4月，南京正中書局出版的《太極拳考信錄》上卷本論，「廠本王宗岳太極拳經辨第九」中指出「今觀廠本拳譜與楊本同，而楊氏譜中，顯有武禹襄之手筆，則唐氏所得之合抄本，決非王宗岳所手定，亦不出於王氏嫡派學者之手，皆可證明，此冊為後人所抄合，亦復顯而易見。……而廠本槍刀拳譜，確為後人所抄合，則為王宗岳曾學刀法於陳溝，因以見王之太極拳法得之於陳溝，其說更無以自立」之後，唐豪在1940年7月，現代印書館出版的《中國武藝圖籍考》槍篇，《陰符槍譜》一卷的考釋中，便把它改成為「與陳溝春秋刀譜連抄，此王先生即王宗岳之三證也」。

　　儘管這樣，一直到1964年3月，人民體育出版社出版唐豪、顧留馨編著的《太極拳研究》，顧氏把唐豪的遺著《廉讓堂本太極拳譜》考釋發表，在該考釋的《十三勢說略》附識中，唐豪終於不得不承認了「曩予在廠肆得一抄本，篇名為《先師張三豐、王宗岳傳留太極十三勢論》，1931年出版之《太極拳使用法》，篇名為《祿禪師原文》，皆楊門弟子所附會」。在後面《五字訣》的附識中，進一步明確承認「予於1930年，在北平廠肆得王宗岳（應該是山右王先生）《陰符槍譜》與楊氏《太極拳譜》合抄本。後一年，赴溫縣訪求太極拳史料，除《打手歌》外，餘皆不見於陳溝、趙堡鎮。遂轉而研究楊氏此譜

來歷」。而「這陰符槍譜與太極經之間，尚有春秋刀殘譜一種」和「與陳溝春秋刀譜連抄，此王先生即王宗岳之三證也」，也就閉口不談了。

在該考釋的《五字訣》附識中，唐豪雖然也說過：「求知雖難，而闢偽存真之願，終得而償，今取舊作短文，略加修訂，以求正於研究此譜者。」但在所謂修訂的短文中，絲毫沒有修正舊說的痕跡可見，反而變本加厲地提出：「苟予所斷 1791 年（乾隆五十六年）及其後，宗岳居汴、洛時得太極拳之傳，若別無他證推翻予說，則王傳於陳更不足信矣。」

這裡的所謂「予所斷」，也就是《廉讓堂本太極拳譜》考釋《打手歌》後的唐豪附識中說的：

「予推定王宗岳得長拳十三勢打手之傳，兼得《拳經總歌》及六句《打手歌》，其後即自撰《太極拳論》一篇，《太極拳釋名》一篇，連同潤改之《打手歌》一首，寫成定譜，《拳經總歌》則存而不錄。……由《太極拳釋名》之長拳者：如長江大海，滔滔不絕，三句推斷，宗岳兼得一百單八勢長拳之傳。」

完全符合唐豪個人腦海裡神話般想法的論證。什麼都是推定、推斷。從學術考證的角度來說，當所謂「廠本太極拳譜」被確證是道地的楊氏傳抄本之後，則這些據此而推導出來的論證，當然就全都不能成立了。

這樣，僅憑第二個論證，籍貫相同這一點，要來證明山右王先生就是撰寫《太極拳論》的山右王宗岳，理由是不充分的。

影印本李劍秋編著的
《形意拳術》校訂記①
一把簡化字還復為繁體字也有煩惱

　　1997 年 8 月，世界圖書出版西安公司出版發行了陳正雷編著的《中國陳氏太極》一書，同年 9 月，又出版發行了趙增福編著的《中國趙堡太極》一書。

　　陳書是以沈家楨、顧留馨編著的《陳式太極拳》（1963 年 12 月人民體育出版社初版）和陳小旺編著的《世傳陳式太極拳》（1985 年 11 月人民體育出版社初版）二書為基礎，刪去了第二路炮捶套路，增加了太極單劍、太極單刀而成。

　　趙書則是在趙增福、趙超編著，路迪民整理的《武當趙堡大架太極拳》（1995 年 8 月陝西科技出版社初版）的基礎上，刪掉了附錄醫藥秘方一章，修正了部分文字內容而成。

　　兩書同樣採用了橫排本繁體字印刷出版。把武術文化推向海外這本是件好事，可就是為了使用繁體字，以致使這兩本書都在不同程度上出現了許多常識性的錯誤：

　　例如，陳書（338～340 頁）在附錄一陳氏太極拳論四、用武要言（陳長興）中竟連續用上了五個「要訣雲」、兩個「古人雲」、四個「戰鬥篇雲」。把文言文中「云」「曰」的「云」字當作簡化了的「雲霧」的「云」

―――――――――――

① 原載《上海武術》2001年第4期。

字，因而就把它還復成為繁體的「雲」字了。

同樣，趙書在第一章趙堡太極拳綜述一，「趙堡太極拳源流（一）趙堡太極拳之起源」節，第3頁16～17行「是由蔣發於明萬曆年間傳到趙堡鎮的。蔣發於明萬曆二年（1574年）」，這兩句文字中的「萬曆」二字，是明神宗朱翊鈞（定陵墓主）的年號，簡化字可以寫成「万历」，繁體字則必須寫作「萬曆」。「曆」是「曆法」「公曆」「農曆」的「曆」不是「經歷」「履歷」「學歷」的「歷」。在同一節裡的第4頁第10～11行「山西太穀縣小王莊人」，這一句文字中的「太穀縣」是「太谷縣」的誤復。太谷縣的「谷」是「山谷」的「谷」，而不是「稻穀」的「穀」，所以把這個「谷」字還復成繁體「穀」字，也是錯誤的。

類似的錯誤在這兩本書中還有好多處。由於陳書連序言有340頁，趙書連序言也有312頁，因而不能詳盡地把它們一一列舉出來。

2001年5月，山西科技出版社在古拳譜叢書第二輯中，把李劍秋編著的《形意拳術》一書（原書為1920年商務印書館初版）也影印出版了。這本書寫得很簡短，內容包括「發刊形意拳初步宣言」4頁，「形意拳敘一、敘二」4頁，「自序」3頁，「形意拳術（正編）七章」21頁，附「岳武穆形意拳術要論十章」30頁，全書總共為69頁。而且，在李書中所附，附會為岳武穆形意拳要論十章的內容，既是陳書附錄一陳氏太極拳編中附會為陳長興作的「三、太極拳十大要論」和「四、用武要言」兩篇

古典武術理論文字的藍本，也是趙書第六章趙堡太極拳古典秘訣選登編中，認為是趙堡流傳秘訣中的「五、太極拳十大要論」「六、太極拳注解」「七、論法」「八、捷要論」「九、天遠機論」五篇古典武術理論文字的藍本。可以這樣說，《形意拳術》《中國陳氏太極》《中國趙堡太極》這三本書，在部分古典武術理論文字的內容上，是相互牽扯的。

因而，把影印本李劍秋編著的《形意拳術》全面地校訂一遍，包括這本書原來的文字、語句中存在的錯漏，以及因為把簡化字還復為繁體字而造成的錯誤（當然，這本來是影印本所不應該有的），對於李書來說，今後如要再版而須重新作一番校勘時，固然是一種方便，而對於陳、趙二書來說，則也未嘗不可以就把它拿來作為一種借鑒。

封底和裡封

方案介紹本書說：「『北京風塵三俠』李存義和張占魁的高足李劍秋，一生致力於形意拳和八卦掌的傳播……」然據李書自序中說：「余叔祖文豹、父雲山，皆從學於李存義、周明泰二先生，余因得家傳。」上海大東書局 1929 年出版發行，凌善清編著的《形意五行拳圖說》第 3 頁上編總論「形意拳之源流」節中說「李存義復傳傳諸尚雲祥、李文豹、李雲山、郝恩光、及其子彬堂……李雲山復傳諸其子劍秋……」因而凌書第 6 頁上編形意拳傳流表中：

$$
李存義（民國）
\begin{cases}
李文豹 \\
李雲山\text{——}劍秋（子）\\
尚雲祥\text{——}靳雲亭 \\
郝恩光 \\
彬堂（子）
\end{cases}
$$

這樣的排列是不錯的，李劍秋形意拳之傳，應得自其父親李雲山為是。

發刊形意拳初步宣言

第1頁第8行至第2頁第1行「均馬精神與肉體應同時鍛鍊，所為平均發育」，此二句文字中的「為」字，都是「謂」字的諧音誤植。

第2頁第4行至第5行「多推魯不文」，此句文字中的「推」字，是「椎」字的誤植。「椎魯」是粗魯的意思。

第3頁第8行「古人雲」，此句文字中的「雲」字，是文言文中「云」「曰」的「云」字，這裡卻錯把它當成了「雲霧」的「雲」字簡化字，因而把它還復成繁體字「雲」了。

第3頁第9行「穹則獨善其身」，此句文字中的「穹」字，是繁體「窮」字的誤植。

第4頁第3行至第4行「常應清華學校之請任教授」，此句文字中的「常」字，是繁體「嘗」字的誤植。

第4頁第9行「黃警顧」署名中的「顧」字，根據宣言執筆者在第2頁第2行至第3行的自述「頑軀孱弱多

病，友人勸學習拳，不久而漸覺轉健」，以及參與宣言的另一位代表吳志青 1945 年秋在昆明致文印刷鑄字所出版發行的尚武樓叢書第二種《太極正宗源流 國術論叢》《國術理論體系 歷世紀》合刊本在《歷世紀》第 11 至 12 頁中有「民國七年（1918 年），連任江蘇體育研究會副會長，乃延續青年會體專之半工半讀生活。是年冬，餘以民族性萎頓，欲圖振作、捨復興古代武俠之風不為功，乃集唐新雨、戈公振、黃警頑諸同志，籌組中華武俠會於上海望平街『時報館』樓上」則可知署名「黃警顧」的應該是「黃警頑」。

形意拳術敘一

第 1 頁第 3 行「致習者多推魯無文之人」，此句文字中的「推」字也是「椎」字的誤植，見前二宣言篇。

第 1 頁第 7 行「夫失肢體之動作」，此句文字中的「失」字，是「人」字的誤植。

形意拳術敘二

第 2 頁第 1 行「敝人等則身戎行」，此句文字中的「則」字，是繁體「廁」字的誤植。

自 序

第 3 頁第 6 行「因不揣謭陋」此句文字中的「谫」字，已是簡化字，繁體字應作「謭」，「謭陋」是淺薄的意思。

形意拳術初步凡例

第1頁第4行「余皆自五行拳變化而出」，此句文字中的「余」是古人自稱用詞，「其餘」的「餘」的繁體字應作「餘」。

第2頁第8行「然後偏習他種」，此句文字中的「偏」字是繁體「徧」（簡體為「遍」）字的誤植。

第3頁第9行「其余未經筆述者甚多」，同上，繁體字應作「餘」。

形意拳術總論

第1頁第5行「攛取功名」，此句文字中的「攛」字，應為繁體字「攝」的誤植。

第一章　拳術之功用

第3頁第7行至第8行「必欲盡其類而皆習之，以偏獲其益」，後一句中的「偏」字，也是繁體「徧」字的誤植。

第三章　形意拳術之基本五行拳

第一節　劈　拳

第7頁第1行至第2行「其用力始終依前所雲」，此句文字最後的「雲」字，也是文言文中「云」「曰」的「云」字，繁體字的錯誤還復。

第7頁第7行「余從略」，同上，繁體字應作「餘」。

第二節 崩 拳

第8頁第4行「腿勢必微彎，以步過小」，後一句末尾似脫「故也」二字，否則必須顛倒前後二句，文理才為通順。

第五章 形意玄義

第11頁第7行「應以妙手，上難矣哉」，後句中的「上」字，應是繁體「誠」字的諧音誤植。

第12頁第3行「形意拳之功用，冊僅限於強身自衛哉」，後一句中的「冊」字，也應是繁體「豈」字的諧音誤植。

第七章 形意拳術之特長處

第20頁第6行「好及，亦不能竟壓我拳」，前一句中的「好」字，應該是「如」字的形似而誤植。

附岳武穆形意拳術要論

一、要 論

第24頁「是豈無所自而雲然乎」，此句文字中的「雲」字，也是文言文中「云」「曰」的「云」的另一種意義。這裡是作「如此」「如是」來解釋的。

二、要 論

第26頁第7行至第8行「何謂所清濁，升而上者為所清，降而下者為濁」，第三句中的「濁」字前脫一「所」字，應作「降而下者為所濁」。

三、要　論

第 29 頁第 5 行「又何三節中之各有三節雲乎哉」，此句文字中的「雲」字，也是「云」字繁體字的誤植。

四、要　論

第 30 頁第 3 行「夫梢者身之余緒也」，此句文字中的「余」，繁體字應作「餘」。

第 30 頁第 6 行至第 7 行「四梢為何，發其一也，夫發之所系」，後二句中的兩個「發」字都是繁體字「頭髮」的「髮」字的錯誤還復。簡化字「頭發」的「發」和「出發」的「發」可以通用，繁體字則不能通用。又第三句的最後一個字「系」也是簡化字，繁體字應作「係」字。

第 30 頁第 7 行至第 8 行「然發為血之梢，血為氣之海、縱不必本諸發以論氣」，第一句、第三句中的兩個「發」字，也都是繁體字「髮」字的誤復。

第 31 頁第 1 行「不離乎血，即得不兼及乎發，發欲衝冠」，後二句中的「發」字，同樣都是「髮」字的誤復。又第二句「即」字下奪一「不」字，此句應作「即不得不兼及乎髮」。

五、要　論

第 33 頁第 7 行「兩發則為肺」中的「發」字，也是繁體「發」字的誤復。另從中國醫學的臟腑學說來說，這個繁體「髮」字，應寫成「鬢」字，鬢髮是耳際的頭髮。

六、要論

第 36 頁第 5 行「右之與左以然」中的「以」字，也是「亦」字的諧音誤植。

第 36 頁第 7 行至第 8 行「總之一運而無不動」中的「運」字是「動」字的誤植。

七、要　論

第 37 頁第 6 行至第 7 行「步不進而意則堂然無能為矣」中的「堂」字，據曹志清編著的《形意拳理論研究》（人民體育出版社 1993 年 6 月第二版）326 頁，作「瞠」較妥。

八、要　論

第 40 頁第 3 行至第 4 行「顧其後而以不覺其為後，側顧左右，而左右以不覺其為左右矣」，第一句和第三句中的「以」字，都是「亦」字的諧音誤植。

九、要　論

第 41 頁第 5 行「而所以為手之轉移者，以在步」，後一句中的「以」字，也是「亦」字的諧音誤植。

第 41 頁第 8 行「何其非步之司令歟」，此句中「司令」的「令」字，凌善清本作「命」，劉會峙本、王海洲本、趙增福本均與之相同，當以作「命」字較為妥當。

第 42 頁第 1 行「身欲動而步以為之周旋，手將動而步以早為之催逼」二句，同頁第 3 行「然而無定位者以為步」一句，同頁第 5 行「則前後以自然無定位矣」一句，以及同頁第 6 行二句「以在於步」中的「以」字，也都是「亦」字的諧音誤植。

第 43 頁第 3 行「響如雷崩」，此句文字中的「崩」字，凌善清本、劉會峙本均作「鳴」字，當以作「鳴」字較為妥當。

第43頁第3行至第4行「出沒遇象園，如生鳥入群籠之狀」，王海洲本作「出沒遇眾圍，若如生鳥入籠之狀」，較為通順。

第43頁第4行「單敵似巨炮推簿之勢」，王海洲本、趙增福本均作「逢單敵，似巨炮推薄壁之勢」，較為妥當。

第43頁第5行至第6行「見孔不打，見橫打，見孔不立見橫立」，第一句和第三句中的「孔」字，王海洲本均作「空」字，較為妥當。第43頁第9行至第44頁第1行「靜以待動有法，動以處靜」，此二句文字有脫誤，凌善清本、劉會峙本均作「靜以待動有上法，動以處靜有借法」，較為妥當。

第44頁第2行至第3行「起如箭攢落如風，限催烹絕手攏手，皆合暗迷中，由路如閃電」，此四句文字，凌善清本作「起如箭攢落如風，手攏手兮向前攻，舉動暗中自合，疾如閃電在天」，較為通順可讀。

第44頁第4行「好似鷹下雞場」，此句文字有脫誤，劉會峙本、王海洲本、趙增福本均作「好似鷹鷂下雞場」，較為妥當。

第44頁第7行「鷂之鑽林麻著翅」，此句文字中的「之」字是「子」字的誤植；「麻」字，凌善清本作「莫」，為是。

第45頁第2行至第3行「弦向鳥落見神奇」，此句文字中的「向」字，劉會峙本、王海洲本、趙增福本均作「响」，繁體字應作「響」，為是。

第45頁第6行「足起快向心火作」中的「向」字，

凌善清本、劉會峙本均作「時」，較為妥當。

十、交手法

第48頁第1行「人之來勢，以當審察，腳踢頭歪，拳打膊體」此四句文字，凌善清本作「人之來勢，亦當審察，腳踢頭撞，拳打膊作」，較為妥當。

第48頁第3行至第4行「跪敲指不勝屈，靈機自揣摩，手急打手慢，俗言即是其真，的確」，凌善清本作「詭計指不勝屈，靈機自揣摩，手急打手慢，俗言不可輕，的確有識見」，較為妥當。

第48頁第6行至第7行「雞摸鵝，摸塌地」，趙增福本作「雞撲鵝，獅搏兔」，較為妥當。

第48頁第7行至第8行「雙手雙心打」，凌善清本、劉會峙本、趙增福本均作「雙手護心旁」，為是。

第48頁第9行「拳打踢膀，頭歪把勢，審人能叫一思進」，王海洲本、趙增福本均作「拳打膀乍，足踢頭歪，把勢審人，能叫一思進」四句，為是。

第49頁第7行「腎動速如風」中的「腎」字是「臂」字的誤植。

太極拳架中同一式勢的異樣名稱和同一式勢名稱的異樣寫法舉例[1]

一、金剛搗碓，金剛搗臼，護心拳，護心捶；

二、懶紮衣，攔紮衣，懶擦衣，懶插衣；

---

[1]　原載《上海武術》1997年第3期。

三、攬雀尾，攔雀尾，藍鵲尾，懶雀尾；

四、單鞭，擔鞭，丹變；

五、白鵝亮翅，白鵝掠翅，白鶴亮翅，白鶴晾翅；

六、摟膝拗步，摟膝躍步，摟膝腰步；

七、手揮琵琶，收回琵琶；

八、掩手肱捶，掩手肱拳，演手，演手紅拳，演手肱拳，演手捶，研手捶；

九、披身捶，披身，庇身打一捶，庇身，庇身捶，別身捶，撇身錘，撇身捶；

十、搬攔捶，搬攬捶，搬攬垂，拔攔捶；

十一、六封四閉，如風似閉，如封似閉；

十二、背折靠，七寸靠，青龍出水，袖裡一點紅；

十三、抱虎歸山，豹虎歸山，抱頭推山，抱虎推山，豹虎推山；

十四、肘底捶，肘底看捶，肘底看拳，肘底藏拳；

十五、倒捲肘，倒拳肱，倒捲紅，倒碾紅，倒碾肱，倒捻肘，倒轉紅，真珠倒捲簾，真珠倒轉簾，倒捻猴，倒攆猴，倒輦猴，倒攆後；

十六、海底針，海底珍，前閃通背；

十七、閃通背，通背，閃銅牌，閃通碑，閃通臂，扇通臂，扇通背，山通背，三甬背，三通背；

十八、雲手，紜手，運手；

十九、左右擦腳，左右插腳，左右翅腳；

二十、二起跟子，二起根子；

二十一、二起腳，二起，二起插腳；

二十二、踢二起，踢二氣；

二十三、獸頭勢，打虎式，披身伏虎（護心拳，護心捶）；

二十四、擊地捶，栽一捶，下演手捶，踐步打垂，踐步打捶，摟膝栽捶，進步栽捶；

二十五、小擒拿，小擒打；

二十六、雙風貫耳，雙峰貫耳，雙分貫耳；

二十七、黃龍轉身，黃龍滾身；

二十八、擺腳，二郎擔山，擔山；

二十九、一堂蛇，跌叉，跌岔，跌岔下勢；

三　十、前後招，剛後照，前後昭；

三十一、回頭看畫，回頭看花，回頭探花；

三十二、指襠錘，指當捶，指當，指因（陰）捶，指低捶；

三十三、黃龍絞水，黃龍出水，雙龍絞水，雙龍出水；

三十四、鋪地錦，鋪地雞，雀地龍，切地龍；

三十五、玉女穿梭，玉女躥梭，玉女攢梭；

三十六、單鞭下勢，雲手下勢，紜手下勢，蛇身下勢，抽身下勢；

三十七、金雞獨立，更雞獨立；

三十八、十字腳，十字靠；

三十九、轉身十字腳，轉身十字蹬腳，鵲雀蹬枝；

四　十、砸七星，紮七星，弓頭蛇，七星下式，七星下勢，挽七星，挽刺行；

四十一、上步七星，七星；

四十二、退步跨虎，挎虎，下步挎虎，下步跨虎，卸步挎弧，卸步跨虎；

四十三、轉身擺蓮，轉身擺蓮腳，轉腳擺蓮，轉角擺蓮；

四十四、當頭炮，彎弓射虎，挽弓射虎，搬弓射虎。

需要說明的是：有的式勢名稱，前者是後者的前身，但形式和內容已不盡相同，如「懶紮衣」和「攬雀尾」；有的式勢，後者是前者的部分，如「砸七星」和「上步七星」，則都把它們分列了；有的式勢，本身就可以一分為二，如「擺腳跌叉」，也就把它分列了。

有的式勢，異樣名稱有重複的，則把它用括弧括了起來；有的式勢，異樣名稱不符合技擊意義的，如「踢二起」又名「雙擦腳」，「擦腳」就是「插腳」，又稱「剌腳」或「翅腳」和「踢腳」不同，故索性捨去不取。

至於式勢名稱中原來的用詞前後有竄誤的，如「真珠倒捲簾」或作「真珠倒轉簾」，應該是「倒捲真珠簾」或「倒轉真珠簾」的傳抄沿誤，這裡就不作糾正了。

咬文嚼字說「沾」「粘」[1]

對於「黏」「粘」二字，舊工具書從《康熙字典》《新字典》，一直到《辭源》、舊《辭海》，都只有「尼占切」「尼炎切」等的讀音，以及「相著也」「沾染也」

---

[1]原載《上海武術》1999年第3期。

「俗作粘」等的字義解釋。

其實，在北方民間，尤其是在武術界的內功拳術語中，「粘」字早就有讀「沾（ㄓㄢ）」字音的了。

1966 年 6 月，《漢字正字小字彙》，把「粘讀ㄓㄢ」列入了正字範圍，字義舉例是：「粘在一起，粘貼。」1971 年 6 月，按中文拼音字母音序排列的修訂版《新華字典》，在「zhān 部」收入了「粘」字，正音讀 zhān，字義解釋為：「粘（niān）的東西互相連接或附著在別的東西上。」1979 年版《辭海》米部五畫「粘『黏』（zhān）」，字義解釋：「粘貼、膠合。」

查勘了太極拳經典著作，李亦畬（經綸，1832—1892 年）在 1881 年贈給學生郝為真（和，1849—1922 年）的《太極拳譜》手抄本；李福蔭（集五，1892—1943 年）據已經殘缺的、伯祖父李亦畬贈給他祖父李啟軒（承綸）的《太極拳譜》手抄本，以及伯祖父李亦畬自己留存的《太極拳譜》手抄本，重新編排成七章計二十一節，由堂弟李槐蔭（子固，1903—1956 年）、李棠蔭（化南，1910—1948 年）二人寫了刊印緣起後，在山西鉛印刊行《廉讓堂太極拳譜》。關於山右王宗岳《太極拳論》中的「我順人背謂之粘」「粘即是走，走即是粘」，《打手歌》中「粘連黏隨不丟頂」中的「粘」字，均刊印作「粘」而不作「黏」。

因而進一步又查勘了田兆麟（1891—1959 年）老師所藏楊健侯（1839—1917 年）老三先生授贈的楊家老譜《太極拳譜解》，在《沾連粘隨》節中的「沾者，提上拔

高之謂也」；《打手歌》第六句「沾連粘隨不丟頂」中的
「沾」字，均寫作「沾」而不作「粘」。才悟曉出，武、
李傳譜中所寫刊成為「粘」字的，不僅它的讀音和「沾
（zhān）」相同，就連它的字義解釋，也是和「沾」相同
的。

對於「沾」字，舊工具書只有《字源》解釋過「沾染
也」，和《漢字正字小字彙》「沾」字的字義舉例作「沾
染」相同。

諸家太極拳著作中，對於老譜《沾粘連隨》節「沾者，
提上拔高之謂也」的具體技擊解釋很多，有代表性的如：

許禹生（1878—1945 年）在 1921 年 12 月出版的《太
極拳勢圖解》第六章太極拳經（論）詳注，在「動之則
分，靜之則合」一句的注釋中說：「若作運勁解，則太極
拳之陽變陰合，即為物理力學分力合力之理也。太極拳術
遇敵欲制我時，則當分截其勁為二，使敵力不能直達我身
（背勁），所謂動之則分是也。若將敵粘起用提勁，陽之
變也；及起，須靜以定之，使不得動，或敵勁落空，稍靜
即發，利用合勁，陰之合也。」

吳公藻在 1935 年 6 月出版的《太極拳講義》上編，
「五行要義詳解」（一）中說「粘者，如兩物互交，粘之
使起，在太極拳（術）語中謂之勁。此勁非直接粘起，實
間接而生，含有勁意（念）雙兼兩義。如推手或交手時，
對方體質強大，力氣充實，樁步穩固，似難使其掀動，或
移其重心。然以粘勁，能使其自動失中，用意探之，使其
氣騰，全神上注，則其（上）體重而足輕，其根自斷，此

即彼反動（作用）力所致，吾則順勢撒手，而以不丟不頂之勁，引彼懸空，是為粘勁。」

張問元在 1960 年 10 月《太極拳常識問答》修訂本「五七、什麼叫做沾粘連隨？在練習推手的時候，容易發生什麼毛病？怎樣才算懂勁？」一問中說：「沾就是提高拔上的意思。當和對方搭手時，要憑個人推手技術，向上引起對方的（身軀和）手臂，以使對方足跟離地，目的是將對方發出。」

沈壽在 1986 年 12 月出版的《太極拳推手問答》第二部分太極拳推手要領「五九、什麼是推手的『四要』？」一問中說「沾（zhān 霑），是提上拔高的意思，也是形容順勢提手，就像沾了水一樣的濕而不脫，以及形容其動作的輕巧靈活。」李亦畬《撒放密訣》說「『擎起彼勁借彼力』，此處『擎』字，即指『沾』字而言。」

沈壽又在 1997 年 10 月出版的《太極拳論譚》「第一章太極拳古典拳論淺釋：清代李亦畬《撒放密訣》淺釋與研究：四、《撒放密訣》淺釋（一）」中說：「（原文）擎：擎起彼身借彼力（中有靈字）。（淺釋）擎的本身是『化』，也即『沾化』。楊澄甫（1883—1636 年）家藏本《沾粘連隨解》說：『提上拔高謂之沾。』說明作為術語字，『擎』與『沾』的含義是略同的。」

1957 年 2 月，董虎嶺（董英傑的長子）在香港再版的《太極拳使用法》「打手歌詳解」中，對「粘連黏隨不丟頂」這一句裡「粘」字的解釋是：「粘者，提上拔高之謂，使對方腳跟離地，馬步浮動也。」

　　1962 年開始，在河北任縣跟董英傑的三兒子董俊彪學太極拳的孫暉在 1991 年 9 月出版的《太極拳圖說導引》第五章太極拳技擊問題「三、太極拳基本勁力解」節，對「粘」字的具體技擊解釋是：「粘——對方向我出手進攻，我用手（粘接）繞轉向上敷於敵腕，用力（鬆沉的整體勁）按之，當敵產生抗力時，則我隨勢提帶之曰粘。」

　　所以，我在 1979 年編寫的講義《談談楊式太極拳的推手》「二、沾連粘隨和粘連綿隨」節（一）「沾」字中說的「沾者，提上拔高之謂也。是說在推手時，我用鬆沉的整體勁（不僅僅是上肢局部的自重）來探引對方，使對方產生向上的反抗力，然後我趁勢用提拿技法而讓對方的反抗力落空；這時，對方勢必騰起腳跟而失去平穩，因而受制於我。沾，也就是《撒放密訣》中『擎起彼身借彼勁』的『擎』字，旁邊小注『中有靈字』四個字，說明『擎』字必須用得輕靈」，以及該節小結中說的「但在實際運用時，一用『沾』法，內勁和動作就會斷掉（因而產生停頓），以至於雙方兩手互相脫離開（不適宜於初學推手的人習練）。

　　所以孫祿堂、陳微明在《打手歌》中，就把『沾連粘隨』四個字，改成了『粘連綿隨』。這樣，在推手時才能真正做到不丟不頂」，並沒有錯。

　　恰恰是把《打手歌》中「沾連粘隨不丟頂」這一句中的「沾」字，用陳鑫（1849—1927 年）《太極拳圖畫講義》初集拳譜下卷卷一之二，《攜手十六目》中「沾」字的小注「沾是手與手沾住，如『沾衣欲濕杏花雨』之

『沾』」來解釋。也就是 1980 年 8 月出版的《新華字典》收入的「沾」字的字義解釋「稍微碰上或挨上」；1980 年 5 月第九版修訂本《新華字典》剛收入的「沾」字的字義解釋「稍微碰上或接觸上」。那就不免要和後面的一個「粘」字，有意義重複之嫌。無怪乎鄭曼青要在楊澄甫 1934 年 2 月出版的《太極拳體用全書》第一集中，把《打手歌》第六句中的第三個字「粘」改成「貼」字了。

事實上，無論是南宋僧志南在詠七言《絕句》中的名句「沾衣欲濕杏花雨」，還是另一位宋僧惠洪（彭覺範）在詠七律《秋千》頸聯中的名句「花板潤沾紅杏雨」，其中的「杏花雨」和「紅杏雨」，都是在虛描春晚杏花凋謝期間花瓣飄落如雨的情景，而不是在實寫南方杏花開放時下的毛毛雨。

楊家老譜，文字簡樸典雅，語句圈點恰當，尤其是以田兆麟老師的藏本為最。現在舉《太極平正腰頂解》一節為例，以見其一斑：

「頂如準，故雲頂頭懸也。二手即平左右之盤也，腰即平之根株也。若平準稍有分毫之輕重浮沉，則偏顯然矣。故習太極者，須立身中正，有如平準，使頂懸腰鬆，尾閭中正，上下如一線貫串，轉變全憑二平，分毫尺寸，須自己細辨，默識揣摩，容（融）會於心，迨至精熟，自能隨感斯應，無往不宜也。

「車輪二，命門一，蠹搖又轉，心令氣旗，使自然隨我便。滿身輕利者，金剛羅漢練（煉），對待有往來，是早或是晚，合則發放去，有如凌霄箭，滋養有多少，一氣

哈而遠，口授須秘傳，開門見中天。」

最後一段的「車輪二，命門一，纛搖又轉，心令氣旗，使自然隨我便」長短句歌訣，通行本都把它圈點成五言古詩：「車輪二命門，一纛搖又轉，心令氣旗使，自然隨我便。」致使歌訣一開始就令人費解，不符合中國醫學臟腑命門學說理論。

古典太極拳理論著作中的三個同音同義異寫字①
——「劤」「精」「勁」

「劤」字，僅見於李亦畬（經綸）在清光緒七年（辛巳，1881 年）親手寫的三本《太極拳譜》與弟李啟軒（承綸）一本，學生郝為真（和）一本，自己留存的一本通稱「老三本」。在這三本拳譜裡，凡是遇到用「勁」字的都被寫成了「劤」字。可就是這個「劤」字，自民初至今，所有出版的工具書中都沒有收入。只有在《康熙字典》子集下力部四畫中，收載有這個字：「劤《唐韻》《集韻》並音居焮切斤去聲。」字義解釋從《埤蒼》：「多力也。」又力部七畫「勁《唐韻》居正切，《正韻》居慶切並音頸去聲。」字義解釋依《說文》：「強也，從力巠聲，《廣韻》健也，《增韻》堅也，遒也。」

1935 年，李福蔭（集五，1892—1943 年），重新把

---

① 原載《上海武術》2000年第3期。

「老三本」中祖父李啟軒留傳下來已殘缺的一本和伯祖父李亦畬留傳下來的自留本，整理編排成七章二十一節，由堂弟李槐蔭（子固，1903—1956 年）用《李氏太極拳譜》的名稱，在山西太原鉛印出版；1936 年，李福蔭又恢復了 1933 年在省立永年第十三中學用油印刊印時用過的《廉讓堂太極拳譜》的名稱，在永年用石印刊印行世。在這兩種太極拳譜裡，都把「劤」字改成為「勁」字。

至於「精」字，雖然是陳鑫（品三）早期著作裡的習慣用字，但從 1933 年 4 月，開封開明印書局出版、陳鑫編著的《陳氏太極拳圖說》一書來看，書裡已經把「精」和「勁」字作為意義相同而互相通用的了。如卷首 36 頁（1986 年 1 月上海書局影印本 66 頁）太極拳內精圓圖，右旁有「太極拳仿河圖作纏絲圓勁圖」，下面還有「此圖專主纏絲勁說，因拳中股肱宜用，故推及之」；卷首 39 頁上（影印本 72 頁）人身纏絲正面圖有「渾身俱是纏勁，大約裡纏外纏皆是隨動而發，有左手前右手後，右手前左手後而以一順合者，亦有用反背勁而往背面合者，各因其勢之如何而以自然者運之。其勁皆發於心，內入於骨縫，外達於肌膚，是一股非有幾股勁，即氣之發於心者，得其中正則為中氣，養之即為浩然之氣」一段文字。

卷首 39 頁下（影印本 73 頁）人身纏絲背面圖有「背面頭頂為頂勁」一段文字。

卷首 40 頁上（影印本 74 頁）太極拳纏絲精論有「太極拳纏絲法也。進纏、退纏、左右纏、上下纏、裡外纏、大小纏、順逆纏，而要莫非即引即纏、即進即纏，不能各

是各著，若各是各著，非陰陽互為其根也」一段文字。

這裡，也說明了「精」字和「勁」字除音義可以互相通用外，有時還可以用作方法來解釋。

至於 1935 年 10 月，南京仁聲印書局出版、陳績甫（照丕，1893－1973 年）編著的《陳氏太極拳匯宗》中，所輯入陳鑫的早期作品《太極拳圖畫講義初集》四卷，全集文字中凡是要用「勁」字的地方，的確全部都是用的「精」字。

但根據卷一（46 頁）太極拳纏絲精圓圖有「洛書以五居中，為生數之末，五屬土能生水火木金。故生數以五殿乎一二三四之後，至於六七八九皆成數也。太極拳運動以纏絲起數，自一至九無五則氣斷，氣斷則理不通，惟以五補於其中，則理通而氣（氣，是氣數之氣）順而數自無窒礙矣。故四之下六之上補之以五，使上下相通而纏絲之精（去聲）行矣」一段文字。

卷二（61 頁）太極拳首勢金剛搗碓節解有「計腰精（去聲）下去」一段文字。

卷二（68 頁）二勢攬擦衣引蒙有「故合精（去聲）要得中氣由心發，順其自然者為精，否則為橫氣、為逆氣、為邪氣，與中氣相反（不偏之謂中）」一段文字。

「精」字讀去聲，這也是民國初年一直到新中國成立至今，所有出版過的工具書中所沒有收入的。

《康熙字典》未集上米部八畫「精」字的最後，載有「《廣韻》子姓切，《集韻》子正切並音婧」，字義解釋：「強也。」

又《康熙字典》丑集下女部八畫，「婧《集韻》子正切音精去聲」，字義解釋一曰「婧婧健貌」。

加上《陳氏太極拳匯宗》中，在陳鑫《太極拳圖畫講義初集拳譜》的前面，有陳績甫編寫的《太極拳學入門七十四勢運動總解》1～35頁。統計一下，在全篇的文字中，共動用了14個「勁」字，計：腰勁6個，合住勁1個，襠勁3個，全體勁1個，縮勁2個，右足跟用勁1個。惟獨一個也沒有用上「精」字。

因而可以認為：李氏、陳氏的後人，把「　」字、「精」（去聲）字都改寫成為統一的「勁」字，是有它的積極意義的，是合乎文字改革通俗、簡化、統一的時代需要的。

四家楊式太極拳著作中 關於散手接勁論述的評解①

太極拳散手中的接勁，和其他拳種散打中的接手不同。它必須先要進身或閃身迎上，伸手輕輕黏住對方的來手或臂身，聽準確對方勁力將要出來的動向，然後順對方之動勢，或進或退以假借對方勁力，而後再給以制裁的。所以，在太極拳術語中，把它稱之為「接勁」而不稱為「接手」。

陳微明在1929年上海中華書局出版的《太極答問》「太極拳之散手」篇中說：「太極拳散手之變化，均由聽

① 原載《上海武術》1998年第3期，《太極》雙月刊1999年第2期。

勁而來，能聽勁則散手方能用之而適當。若不黏住敵人，不知聽勁，則用散手亦猶外家（功）拳之格打，未必著著適當也。」

又說，「太極拳之散手，與他種拳術之散手不同。太極拳之散手，是由黏住聽勁而出；他種拳術之散手，是離開而各施其手腳，遠則彼此不相及，近身則互相抱扭，仍有力者勝焉。」「太極聽勁，全是知彼功夫，能黏住敵人，彼不動我不動，彼微動我先動，彼不會聽勁，一動即跌出矣。若太極拳聽勁功夫尚不能到（家），不能黏住敵人，則不必與人動手可也。」

在「太極拳之勁」篇則有「問：何為黏勁？答：黏住敵人之臂，或輕黏或重（沉）黏，不使之丟脫，是謂黏勁」。

這裡，《答問》中不僅清楚地告訴了我們，太極拳之散手接勁，和其他拳種的散打接手不同；同時還鄭重地告誡了我們，如果黏接不住對方的來手或臂身，則表明自己的功夫遠遠不及對方，就應該有自知之明，不必再和對方動手下去了，否則必敗無疑。

在《答問》「太極拳之勁」篇中，還有「問：何為借勁？答：敵若前推，則借其前推之力而採之；敵若後扯，則借其後扯之力而放之。左右上下皆然，是謂借勁。」「問：何為截勁？答：敵若用拳來擊，不及變化，則用截黏，截勁者即碰勁也。一碰即跌出，此非功夫深者不能也。」「問：用截勁有定時否？答：用截勁最要時之恰當，差之秒忽，則機會錯過，大抵彼勁將發未發、將展未展之時，用截勁最好。」

　　讀到這「黏」，可以知道，在《答問》一書中，是把黏勁、借勁、截勁分別給以解釋和說明的。

　　1936 年，上海民光印務所出版的國術統一月刊社叢書——改革號上，有黃元秀（文叔 1884—1964 年）寫的《楊家太極拳各藝要義》《武術偶談》二文。在《武術偶談》「練勁篇・太極拳勁之種類，二、剛勁」節中則說：「剛勁有名斷勁，又稱捌（烈）勁，其名不同，其法則一，其性激烈，發時如炮彈爆炸。譜上云『運勁如百煉鋼，無堅不摧』『靜如山岳，動如江河』『蓄勁如開弓，發勁如放箭』『曲中求直，蓄而後發』『發勁須沉著鬆淨，專主一方』等語，皆指剛勁之法，其效用是將敵人掃蕩無餘。練此勁時，注意在猛而長，若發勁短促，雖剛烈亦無多效用也。」

　　在「三、接勁」一節中說：「接勁又名借勁，其勁中包含聽勁、化勁、剛勁、柔勁諸法。此勁最難練，是為最後功夫，敵勁到我勁亦到，譜上云『彼微動，我先動』；換言之，敵勁之到我身，我即化其勁而發之。總之，我接敵之勁，借敵之勁而發之。其方法是在一圓圈，敵勁到身時，起一極小圓圈而發之，此圓圈非目力所能見，非初學者所能知，非到微妙程途（度）不能領會。語云『可以意會，不可以言傳也』，譜云『得機得勢』，又云『將物掀起，加以挫之，其根自斷』，歌曰『引進落空合即出，牽動四兩撥千斤』『妙處全憑能借力，無窮變化詢非誇』等，省言接勁要領，此中方法須面受（授），又須熟練，非筆墨所能盡也。」

從上面這些文字論述裡可以知道，黃氏是以截勁為剛勁、為斷勁，而以接勁為借勁了。

陳炎林在 1949 年上海國光書局線裝合訂出版的《太極拳刀劍杆散手合編》卷二（論勁）篇「借勁」節中則說：「借勁為太極拳中奧妙而上乘之勁，非藝高者不能應用。因借勁之發人，無引無拿，其間僅含有少些化勁耳。隨到隨發，不假思慮，其速猶如風馳電掣，乘人之勢，借人之力，高來高往，低臨低去，無須覓其焦點背勢，能使敵不知不覺而出。

「其尤奇者，敵來亦去，敵不來亦往，來勢愈大，則被擊之勁愈猛，打手歌中所謂『牽動四兩撥千斤』者，即借勁之謂也。

「能借勁則力小可挫力大，弱者可攻強者。倘更能善於此道，則人之任何部分皆可借之，而己之任何部分咸可發之。惟發人時必須腰腿一致，沉肩垂肘，含胸拔背，尾閭中正，以意氣發出。尤須顧及時間，不可或早或遲，早則敵勁未出，何由假借；遲則己身已中，無能為矣。最恰當之時間為敵勁將出猶未全出，或將到而未全到之際，在斯一剎那間發之，方為有效。猶如人之入室，一足正將踏入而門忽閉，人即無從進入而反被門叩出；又若人之說話，正待開口發音時即掩之，口被掩掃，氣阻音塞，無言矣。由此可知借勁之學習，實非易事，倘能運用自如，是謂太極拳之上乘者。」

在「截勁」節中則說：「截勁一名剛勁，用之於手、臂、肘、肩、腰、胯、膝、腿、足。其運用全在引人落

空，將知而（知其將）不能變化之際，隨即對其中心發之。故其勢速而促，被擊之人，跌勢甚猛。發時應虛靈頂勁，含胸拔背，沉肩垂肘，尾閭中正，斂氣凝神，用腰腿勁加以意氣，眼神注視對方，即對方已倒亦然。此勁發出，有弧線形及直線形兩種，隨勢應用，初學者欲用之得法，固非易事。」

讀到這裡可以知道，《合編》編著者又是以截勁為借勁，而以發勁、放勁為截勁了。惟其用閉門及掩口二例來比喻截勁，倒也非常恰當，因其間固然有時間、空間差同時存在也。

鄭曼青的《鄭子太極拳十三篇》（以下簡稱《十三篇》）卷下「散手」節中說：「能接勁，便是懂勁之極致，功候至此，餘勁皆可勿論矣。

「接勁者，若如對方以球擊我，稍一頂撞或截碰，皆彈出矣，此皆撞勁非接勁也。球體輕易於撞出，譬如球體重數百斤，亦能一撞而彈出乎？所以撞勁非法，必須球來似能吸住而復擲出，乃接勁。緩速輕重皆能如法，則黏、提、聽、放已在其中，含吞、吐之意於霎那間，其勁正在分寸之際，庶乎階及神明矣，散手又復何論。我故曰太極拳之所以過人者，無他，惟有一接勁而已。」

讀到這裡，也就可以知道，《十三篇》中說的「接勁」，實質上就是「截勁」了。「球來似能吸住而復擲出」「含吞、吐之意於霎那間，其勁正在分寸之際」，也就是要恰到好處地來個時空差的緩衝，以假借對方過來的勁力。

人體固然不是剛體，而撞勁也就是碰勁，所以《答問》中說的「截勁者即碰勁也」並沒有說錯。恰恰是接勁不一定都可以應用截勁，對方虛晃一手，你不進身去黏接聽勁，而卻主觀地直接用截勁去碰接，豈不正中對方的圈套？

所以太極拳散手的接勁，還是要黏接好後聽準確對方勁力出來的動向，順勢借力而為，不能想當然地、事先主觀地想定好用什麼勁別就能給你用上什麼勁別的。

綜合上面所列舉的四家楊式太極拳著作中，關於太極拳散手接勁的論述來看，講得既系統而又全面的，還要推陳微明先生在《太極答問》中說的為最了。無愧為當時有「楊門四軒」[1] 之一的稱號。

拳人史話

關於楊氏太極長拳[2]

楊氏太極長拳，也稱藏拳，以其藏而不露，所以補太極拳架之不足也。

陳微明先生早在 1928 年上海中華書局出版的《太極

---

① 　20世紀30年代，寧、滬、杭、甬地區，對於太極拳家牛春明（字靜軒，後作鏡軒）、陳微明（字慎軒，後作慎先）、田兆麟（字紹軒，後作紹先）、李雅軒（名椿年），四位楊氏弟子稱之為「楊門四軒」。

② 　原載《上海武術》1998年第4期。

劍》第 18 頁後（彙編 142 頁）載有太極長拳。他在序言中寫道：

「澄甫先生傳余太極長拳，其中有數式為太極拳內所無者，其餘大概相同，惟轉換之處，前後略變易耳。所以表示太極拳無定法，亦無定形。太極拳及長拳，掤、攦、擠、按、採、挒、肘七種勁均含在內，惟缺一靠勁。餘欲以大之靠勁加入拳內，思索數年，不得其連貫轉接之法。今於無意中忽然得之，相連之處竟如天衣無縫，竊自欣喜。又以太極拳之有左式而無右式者，有右式而無左式者，均為加入。又見河南陳家所傳太極名為舊派者，其倒輦猴如摟膝拗步左右退行轉身極為輕靈，亦加入，名為退步摟膝，共約 108 式，取澄甫先生所傳長拳而擴大之，不敢言有所發明，然於太極之意有增多而無減少，有變換而無雷同，或者可為學者研究之一助焉。」

經查核，楊澄甫先生所傳太極長拳連起勢共 6 式，而陳微明先生增加之太極長拳，名目雖取整數約 108 式，然如將其重複之左右式勢，如左右摟膝、左右野馬分鬃、左右蹬腳、左右金雞獨立等，再細而分別列出，則式勢名目，又何止 108。1997 年 9 月，人民體育出版社出版，林炳堯先生編著的《楊式太極拳詳解》，在附錄（太極長拳細目）中，就把它分成了五節 106 式。

然而正是因為這個 108 式，卻引起了被人譽稱為「博雅」的武術考證家唐豪（1897—1959 年）的興趣，就在這個 108 式上，大做其扶陳抑楊的所謂考證文章。

1936 年，山西省洪洞縣榮儀堂（書局），石印了樊

一魁編著的《忠義拳圖稿本》，在該書的卷一，有逐勢繪圖的 108 式《通背拳圖譜》。樊一魁在序言中說，「此拳乃河南郭永福所傳」「郭在少林寺曾受藝」「郭在乾隆年間保鏢來洪，在洪羈留多年，傳藝於賀家莊賀懷璧，後留傳南北」。20 世紀 50 年代時，洪洞縣高公村一帶，還有人會練這套 108 式的通背拳。從《中華武術》1992 年第 9、10、11 期（總第 104、105、106 期）上張從儉提供的《洪洞通背拳》的內容來勘核，可以證明這確屬事實。

由於陳家溝在三省堂本《拳械譜》中的《長拳歌》，兩儀堂本《拳械叢集》中的《拳勢總歌》，文修堂本《拳械譜》中的《拳勢總歌一百單八勢》以及陳子明編印《拳械彙編》中的《長拳歌》等歌訣，和《通背新圖譜》中的 108 式通背拳歌訣，在文字上除了個別詞句稍有出入以外，其餘的大致相同。因而，唐豪就下了個陳家溝在「陳長興、陳有本時已經不傳的 108 式，在乾隆年間由河南鏢師郭永福傳入山西洪洞縣賀家莊，改名為通背拳」，並且陳家溝陳氏（至少是陳長興、陳有本前一代的）某人於「1791 年及其後」傳與王宗岳，而陳家溝陳氏自家卻不傳，這樣荒誕無稽，不能自圓其說的所謂考證論斷。把太極拳的發展歷史，從 20 世紀 30 年代開始，搞混長達半個多世紀。

1994 年 10 月，北京體育大學出版社出版了孫南馨先生（1925—1996 年）編著的《楊式太極長拳》，孫在前言中寫道：「筆者是在 20 世紀 60 年代經喻潤川先生指教學得此拳的，喻潤川先生是在 20 世紀 30 年代，受楊澄甫

先生的高足崔毅士先生（1890—1970 年）親授。」

　　經查核，孫書介紹的楊氏太極長拳，連預備式在內，名目有 123 式之多。除了在起勢後一開始就把陳書所增加的 56 式、98 式兩個「如封似閉」之後的「進步雙按」，提前置放在起勢後的第 3 式，並把許多左右重複式勢名目，都分列開來之外，凡陳書在序言中自稱是陳所增加的，如「退步摟膝」，孫書雖然仍把它放置在「金雞獨立」之後的 39 式，卻把名稱改成了「翻身左右摟膝拗步」。又陳書在四個「野馬分鬃」之後增加的 76 式、79 式、82 式、85 式四個式勢的「進步肩靠氣」孫書也都在 90 式、93 式、96 式、99 式中，同樣把它們加了進去。

　　1997 年 10 月 22 日，新加坡永年太極拳學會理事兼聯絡主任謝正力（京華）先生，伴同拳友王黎曼先生、林春河中醫師，三位一起來舍訪問。當他們返回龍門賓館後，謝、王二位特為各寄贈給我 1997 年 8 月人民體育出版社剛出版發行、張楚全先生著的《楊式秘傳 129 式太極長拳》一書。

　　張在前言中寫道：「129 式太極長拳，是一代宗師楊澄甫先生創編的，楊授予其拜門弟子陳月坡。30 年代，陳月坡到上海傳其師弟趙桂恆；我是從趙桂恆先生學的。」

　　經流覽此書一過，書中介紹的太極長拳式勢名目，比孫書的 123 式又多出了 6 個。在起勢之後多了一個「二、太極旋轉」，在 33 式的「右金雞獨立」後把 34 式改成為「左手採、右手捌、左腳踩蹬」的「泰山升氣左式」；在

77 式的「左金雞獨立」後，把 78 式改成為「右手採、左手捌、右腳踩蹬」的「泰山升氣右式」，以求得這兩個式勢在整套拳架中的前後銜接統一和左右平衡協調。而在 61 式「進步雙捶」後的 62 式仍保留了陳書增加的南北西東四個「退步摟膝」，且在 96 式和 102 式的兩個左右「野馬分鬃」後，也還保留著陳書所增加的 97 式和 103 式兩個左右「進步肩靠」中銜接 98 式和 104 式的兩個左右「玉女穿梭」。

從而可以肯定，無論是孫書的 123 式或張書的 129 式，都是在陳微明先生增加過後約數為 108 式的、原來致柔拳社三年畢業課程中列為第二年教學課程內容的增加太極長拳的基礎上，再給以增加改動而修訂成的。並不是在原來楊澄甫所傳授的、連起勢僅 60 式的太極長拳基礎上，增加改動而修訂成的，更不是什麼楊澄甫當年確未傳過他人的秘傳。

下面把楊澄甫先生所授太極長拳式勢名目和陳微明先生增加後的太極長拳式勢名目，抄錄於後，以供研究參考。

楊澄甫先生所授太極長拳式勢名目：一、起勢　二、攬雀尾　三、雲手　四、摟膝拗步　五、琵琶式　六、進步搬攔錘　七、簸箕式　八、十字手　九、抱虎歸山　十、單鞭　十一、提手　十二、肘下錘　十三、摟膝打錘　十四、轉身蹬腳　十五、進步指擋錘　十六、野馬分鬃　十七、進步攬雀尾　十八、單鞭　十九、玉女穿梭　二十、攬雀尾　二十一、轉身野馬分鬃　二十二、轉身單鞭

下勢　二十三、金雞獨立　二十四、倒輦猴頭　二十五、斜飛式　二十六、提手　二十七、白鶴晾翅　二十八、摟膝拗步　二十九、海底珍珠　三十、扇通臂　三十一、撇身錘　三十二、上步搬攔錘　三十三、進步攬雀尾　三十四、單鞭　三十五、雲手　三十六、單鞭　三十七、高探馬　三十八、左右蹬腳　三十九、轉身蹬腳　四十、左右摟膝　四十一、雙叉手　四十二、轉身踢腳　四十三、左打虎式　四十四、雙風貫耳　四十五、左蹬腳　四十六、轉身蹬腳　四十七、上步搬攔錘　四十八、上步攬雀尾　四十九、高探馬　五十、十字腿　五十一、上步攬雀尾　五十二、單鞭上勢　五十三、上步七星　五十四、上步跨虎　五十五、轉身擺蓮　五十六、彎弓射雁　五十七、上步搬攔錘　五十八、簸箕式　五十九、十字手　六十、合太極

　　陳微明先生增加後的太極長拳式勢名目：一、太極起勢　二、動步攬雀尾　三、雲手　四、摟膝拗步　五、左琵琶　六、換步摟膝　七、左琵琶　八、換步摟膝　九、右琵琶　十、進步搬攔錘　十一、簸箕式　十二、雙托掌　十三、十字手　十四、抱虎歸山　十五、肘下通臂錘　十六、左歸山　十七、肘下錘　十八、猴頂雲　十九、摟膝打錘　二十、轉身蹬腳　二十一、進步指擋錘　二十二、野馬分鬃　二十三、動步攬雀尾　二十四、單鞭　二十五、玉女穿梭　二十六、轉身野馬分鬃　二十七、轉身單鞭下勢　二十八、金雞獨立　二十九、退步摟膝　三十、斜飛式　三十一、提手　三十二、白鶴晾翅　三十

三、摟膝拗步　三十四、海底珍珠　三十五、扇通臂　三十六、撇身錘　三十七、上步搬攔錘　三十八、動步攬雀尾　三十九、單鞭　四十、雲手　四十一、單鞭　四十二、高探馬　四十三、左右蹬腳　四十四、轉身蹬腳　四十五、換步摟膝　四十六、換步載錘　四十七、雙叉手　四十八、翻身二起腳　四十九、披身伏虎式　五十、回身蹬腳　五十一、雙風貫耳　五十二、右蹬腳　五十三、轉身左蹬腳　五十四、換步搬攔錘　五十五、如封似閉　五十六、進步雙按　五十七、右單鞭　五十八、右雲手　五十九、右單鞭下勢　六十、金雞獨立　六十一、倒輦猴　六十二、左斜飛　六十三、左提手　六十四、左晾翅　六十五、左摟膝　六十六、海底針　六十七、右通臂　六十八、撇身錘　六十九、進步搬攔錘　七十、簸箕式　七十一、雙托掌　七十二、十字手　七十三、左抱虎歸山　七十四、右單鞭　七十五、野馬分鬃　七十六、進步肩靠　七十七、玉女穿梭　七十八、野馬分鬃　七十九、進步肩靠　八十、玉女穿梭　八十一、野馬分鬃　八十二、進步肩靠　八十三、玉女穿梭　八十四、野馬分鬃　八十五、進步肩靠　八十六、玉女穿梭　八十七、左右風輪　八十八、動步攬雀尾　八十九、單鞭　九十、雲手　九十一、高探馬　九十二、十字腿　九十三、左右摟膝打錘　九十四、左琵琶　九十五、彎弓射雁　九十六、進步搬攔錘　九十七、如封似閉　九十八、進步雙按　九十九、左單鞭下勢　一〇〇、七星腳　一〇一、退步踢腳　一〇二、轉身擺蓮　一〇三、彎弓射虎　一〇四、上步搬攔錘　一〇

五、簸箕式　一○六、雙托掌　一○七、十字手　一○
八、合太極

太極拳在上海[1]

太極拳在上海的傳入和發展，只不過是 20 世紀 20 年
代的事。

孫式太極拳

1918—1919 年間，孫祿堂（1861—1932 年）的小兒
子孫務滋在太倉中學擔任國術教師時，課餘時間還應孟德
蘭路（今江陰路）陳夔龍[2] 的聘請，兼做了陳家教內功拳
[3] 的家庭教師。那時，正好北山西路界路（今山西北路天
目山東路）埭隆里成立了一個上海武技研究會[4]。孫務滋
來去陳家和學校時，經常彎到該會歇息，因而該會的教師

---

①　原載《中國太極拳》1996年第4期。

②　陳夔龍：字筱石。清光緒丙戌（1886年）進士，歷任
河南巡撫、江蘇巡撫、直隸總督及北洋大臣等職。著有《夢蕉
亭雜記》。這樣一位遜清遺老，晚年能堅守民族大義：清帝復
辟及偽滿成立，曾屢有「徵招」，均託病不赴，隱居上海以明
志，吟詩寫字以自遣。所以在抗戰勝利後的上海，每出席公眾
場合，都能受到尊敬。1948年8月17日逝於上海，享年92歲。

③　原內功拳：指太極拳、形意拳、八卦掌一類。

④　上海武技研究會：由張其煌、周紫珊創辦，教師有劉
景閣、蕭格清、褚桂亭、高振東等，教授內容以形意拳為主，
兼及八卦掌、孫式太極拳。

和學員等，有機會向孫務滋學得孫式太極拳。

1919—1920 年間，孫祿堂的次子孫存周（1893—1963 年），在應杭州友人施承志⑤

孫存周寄給金仁霖的信件

的聘請去杭州教授內功拳時，每月必來上海耽擱半個月，住在成都路白克路（今成都北路鳳陽路）三多里。和師兄吳得波研究太極拳，並代其父親教授滬甯鐵路職工⑥內功拳。這是孫式太極拳傳入上海的時間，也是各流派太極拳傳入上海的開始。

新中國成立以後，孫式太極拳只有在復興公園孫祿堂的再傳弟子王禧奎處有所傳授。20 世紀 60 年代初期，上海體育宮曾設想開辦孫式太極拳學習班，終因師資問題不能解決而作罷。

楊式太極拳

1925 年 5 月，陳微明從杭州來到上海，和陳志進二人在七浦路北江西路（今江西北路）周紫珊家後門，創辦了致柔拳社，後遷北西藏路（今西藏北路）寧波同鄉會。教

---

⑤ 施承志：當時是浙江北伐軍第二十五軍第二師第八團團長。

⑥ 滬甯鐵路職工：有章乃器、支燮堂、周錫琛等。

授內容以楊式大架太極拳、劍、杆和推手為主，另外也兼教孫式內功拳中的八卦掌和形意拳。是為楊式大架太極拳在上海公開教授的開始。

1926 年 11 月，葉大密老師在薩布賽路望志路（今淡水路興業路）205 弄南永吉里 19 號寓所，創辦了武當太極拳社（當時屬法租界），和致柔拳社（當時屬英租界）一南一北，遙相呼應，教的是統一的楊式大架太極拳。而「太極拳社」這個專業性明確的武術團體名稱，也是從武當太極拳社開始的。

1928 年，楊少侯、楊澄甫兄弟先後來到南京。葉大密老師就趕到南京，向楊氏兄弟學習太極拳、刀、劍、杆和推手。當時，武匯川、褚桂亭等人也隨從楊澄甫老師在南京。由於中央國術館安置不下這麼多人，楊澄甫老師就托葉老師把武匯川、褚桂亭以及武匯川的學生張玉三人，帶到上海來另行謀生。先是三人都住在葉老師家，武、褚二人幫助葉老師在武當太極拳社授課。然後再由葉老師分別介紹到幾家公館裡去教太極拳。半年以後，武匯川在霞飛路（今淮海中路）和合坊創辦了匯川太極拳社，後遷蒲石路貝禘鏖路（今長樂路成都南路）。褚桂亭則除了在幾家公館教拳以外，也曾在匯川太極拳社協助武老師授課，後來被南京總統府聘去為國術教官。

1929 年，楊澄甫帶了學生董英傑從南京來到上海，起初住在聖母院路巨籟達路（今瑞金一路巨鹿路）的聖達裡，後來才遷居到福煦路（今延安中路）的安樂村。他們師徒倆雖然沒有公開設館教拳，但私人前來延聘受教的人

數極多。

1940 年 7 月，陳微明的學生陳鐸明在法國花園（今復興公園）建造了一個凹字形長亭，成立了誠社，在園內教授太極拳。1944 年 10 月，傅鍾文在武昌路魯關路 31 弄 14 號寓所，成立了永年太極拳社，吸收社員教授太極拳。因之，楊式大架太極拳得以廣泛地流行於上海。

至於田兆麟老師，雖然早在 1917 年就從北京來到江南，由於他長時間居住在杭州，故直到 1938 年抗日戰爭全面爆發，才率領全家遷居上海。先住在巨籟達路（今巨鹿路）盧山公寓，1947 年才遷居巨鹿路 221 號寓所。

田老師來上海後，最早在白克路（今鳳陽路）登賢里教董柏臣、金明淵、龔錫源等人太極拳。隨後，在寧波路錢江會館教沈容培等、在申新九廠教王金聲等、在新聞報館教吳蔭章等，以及在南市珠寶公所設館教授太極拳。

新中國成立初期，田老師除了在工商經濟研究會教滕克勤等人太極拳外，並在外灘公園開班教授太極拳。淮海公園改建工程完成開放後，田老師就專門在外灘（星期一、三、五）、淮海（星期二、四、六）兩公園開班教授太極拳，直到 1959 年 2 月 6 日去世。因此，楊式中架太極拳在上海的開展情況，遠不及楊式大架來得普遍廣泛。

「文革」中，唯一未受影響的是濮冰如大姊。她一貫堅持業餘義務教授太極拳。1973 年從學校退休後，先後在楊浦體育場、楊浦公園、同濟大學、龍華飛機場、上海跳水池、徐匯區財政局、徐匯區體委等處，舉辦太極拳訓練班，義務教授太極拳。

1979 年，去南寧參加全國武術觀摩交流大會，獲得一等獎。回到上海後，正忙於做出國訪問準備工作，終因勞累過度患了腦血栓，致使左手右腳失去運動功能。即使這樣，她還不忘其宿好，仍陸續為徐匯區武協出謀獻策，為促進太極拳事業的蓬勃發展，做了不少好事。

「文革」結束後不久，傅鍾文也重新開始在工人體育場、同濟大學、化工學院、體育宮、閘北公園等處教授太極拳。改革開放以來，他又被請回到上海武術隊任顧問。他不顧年邁，還先後應邀到徐州、常州、無錫、杭州、寧波、泉州、開封、鄭州、西安等地講課和教拳。還被邀請到日本、義大利、澳洲等國傳藝，鞠躬盡瘁，直到 1994 年 9 月 24 日逝世。

1988 年 5 月，「致柔拳社」復社，推選出名譽社長顧留馨、社長林炳堯、常務副社長劉文清、副社長朱光熾、何炳泉等。

1992 年 10 月，華東師範大學出版社重新出版了陳微明編著的《太極拳術》，由於原來的銅版照片已模糊不清，由現任社長林炳堯重新拍攝了全部拳照，並在書後寫了《跟隨陳微明先生學拳》和《初學太極拳十三字訣》兩篇文章，對正在學習太極拳和愛好太極拳的人來說，無疑是很有幫助的。

吳式太極拳

1925 年，吳鑒泉（1870—1942 年）的大女兒吳英華，由北京達仁堂樂家的介紹，來上海北四川路施高塔路

（今四川北路山陰路）德商西門子洋行華人經理管子菁家，教授管子菁及其家族太極拳，但時間不長，半年左右就回了北京。

1927年，徐致一（1892—1968年）從北京回到上海，在水泥公司工作。是年9月，文華圖書印刷公司出版了由他撰著的《太極拳淺說》。入冬，應北四川路（今四川北路）橫浜橋精武體育會的聘請，擔任該會的太極拳教師，業餘教授太極拳。受薪僅3個月，即卻酬改為義務教授。1930年，徐致一離開水泥公司。之後，他一直在工商界工作，沒有再當過太極拳教師。

新中國成立以後，徐致一在上海市輕工業局工作，直到退休。1958年7月，人民體育出版社出版了由他編著的《太極拳（吳鑒泉式）》，至1946年8月第五次印刷時，經他自己重新修改和補充後改名為《吳式太極拳》。

1928年，吳鑒泉應時任上海九福公司經理的黃楚九[7]聘請，帶了學生金玉琦、葛馨吾等，從北京來到上海。除了擔任上海市國術館的武當門主任和精武體育會的太極拳教師外，其他私人來聘請受教的人也很多。九福公司當時還特地為吳鑒泉出版了《健康指南》一書，刊載了吳鑒泉

---

[7] 黃楚九：字蹉玖，1921年開設上海最早一家遊樂場——樓外樓。1915年和英國洋行中國營業公司買辦、大地皮（地產）掮客經潤三合夥創辦了「新世界」。1917年初，在法國領事甘司東支持下，破土動工「大世界」，七月開幕。1931年一‧二八事變發生，他因所開設的日夜銀行破產倒閉而自殺。

的全套太極拳照。

1929 年，馬岳梁從北京來上海紅十字總醫院工作，業餘時間協助其岳父吳鑑泉在市國術館教授太極拳，並於 1931 年在威海衛路（今威海路）中社，創辦了鑑泉太極拳社。1935 年春，該社遷到福煦路（今延安中路）慈惠南裡。抗日戰爭爆發後，又遷到八仙橋青年會十樓。

1935 年，吳鑑泉的外甥趙壽邨從蘇州來到上海，專門從事太極拳的教授工作。

1942 年，吳鑑泉師母收的學生張達泉，因馬岳梁的介紹來到上海新星製藥廠工作，業餘也教授太極拳。

從此，吳式太極拳也就逐漸流行於上海。

1980 年 11 月，鑑泉太極拳社復社，吳英華任社長，馬岳梁任副社長。

1986 年，馬岳梁應邀前往西德、荷蘭、新西蘭等國訪問。現今，聯邦德國辦有鑑泉太極拳學校，由馬岳梁任校長，其子馬江豹任教練。

新中國成立前，馬岳梁和其師兄陳振民編著了《吳鑑泉氏的太極拳》。由百宋鑄字印刷局出版；新中國成立後，馬岳梁和吳英華撰有《吳式太極拳評解》《吳氏精簡太極拳》《吳式推手》等著作。

陳式太極拳

1930 年春，河南溫縣陳家溝陳旭初（俊之）之子陳子明，應江子誠的聘請來上海擔任了兩年上海太極拳學社[8]的教師，教授陳式太極拳，陳式太極拳也就開始傳入上

海。此後數十年間，陳式太極拳的公開教授，幾乎瀕臨無人以繼。

20 世紀 60 年代初，顧留馨（1908—1990 年）任上海市體育宮主任，極力主張恢復太極拳的本來面目，開辦了各式太極拳學習班。1961 年，顧留馨請來了陳發科（1888—1957 年）的小兒子陳照奎（1928—1981 年），擔任體育宮陳式太極拳學習班的教師，教授陳式太極拳。

顧留馨和沈家楨（1891—1972 年）合編了《陳式太極拳》一書，1963 年 12 月由人民體育出版社出版。理論上吸取了王宗岳、武禹襄、李亦畬、楊澄甫、孫祿堂諸家可以借鑒部分的內容；練架子的方法和推手的內容，也逐漸向楊、吳兩家靠攏。陳式太極拳在上海，又重新得以興旺發達起來。

1983 年 7 月 11 日，上海陳式太極拳協會成立，會長由萬文德擔任，副會長有：潘錦生、吳本宏、金永法、馮逸民、劉福浩等。

武式太極拳

1932 年秋，郝為真（1849—1920 年）的次子郝月如（1877—1935 年），因徐哲東（1898—1967 年）、張士一的介紹來新亞製藥廠教授經理許冠群及其家屬、職工等太極拳，未及半年就回南京。

1933 年春，郝月如的兒子郝少如（1908—1983 年）

---

⑧ 上海太極拳學社：1930年由江子誠、黃金榮創辦。兩周年後停辦。

由吳上千介紹來上海，教授當時私立上海中學師生太極
拳，並代替其父在新亞製藥廠繼續教拳。之後，郝少如成
為新亞製藥廠職工，授拳便成為他的業餘生涯。

1948 年，徐哲東來上海任常州旅滬中學校長，執教
於滬光大學、震旦大學。課餘，也竭力提倡太極拳。

1961 年 4 月 24 日，郝少如開始在體育宮武式太極拳
學習班授課。

1963 年 6 月，人民體育出版社出版了郝少如編著的
《武式太極拳》。武式太極拳也就在上海得以流行並發展。

1983 年 1 月 5 日，郝少如老師去世。他的弟子們在
1989 年 6 月成立了武式太極拳研究會，推選出名譽會長顧
留馨，會長浦公達，副會長黃士亨、卞錦祺、屠彭年等。
會員劉積順、王慕吟等不但把武式太極拳介入到上海精武
體育會，還陸續向歐洲傳播。

1994 年 8 月至 11 月，王慕吟應瑞典太極拳愛好者的
邀請，前往斯德哥爾摩等城市授藝，近來又繼續應邀赴歐。

我所知道的《太極拳使用法》和《太極拳體用全書》的編寫經過[①]
——為《太極拳體用全書》正名

1929 年，楊澄甫老師帶了眷屬和學生董英傑老師

---

① 　原載《上海武術》2000年第2期，臺灣《太極學報》
（季刊）2000年7月31日第22期。

（1888—1961 年），從南京來到上海。那時，楊澄甫老師還住在聖母院路、巨籟達路（今瑞金一路、巨鹿路）的聖達里。

一天，楊澄甫老師拿了《太極拳使用法》裡的拳架、推手、大、使用法、對杆等照片和部分初稿，以及家傳《老譜》（即三十二目，實有四十目）等資料，來到望志路、薩布賽路（今興業路、淡水路）南永吉里 19 號武當太極拳社，交給社長葉大密老師，要葉老師為他整理訂正好《使用法》草稿、圖照等，準備出版。

由於當時葉老師白天忙於醫療業務，晚上又要在社裡教授太極拳，因而耽擱了一段時間沒有動筆。同年不久，楊澄甫老師又受聘於杭州國術館任教務長。在他未去杭州之前，葉老師就推薦當時正擔任愛國女中校長的社員季融五老先生，和楊澄甫老師同去杭州，一邊聆教，一邊詳加修改，希望這本書能夠留傳於後世，不得不鄭重其事。

可惜楊澄甫老師出版之心甚急，未蒙採納，匆匆將照片、原稿等資料，交董英傑老師整理一遍後，送文光印務館排印出版。1931 年 1 月，由神州國光社發行出售。由於書中文言、白話、俚言、俗語混雜，很不協調，圖解說明錯漏又多，出書不久，楊澄甫老師即命印務館將原版毀去，發行社將存書收回。

1936 年 5 月，上海武術學會出版唐豪編著的《王宗岳太極拳經・陰符槍譜》，在40頁《關於太極拳經》篇六，「十三勢名目的說明與研究」節中，有這樣的一段文字記載：「楊澄甫《太極拳使用法》出版後，交神州國光社發

行。因為內容太質而不文，例如：書中（147頁）『有說一力強十會』之下注『有禮』二字；（148頁）『我說一巧破千斤』之下注『不錯』二字。這都是江湖套語，號稱能文章的楊氏弟子，看見了覺得面子上有些那個，反對將該書出售。所以，不久即行收回，現已不易購得。」

　　所以，在《使用法》這件事情發生之後的一段時間裡，楊澄甫老師心裡總是對葉老師抱有歉疚不安之意。1932年2月10日，正是農曆壬申年大年初五，楊澄甫老師趁去葉老師家回拜之便，就帶送給葉老師一張署有上下款的署名照片。楊澄甫老師送人照片，大多數是不署名的。

　　接著，楊澄甫老師又把《太極拳體用全書第一集》的編寫定稿任務交給了鄭曼青先生。

　　原來，鄭曼青先生在1926年患開放性肺結核，是由濮冰如（1907—1997年）大姐的父親濮秋丞（文波）老先生的介紹，到葉大密老師診所，用婆羅門導引推拿法治療，並結合參加武當太極拳社習練太極拳而得以治癒的。當時，先後被葉老師治癒晚期肺結核病的，還有致柔拳社第三屆畢業學員周孝芬女士。周孝芬女士在病癒後即向葉大密老師學習武當對劍，因而和濮冰如大姐齊名於上海。

　　在楊澄甫老師來到上海定居後，葉大密老師又由濮秋丞老先生的介紹，先後把濮冰如大姐和其弟弟、鄭曼青先生、黃景華醫師，以及張園主人張叔和的子女和眷屬，全部都投拜在楊澄甫老師門下，以保障楊澄甫老師在上海生活上的安定。

　　因而，鄭曼青先生在1932年開始向楊澄甫老師學太

極拳時，實際上已經在武當太極拳社學了六七年的太極拳了。《太極拳體用全書》的校訂人黃景華醫師也是一樣。

由於鄭曼青先生有了《使用法》的前車之鑒，所以他在改定《體用全書》的稿子時，真是小心翼翼，惟恐有失。因而拳架動作、用法說明等，基本上是依照了《使用法》裡的文字，糾正了一些錯漏，理順了一些語句和內容，並沒有做任意的變動。

下面想就 1999 年第 5 期（總第 18 期）《太極》上，陳龍驤先生披露的《李雅軒先生對〈太極拳體用全書〉的眉批》一文中值得斟酌的部分問題，和太極拳愛好者共同研討，以正《太極拳體用全書》之名。

例言部分

【原文】

一、太極拳要點，凡十有三，曰沉肩垂肘、含胸拔背、氣沉丹田、虛靈頂勁、鬆腰胯、分虛實、上下相隨、同（用）意不用力、內外相合、意氣相連、動中求靜、動靜合一、式式均勻，此十三點，凡一動作，皆要注意，不可無一式中而無此十三（要）點之觀念，缺一不可，學者希留意參合也。

【眉批】

老論中無含胸拔背之說，只有虛靈頂勁，氣沉丹田。亦無鬆肩垂肘之說，蓋氣沉丹田則一身鬆舒，含胸拔背、鬆肩垂肘自然有之。若單注意去做含胸拔背、鬆肩垂肘恐與身心舒適有礙，學者不可不慎。尤不可專注意此十三

點。只需注意一身鬆舒、虛靈頂勁、氣沉丹田，則十二點自然有之，而且來得自然，否則必致勉強做出，與自然大有妨礙也。

【筆者認為】

眉批這樣的寫法，顯得作批者有點過於自信，而且缺少調查研究了。這裡暫且假設它為：還是在20世紀50年代初，得書不久的事。不應該的卻是在1986年8月，重慶出版社出版，張義敬先生編著的《太極拳理傳真》第21頁《拳理傳真》篇雅軒老師書信摘錄節中刊載的，摘自1964年11月20日信中寫的那段文字「含胸拔背這句話，老論上沒有。這是形意拳、八卦掌上的規矩。因為陳微明早先跟孫祿堂練過一段時間的形意拳，後來才跟楊老師學太極拳。陳著的太極拳書上，有太極拳十要，把老論上的一些話，反正地說了一些，又添了這句含胸拔背。以後練太極拳的人，以為這句話與太極拳也無妨礙，作書的也就將這句話沿用了，從此就成了練太極拳的規矩了。其實，不是那回事，所以我今告訴你們，對這句話不要過分強調，如強調了，就脫離了自然。」

很明顯，這是針對陳微明老師的著作而說的了，而那時陳微明老師已經去世6周年了。其實陳微明老師在1925年上海中華書局初版、1933年再版的《太極拳術》第5頁，《太極拳術十要》篇的篇名下，就是清清楚楚地寫著楊澄甫口授、陳微明筆述的。何況，《十要》裡的「二、含胸拔背」「五、鬆肩垂肘」這兩個要點，在《使用法》17頁的身法節裡，同樣也都開列著，只是把「沉肩」寫

成「鬆肩」罷了。

如果一定再要尋根追源，那就得一直追溯到清光緒七年（辛巳，1881），李亦畬（經綸，1832—1892 年）親筆抄寫的三本《太極拳譜》：贈給其弟李啟軒（承綸）一本，贈給學生郝為真（和）一本，自己留一本，通稱為「老三本」的《太極拳譜》了。

1935 年，李福蔭（集五）根據已經殘缺的、祖父李啟軒留傳下來的一本，和伯祖父李亦畬留傳下來的一本，這兩本《太極拳譜》重新整理編排，共成七章，計二十一節。由堂弟李槐蔭（子固，1903—1956 年）、李棠蔭（化南，1910—1948 年）二人，寫好了刊印緣起後，由李槐蔭以《李氏太極拳譜》的名稱，在山西太原鉛印出版。

1936 年，李福蔭又重新取用了 1933 年在省立十三中學油印刊行的《廉讓堂太極拳譜》的名稱，用石印版刊印行世。

1937 年 4 月，南京正中書局出版了徐哲東（震）先生編著的《太極拳考信錄》，在 46～61 頁卷下文徵篇裡，也以《李亦畬手寫武氏太極拳譜》的名稱，全文刊載了李亦畬親筆抄寫、贈給郝為真的郝氏傳藏本。

所不同的是，《李氏廉讓堂譜》中的第二章十三勢架第一節身法八條裡有「鬆肩、沉肘」，而無「騰挪、閃戰」；《考信錄》文徵篇裡刊載的郝氏傳藏本譜中不分章次，在身法節的八條裡有「騰挪、閃戰」，而無「鬆肩、沉肘」。所以，後來有的武氏太極拳學者，索性把兩種傳本的身法節裡所不同的兩條都寫了進去。這樣，身法就有

十條了。如 1999 年 2 月，山西科技出版社出版，姚繼祖老師（1917—1998 年）編著的《武氏太極拳全書》173 頁第八編古典拳論身法節裡就是這樣。

所以，含胸、拔背、鬆肩、沉肘，在王宗岳《太極拳論》裡，雖然沒有，而在武、李兩家留傳下來的《太極拳譜》「身法」這一節裡是有的。不過，後來在楊、吳兩家傳本的輾轉傳抄過程中，都把「鬆肩」寫成了「沉肩」，「沉肘」寫成了「垂肘」罷了。

正文部分

第六節　單鞭（《太極拳體用全書》第 6 頁）

【原文】

由前勢，設敵人從身後來擊，我即將重心移在左腳，右腳尖翹起，向左側轉動坐實，左右手平肩提起，手心向下，一致隨腰，左右往復盪動，以稱轉動之勢，兩手盪至左方時，乃將右手五指合攏，下垂作吊手式，此時左掌暫駐腰間，與吊手相抱，手心朝上右足就原位，向左後轉動翻身向後，左足提起，偏左踏出，屈膝坐實，右腿伸直，同時轉腰，左手向裡，由面前經過，往左伸出一掌，手心朝外，鬆腰胯，向敵之胸部逼去，沉肩、垂肘、坐腕，眼神隨之前往，俱要同一時動作，則敵人未有不應手而倒。

【眉批】

此勢不說往左虛帶對方之來手，亦不說鉤手之往右鉤掛之作用，不知何意？以上不合理之動作，皆出鄭曼青弟之自造，未隨時請教吾師之故也。

對照《太極拳使用法》20 頁練演法第五節單鞭用法「說明」：由前勢，設敵人從我身後來擊，我將右手五指合攏，下垂作吊手式，以稱左手之勢，右足就原地向左轉動，左足提起往前偏左落下，屈膝坐實，右腿伸直，右腳虛，身由右往左進轉，同時左手（心）向裡，由面前經過往左伸，伸至手心朝外時，向彼之胸部臂（劈）去，則敵人必仰身而倒，然鬆肩、垂肘、坐腕，眼神隨往前看，俱要同時合作，自得之。

第七節　提手上式（《太極拳體用全書》第 7 頁）

【原文】

由前勢，設敵人自右側來擊，我即將身由左向右側回轉，左足隨向右側移轉，右足提起向前進步，腳跟點地，腳尖虛懸，全身坐在左腿上，含胸拔背，鬆腰眼前視，同時將兩手互相往裡提合，是為一合勁。右手在前，左手在後，兩手心左右相向，兩腕提至與敵人之肘腕相銜接時，須含蓄其勢，以待敵人之變，或即時將右手心翻向上，用左手掌合於我右腕上擠出亦可，身法步法，與擠亦有相通之處。

【眉批】

此勢只說擠之作用，未說提手之提的作用。又本為左腳實，右腳虛，是一虛回含化之意思，亦未說及。若曰合勁之作用，不當兩腳一虛一實也。此皆是曼青學拳未久，不懂拳意，自己想造而來。

對照《使用法》21 頁練演法第六節提手上式用法「說

明」：由前勢，設敵人自右側來擊，我即將身由左向右側回轉，左足隨向右移轉，右足提（起）向前進步，移至左足前腳跟著地，腳掌虛懸，全身坐在後（左腿）上，胸含背拔、鬆腰、眼前視。同時將兩手互相往裡提合，兩手心側對，右手在前、左手在後，兩手矩（距）離約七八寸許，提至兩腕與敵之肘腕相合時，須含蓄其勢，以待敵人之變動，或即時將右手心翻向上，用左手掌合於我右腕上擠出亦可。其身法、步法各動作，與前擠法略同。

【筆者認為】

此節眉批中提出的「若曰合勁之作用，不當兩腳一虛一實也」，則合勁自然不可能兩腳皆虛，必定是兩腳俱實的了。這個合勁的概念，值得愛好者商榷。

第十節　手揮琵琶式（《太極拳體用全書》第10頁）

【原文】

由前勢，設敵人用右手來擊我胸部，我即含胸，屈右膝坐實。左腳隨稍往後提，腳跟著地，收蓄其氣勢，右手同時往後收合，緣彼腕下繞遇，即以我之腕黏貼彼之腕，隨用右手攏合其腕內部，往右側下採捋之，左手亦同時由左前上收合，以我之掌腕，黏貼彼之肘部做抱琵琶狀，此時能立定重心，左列（挒）右採，蓄我之勢，以觀其變，謂之手揮琵琶也。

【眉批】

此勢明明是往後虛掛以空彼之來勁的作用。今說捋、說挒，顯見我手又抓又提，太不老實，與太極拳之虛靈玄

妙不合，此皆曼青之弄錯耳。

對照《使用法》22頁練演法第九節手揮琵琶式用法「說明」：由前勢分錯之，或兩手心前後側相映如抱琵琶狀，蓄我之勢，以觀其變。

大式圖解

第三節　採　式

【原文】

甲（楊澄甫老師）左採而變為閃，右仍為切截，乙（楊振銘老師，1910－1985年）以左肘折住。

【眉批】

閃字不對，應改為扇字，蓋此勢老師曾說過名扇面掌也。扇、閃同音，定是曼青弄錯也。

對照《使用法》73頁推手法圖解大用法單式圖解圖照（三）的文字說明：「第三節甲（楊澄甫老師）為採閃之圖，甲左手為採（應作截）為切，右手為閃為幌（應作晃）。」則可以知道，《太極拳體用全書》裡楊澄甫老師用的是左手採後變為閃掌的左閃掌，而在《使用法》裡，楊澄甫老師用的是右手採後變為閃掌的右閃掌。

《使用法》74頁推手法圖解四隅推手法（即大擺）的動作說明裡有「甲左臂欲上挑，乙即隨甲之挑勁，左手作掌向甲面部撲擊，右手按甲之左肩（臂）斜向下挒」，75頁又有「甲右臂欲上挑，乙即隨甲之挑勁，右手作掌向甲面部撲擊，左手按甲之右肩（臂）斜向下挒」。

《太極拳術》50頁大（擺）的第二圖照，在51頁的

動作說明裡有「乙（許禹生老師，1879—1945 年）見甲（楊澄甫老師）的右靠至，即以左膊往下一沉，甲即不能靠入，以右手向甲面一閃，一閃即捯意，甲若不變即被乙捯，或被乙左膊擠出，故甲速以右腕接乙右腕，右足收至左足處，翻身」。

　　結合對《太極拳體用全書》66 頁大（攦）式圖解裡的第三節圖照，《使用法》73 頁推手法圖解大（攦）用法單式圖解裡的第三節圖照（三），以及《太極拳術》50 頁大（攦）裡的第二圖圖照，做個較為細緻的對比觀察，就可以確認：《太極拳體用全書》裡所說的「伺擊狀」，就是《使用法》裡所說的「撲擊」，也就是《太極拳術》裡所說的「一閃」。

　　從而也可以確定，「閃掌」就是「撲面掌」，或稱「閃面掌」。是在習練走大攦時，當我化解掉對方的進步插襠靠後，撤放掉我原來採拿著對方的那一隻手，提將起來，從我身軀的前側方，較為平直地探伸出去，用正豎掌撲向對方面部正前方向的撲擊（正捯）動作，而不是用側掌向對方面部的一側面頰橫摑過去的扇擊（側捯）動作。因而當對方接下去要再提起靠過我一側的手臂來接住我的撲擊掌時，盡可以豎直身軀端正著頭來迎接，根本無須仰著身軀偏著頭，做出一副惟恐吃著耳光的尷尬相來接。

　　無獨有偶，20 世紀 50 年代，在上海復興公園對穿前後門的馬路上，就有那麼一位自以為是楊家第三代傳人的再傳弟子，教的楊家大（攦），也就是當我化解掉對方的進步插襠靠後，我原來採拿著對方的那隻手，一撤掉還過

去的就是摑擊對方一側面頰部的一記扇擊掌，並且在對方再提臂接著我手掌時，還得要「劈啪」出聲。這樣，往往就是因為一失手摑著了對方的面頰而弄得吵起架來。

無怪乎當時在隔壁場子裡專教通背拳，早先曾跟楊家楊健侯（1839—1917 年）、楊澄甫父子倆學過多年太極拳的田作霖（《使用法》作林）見了就要說「這哪像是楊家的玩意」了。

從最長的楊式太極拳套路說起①
——《張師欽霖小傳》《楊式太極名家張欽霖》《萬籟聲二談國考前後之武術歷程》三文正誤

一、概　述

楊氏太極拳傳世的傳統套路（架子），綜合起來計有：

（一）北平體育研究社許禹生（1879—1945 年）的73 式，西安王新午（山西汾陽籍）的74 式；

（二）上海致柔拳社陳微明（1881—1958 年）的79式（陳著《太極拳術》目錄 1 ～ 2 頁太極拳式，包括起式實為 80 式）；

（三）楊澄甫（1883—1936 年）的78 式，楊振基的91 式，楊振鐸的 105 式；

（四）田兆麟（1891—1959 年）的90 式，蔡翼中的

---

① 原載《上海武術》2001年第1期。

91 式，陳炎林的 105 式；

（五）吳志青（1887—1949 年）、牛春明（1881—1961 年）、董英傑（1888—1961 年）、孫暉的 81 式；

（六）上海永年太極拳社傅鍾文（1908—1994 年）20 世紀 60 年代前的 91 式，傅鍾文 60 年代後、趙斌、趙幼斌、路迪明、顧留馨（1907—1990 年）的 85 式；

（七）李雅軒（1894—1976 年）、栗子宜、陳龍驤、李敏弟的 115 式，何明、何新蓉、劉耀麟的 118 式；

（八）王友虞一路、二路各三段的 141 式，汪永泉（1904—1989 年）老六路的 89 式；

（九）楊澄甫太極長拳的 60 式；

（十）陳微明增加太極長拳的 108 式；

（十一）孫南馨（1925—1996 年）太極長拳的 123 式；

（十二）張楚全太極長拳的 129 式。

在以上諸家的著述中，把拳架子中的左右式子和重複式子，分得一清二楚並一一開列出來的，要算 1989 年 7 月，北京中國展望出版社出版的「中國拳術與氣功叢書」，王友虞老先生編著的《太極保健秘旨》一書中介紹的李瑞東（1851—1917 年）傳出的李式太極拳了。

這套架子所分的第一路上半套第一段至第三段 1 至 83 計 83 式，第二路下半套第四段至第六段 84 至 141 計 58 式，總共 141 式，實際上也就是楊氏傳出的老六路架子。

然而，臺北市太極拳協會名譽理事長、楊家秘傳太極拳國際聯盟總會會長王延年，在臺灣圓山公園創辦了圓山太極拳總社，教授的楊家秘傳太極拳，現在不僅遍及台

南、臺北,而且已遠傳到歐洲的瑞士等國了。

根據台南專藝印刷廣告事業有限公司,1972 年 10 月初版,1980 年 3 月再版,王延年編著的《楊家秘傳太極拳圖解》一書,這套楊家秘傳太極拳架子大致分為三段:第一段自「一、預備式」至「十八、抱虎歸山式」;第二段自「十九、左、右跨虎登山」至「六十二、抱虎歸山」;第三段自「六十三、左右跨虎登山」至「一二七、合太極收勢」。全套共計 127 式。

但經筆者實地比畫了《圖解》太極拳練法中的整套架子 1044 張圖照,參照王著《秘旨》,把左右和重複式子分別開列出來的做法,重新整理並統計了一遍,竟發現:

第一段原書名目為 1 至 18 式計 18 式的,重新整理後為 1 至 35 式計 35 式,比原來多出了 17 式;第二段原書名目為 19 至 62 式計 44 式的,重新整理後為 36 至 107 式計 72 式,比原來多出了 28 式;第三段原書名目為 63 至 127 式計 65 式的,重新整理後為 108 至 222 式,比原來多出了 50 式。

重新整理後比原書名目總共多出了 95 式,實際式勢名目應為 222 式。

這樣就可以肯定,這套楊家秘傳太極拳,的確是楊家所有傳出套路中,式勢名目最多、最長的套路了。

為了便於給後來的太極拳愛好者研究、查考,特將重新整理統計後的楊家秘傳太極拳的式勢名目,開列於後:

楊家秘傳太極拳

第一段（原書 1～18 式）

　　一、預備式　二、起式　三、右採手　四、左採手

五、左推手　六、左單通臂　七、插手　八、右轉身挪手

　　九、右攬雀尾　十、右如封似閉　十一、左轉身挪手

十二、左攬雀尾　十三、左如封似閉　十四、右上步採手

　　十五、左單鞭　十六、右採肘靠　十七、左採肘靠　十

八、右進步撲心掌　十九、退步左白鶴亮翅　二〇、左摟

膝拗步　二十一、左手揮琵琶　二十二、右轉身採手　二

十三、右摟膝拗步　二十四、右手揮琵琶　二十五、左轉

身採手　二十六、左摟膝拗步　二十七、左手揮琵琶　二

十八、右轉身採手　二十九、右進步扳攔錘　三十、右如

封似閉　三十一、左轉身採手　三十二、左進步扳攔錘

三十三、左如封似閉　三十四、十字手　三十五、抱虎歸

山

第二段（原書 19～62 式）

　　三十六、右跨虎登山　三十七、左跨虎登山　三十

八、右轉身三掌　三十九、右攬雀尾　四十、右如封似閉

　　四十一、左轉身三掌　四十二、左攬雀尾　四十三、左

如封似閉　四十四、右上步採手　四十五、左單鞭　四十

六、左推山入海　四十七、右推山入海　四十八、左橫肘

　　四十九、右橫肘　五十、左肘底錘　五十一、右肘底錘

　　五十二、左倒攆猴　五十三、右倒攆猴　五十四、左進

步撩臂撲心掌　五十五、右進步撩臂撲心掌　五十六、右

推手　五十七、左單通臂　五十八、右肘靠　五十九、左

採肘靠 六十、右進步撲心掌 六十一、退步左白鶴亮翅 六十二、左摟膝拗步 六十三、右挑簾式 六十四、右海底探針 六十五、右青龍出水 六十六、右轉身撇身錘 六十七、右掤手 六十八、右攬雀尾 六十九、右如封似閉 七十、左掤手 七十一、左攬雀尾 七十二、左如封似閉 七十三、右上步採手 七十四、左單鞭 七十五、第一趟雲手 七十六、左單鞭 七十七、進步右高探馬 七十八、右推手 七十九、左採手下勢 八十、右分腳 八十一、退步左高探馬 八十二、左推手 八十三、右採手下勢 八十四、左分腳 八十五、左轉身蹬腳 八十六、左摟膝拗步 八十七、進步右摟膝指襠錘 八十八、進步左摟膝指襠錘 八十九、轉身下勢右扳手 九十、上步左扳手 九十一、右肘底錘 九十二、右蹬腳 九十三、回身右探馬 九十四、下勢左打虎 九十五、轉身右打虎 九十六、手右蹬腳 九十七、右雙風貫耳 九十八、左雙風貫耳 九十九、手轉身左蹬腳 一○○、右轉身伏虎勢 一○一、進步陰陽腿 一○二、右掤連錘 一○三、如封似閉 一○四、左掤連錘 一○五、如封似閉 一○六、十字手 一○七、抱虎歸山

第三段（原書 63～127 式）

一○八、左跨虎登山 一○九、右跨虎登山 一一○、左轉身三掌 一一一、右掤手 一一二、右攬雀尾 一一三、右如封似閉 一一四、左轉身三掌 一一五、左攬雀尾 一一六、左如封似閉 一一七、右轉身採手 一一八、左斜單鞭 一一九、右野馬分鬃 一二○、左野馬

分鬃　一二一、右野馬分鬃　一二二、右回身掌　一二三、左轉身掤手　一二四、左攬雀尾　一二五、左如封似閉　一二六、左回身掌　一二七、右轉身掤手　一二八、右攬雀尾　一二九、右如封似閉　一三〇、左轉身右斜單鞭　一三一、右玉女穿梭　一三二、左玉女穿梭　一三三、右掤手　一三四、右攬雀尾　一三五、右如封似閉　一三六、左掤手　一三七、左攬雀尾　一三八、左如封似閉　一三九、右上步採手　一四〇、左單鞭　一四一、第二趟雲手　一四二、左單鞭　一四三、左下勢　一四四、進步金雞獨立　一四五、退步金雞獨立　一四六、左蹬腿　一四七、右倒攆猴　一四八、左倒攆猴　一四九、右採手　一五〇、右分掌　一五一、左採手　一五二、左分掌　一五三、左單通臂　一五四、左肘靠　一五五、右採肘靠　一五六、左進步撲心掌　一五七、退步右白鶴亮翅　一五八、右摟膝拗步　一五九、左挑簾式　一六〇、左海底探針　一六一、左青龍出水　一六二、左轉身撇身錘　一六三、左肘底錘　一六四、左蹬腳　一六五、回身左探馬　一六六、右掤手　一六七、右攬雀尾　一六八、右如封似閉　一六九、左掤手　一七〇、左攬雀尾　一七一、左如封似閉　一七二、右上步採手　一七三、左單鞭　一七四、第三趟雲手　一七五、左單鞭　一七六、進步右高探馬　一七七、進步左白蛇吐信　一七八、退步右單鞭　一七九、進步左高探馬　一八〇、進步右白蛇吐信　一八一、左回身掌　一八二、轉身右十字腿　一八三、右探身栽錘　一八四、起身左十字腿　一八五、左探身栽錘　一

八六、右龍探爪　一八七、右蟒翻身　一八八、右白猿獻
果　一八九、左龍探爪　一九〇、左蟒翻身　一九一、左
白猿獻果　一九二、右龍探爪　一九三、右回身掌　一九
四、左轉身掤手　一九五、左攬雀尾　一九六、左如封似
閉　一九七、進步右掤手　一九八、右攬雀尾　一九九、
右如封似閉　二〇〇、轉身右單鞭　二〇一、右下勢　二
〇二、起身左高探馬　二〇三、上步右七星錘　二〇四、
轉身左單鞭　二〇五、左下勢　二〇六、起身右高探馬
二〇七、上步左七星錘　二〇八、退步右白鶴亮翅　二〇
九、左轉身百練腿　二一〇、右轉身百練腿　二一一、退
步左跨虎　二一二、退步右跨虎　二一三、左彎弓射虎
二一四、右彎弓射虎　二一五、右下勢進步掤連錘　二一
六、右如封似閉　二一七、左下勢進步掤連錘　二一八、
左如封似閉　二一九、十字手　二二〇、抱虎歸山　二二
一、合太極　二二二、收勢

二、特　點

經筆者不成熟的研究，這套楊家秘傳太極拳的突出點
大致有：

（一）左右式勢基本勻稱，使習練者沒有偏左頗右的
顧慮，不必再去翻練反架子；

（二）動作柔韌有節奏感，結合拳勢呼吸，可以比較
自然地引導內氣周行而練出內勁來；

（三）弓步腿在成式時：要嘛後腿跟上，提起腳跟，
腳前掌趾踮地；要麼弓步腿自身提起腳跟，腳前掌趾踮

地，這樣既便利於放勁，又可以借此來調穩自己的重心。

三、秘傳的來由

這套太極拳架子為什麼要說楊家秘傳？根據《楊家秘傳太極拳圖解》三、傳略中，王延年自己撰寫的《張師欽霖小傳》說：「張師欽霖河北邢台縣人，生於民國前24年，父母早亡，家境貧寒，因喜愛武術，14歲即至楊師健侯家中為傭工，清掃庭院。偶有餘閒，乃從楊師澄甫（健侯之子）學習太極拳法，間或與諸師兄弟相互較量，借收切磋觀摩之效（師兄弟有田兆麟、楊兆鵬、武振海、董英傑、褚桂亭、陳微明等），自是技藝大進。後又得理教友人之推介，得識金丹派左師一峰先生，學習內功，練習吐納之術，因其能與太極拳貫通運用，自是拳術更精，左師一峰且賜以道號無畏。

「民國三年，有湖北名拳師萬某，由兩湖北上遍訪名師問藝。至楊師家中，指名與澄甫師相較。楊師因不明對方來意，未便率爾與之動手，眾弟子亦茫然無所適從。時張師隨侍在側，因愛師心切，不願由示弱，毅然出而相對。萬某見非澄甫師親臨，頗含輕視之意；且堅欲會見楊師。張師乃謂：『如能勝我，吾師自會出迎。』萬知欲會見楊師，非有所展露不可，即出拳遽擊，張師舉拳相迎，甫一接手，萬即抱拳為禮，連呼『高明』而去。蓋兩拳相接時，萬之手腕已為張師所挫矣！」

「健侯師（太極拳名家楊露禪之子）見張師年少氣勇，機智沉著，甫一接手，即使對方知難而退，並解除僵

局，使楊家英名得保持不墜，且知其愛師之誠，認係可造之材。於深夜即喚之密室中，乃以祖傳太極拳之秘式絕招全部授予。」

又據 1997 年 2 月第 1 期《太極》創刊號 11～12 頁，內蒙古張章氣功師寫的《楊式太極名家張欽霖》一文中也說：

「張欽霖老師（1887—1963 年），名無畏，道號陽省，河北省邢臺（順德府）縣石頭莊人。早年曾習練過三皇炮錘，後因父母雙亡，家況貧困，經好心人介紹，於 1901 年來到北京端王府楊式太極拳名家楊健侯家中做侍童，清掃庭院和演武場地。耳濡目染，又天性聰明，加上幼年的武功基礎，逐漸便能和師門弟子一塊兒操練拳路，推推化化。隨著年齡的增長，三五年光景，變成體魄魁偉、剛強好鬥、膀臂過人的硬漢子，深得健侯的歡心。健侯認為張欽霖將來必是棟樑之材，便喚來三子楊澄甫，吩咐正規傳授欽霖楊式太極拳法，並收為楊門弟子。」

「1914 年 5 月，南方武師萬彪沿江北上，以拳會友，尋訪名拳高手。一日來到北京楊府，欲與楊健侯切磋拳藝，比試高低。張欽霖挺身而出，願替師爺出頭陣，一經搭手，只幾個回合，將萬彪挫敗，損其手腕，令萬彪心服口服外更加佩服楊門太極功夫。至此，楊健侯極為器重張欽霖之忠厚楊門、勇敢不屈強者、敢於衝鋒陷陣、學以致用楊門功夫的品質。便以長輩師爺的身份，口傳身授了許多楊家太極奧秘給他，尤其是一趟楊家秘傳小架子太極拳法，連楊家後人楊振基都沒有繼承下來。」

　　《小傳》和《名家》中的這兩段文字，可以說，就是在敘述當年張欽霖老師之所以能得到楊家秘傳太極拳的原因。

四、《張師欽霖小傳》《楊氏太極名家張欽霖》《萬籟聲二談國考前後之武術歷程》三文正誤

　　2000 年第 11 期《武當》（總第 123 期）37～39 頁上，發表了慕選供稿、萬籟聲 1977 年寫成的《萬籟聲二談國考前後之武術歷程》一文，一方面恰好給我作為辨正《小傳》《名家》兩段文字中的存疑處的資料；反過來也讓我以《小傳》《名家》兩段文字中的資料來辨正《二談》文字中的訛誤處。

　　（一）《小傳》中說的「湖北名拳師萬某」，《名家》中說的「南方武師萬彪」，根據《二談》，實際就是萬籟聲。

　　（二）《小傳》中說「民國三年」，《名家》中說「1914 年 5 月」，根據《二談》應該是 1926 年（民國十五年），萬年 24 歲。民國三年萬只 12 歲，還沒有到北京讀書。

　　（三）《小傳》中說「至楊師家中」，《名家》中說「一日來到楊府」，根據《二談》，應該是在當時北平中央公園裡的健行會。

　　（四）《小傳》中說「指名與澄甫師相較」，《名家》中說「欲與楊健侯切磋拳藝，比試高低」。根據《二

談》，「太極名氣一盛，就有人要求會中也加這一門的，所以也請楊澄甫來兼課，報名學哪一門的聽便。」則應該指的是楊澄甫（1883－1936 年），因為那時楊健侯（1839－1917 年）已經去世 9 年了。

（五）《小傳》中說：「楊師因不明對方來意，未便率爾與之動手，眾弟子亦茫然無所適從。時張師隨侍在側，因愛師心切，不願由示弱，毅然出而相對。」《名家》中也說「張欽霖挺身而出」，二文說法一致，則當時接待萬籟聲的應該是後來客居山西的張欽霖，而不是楊澄甫自己。

（六）《二談》中說，「楊體重有 300 餘斤，……似我體格，僅 130 多斤，差他一半。……我的身長僅平其胸，……我向他一伸手，他就用推四手的法，我就用轉環捶法。再向前一伸手，他向後一退，我搶前一步，用左腳捆他的右腿，一個筋斗，如風車一般轉到後邊大樹下，沒有倒。此時驚動了練習的群眾，一哄而到。只見楊某一咬牙，相去約有兩丈餘的距離，一個箭步，來一個進步搬攔捶，向我胸部打來。我即用下切掌，跟著右腳一個捆腿，正捆在他兩腳面的腳腕上，他立足不住，一個筋斗栽在石欄杆上，肚子頂住欄杆，四肢翹起來了。說時遲，那時快，甫一回首，其四位高足已在我的身旁。其中一個猛向我背後腰間一拳，我一閃開，右手鉤住其右腕，向後一帶，底下一腳，一個筋斗跌出一丈多遠。」三個筋斗，楊澄甫老師就被踢翻了兩個，表演雜技也不過如此，牛頭不對馬嘴，虧他寫得出來。

（七）《二談》中接卜去還說，「跟著一位向我面部撲來，我不躲，伸右手抓住他的右手，向後一奪，他的五指骨節都響了。我一蹲，正想打他下部，他抱手回身就走。」看來這大概就是《小傳》中說的「蓋兩拳相接時，萬之手腕已為張師所挫矣！」《名家》中說「一經搭手，只幾個回合，將萬彪挫敗，損其手腕」的自我寫照，事實上，骨節作響，聽得清楚的，的確還是自己。

（八）《二談》中說，「老楊自這次失敗後，知道在北平站不住腳。他有兩位曾在北平同他學過太極的上海人，回滬創辦太極拳社，他遂去了上海。」

1928 年楊澄甫老師受聘於中央國術館任教太極拳。在未去南京之前，楊澄甫老師因北平應聘任教時期未滿，中央國術館教授太極拳的工作曾由 1917 年就到杭州傳授太極拳的田兆麟老師特為趕去南京代理過一段時間。楊澄甫老師是 1928 年下半年才去南京，1929 年才來上海的。

（九）供稿人慕選在《二談》前言中說，「萬楊舊事，我倒是從先師叔萬籟平那裡聽到他老人家對此事的親歷敘說，後來又從師兄洪正福處聽到他對此事所聞的繪形繪聲的描述。尤其對事隔兩年後，也就是 1928 年，楊在滬間對萬去南京途經上海籌謀對策時，拿了一個見不得人的主意，致使劉伯川大師拍案而起，旋單身赴寧找杜心五比武一節，談之甚詳。」

1928 年，楊澄甫老師還沒有到上海。所謂見不得人的主意，實際上是張欽霖老師早在北京時就向萬籟聲提出「文比不行，武比不行，那就只好請你公開登報向楊老師

道歉了」的要求，萬沒有兌現。所以萬自此以後，就總是回避著楊老師及其子弟們。

（十）在這件事情發生以後，楊少侯（1862—1930年）和楊澄甫兄弟倆，的確傳授過張欽霖老師一套既長而又別致的太極拳架子，那就是前面一、二、三節中所介紹的楊家秘傳太極拳架子了。

（十一）《名家》中說：「光緒末年進士濮秩臣，有一愛女叫濮冰如（名玉），甚喜作畫習武。當年與其畫友同學鄭曼青，先後到他姨媽家畫畫。直到其父出任南京知府大人時，讓愛女和曼青與田兆麟弟子葉大密交往，學習武當劍法，逐漸習練楊式太極拳。後來楊澄甫到上海致柔拳社教拳時，葉大密又帶其弟子、朋友濮冰如、鄭曼青一起與楊澄甫學習大、中、小拳架，劍、刀和杆子。」

濮冰如，名玉，冰如是她的字，安徽蕪湖人，她的父親濮秋丞（不是濮秩臣）字文波，光緒三十年（1904）甲辰科進士。

濮冰如大姐和她的畫友鄭曼青先生（1901—1975年），當時是一起到鄭曼青先生的姨媽張紅薇女畫家家裡去學畫畫的。

楊澄甫老師1929年到上海，先是住在三馬路福建路（今漢口路福建中路）的惠中旅館，然後才去聖達里居住的。當時並沒有到英租界的致柔拳社或法租界的武當太極拳社裡去教拳。

尊重歷史緬懷前賢①

一減少紀念文章中內容不實而造成的負面影響

1999 年第 4 期（總第 130 期）《武魂》31 頁的「書齋」欄中，求實先生撰寫了一篇《寫史與全面、科學、公正——讀〈中華武林著名人物傳〉札記》，文章中寫道：

「最近出版的《中華武林著名人物傳》100 多萬字，收錄了當代 120 位拳家。在『武林人物』這一歷來既敏感又相對缺少確切史料的領域裡，做出這樣一番工作，實在是不容易。」

「通觀該書，就大多數傳主的記述而言，可以明顯地感受到編者所追求的『四性』，即材料的真實性、故事的趣味性、人物的可讀性、評價的科學性……」

「但由於有關史料的先天不足，以及種種人為因素的後天影響，長期以來使人們在近代武術史中，人物的評價和事件的記述上，存在著許多矛盾和混亂，該書不可避免地也要受到這一大背景的影響。如誰是 1928 年首屆國考第一？這個問題，1928 年 10 月的《申報》《大公報》及 1934 年 10 月 20 日出版的《中央國術館國術國考專刊》上均有確切的報導和記載。此次國術國考的名次共分三個等次，其中『最優等』有 15 人，『優等』有 37 人，『中等』有 82 人。資料表明，萬籟聲先生獲得的是『中等』。但是在該書《萬籟聲傳》卻寫道：『大家紛紛

---

① 原載《上海武術》2002年第3期。

同意，這次冠軍非萬籟聲莫屬，遂一致向大會推薦萬籟聲為冠軍。從此，萬籟聲不決而勝成了全國聞名的武狀元……』這段文字顯然是不真實的。」

1999 年第 8 期（總第 134 期）《武魂》40 頁「考證」欄下，編者以黑底白字醒目的標題《萬籟聲 1928 年第一屆國考到底得第幾？》披露了自稱為「萬老先生的門人」勝剛給編輯部的來信，要求「求實先生所列舉的幾家1928 年所出刊物中關於 1928 年比武一事的章節，可否複印一下以證其言，否則難於使人信服」。

信後編者加了按語，「編者：本刊特約求實先生提供了《第一屆國術國考考試人員錄》的影本，並原文錄出發排。編者對原文明顯的印刷錯誤做了糾正，其餘皆從原文。」在重新錄出排印的原文之後，編者還加了附注，「注：此文為《中央國術館第二屆國術國考專刊》第12～13 頁影本，萬籟聲先生的名字在第 13 頁，求實先生以花邊特別標出。」

《中央國術館第二屆國術國考專刊》《附第一屆國術國考考試人員錄》中等 82 人中第 29 名奚誠甫（35 歲，湖北鄂縣）之後、第 31 名王琴南（19 歲，江蘇鎮江）之前，第 30 名是萬籟聲（26 歲，湖北鄂縣）。連前最優等15 名、優等 37 名在內，總名次恰好也正是第 82 名。

那麼，「冠軍」「武狀元」的說法究竟從何處而來？

原來，1984 年 10 月，河北石家莊花山文藝出版社出版，馮大彪、陳長智編著的《武林英豪》這本書中，有《武壇宿將萬籟聲》一文，在第 106～108 頁「率隊『國

考』南京賽武無敵手」這一則中寫道：

「……比賽開始了，雙方虎視眈眈，東西而立，裁判員手舉紅旗立於中間。裁判員的紅旗刷地往下一落，萬籟聲就以自然門的閃電般的手法，一個箭步進至姓倪的跟前，倪忙用龍拳招架。豈料這自然門用起來是沒有固定招式的，剛一接觸，萬籟聲隨即變招，這拳卻改變方向，正衝面門打來，姓倪的猝不及防，著實地挨了一拳。但他晃了兩下，沒有倒，同時又向萬籟聲回敬一拳，但萬籟聲沒有躲，略一側身，對方拳頭就落了空。緊接著，萬籟聲又還了他面門一拳，這一拳又刁又重，快如旋風，姓倪的一仰頭還未及完全躲開，拳頭早掃在了他的嘴角上，那姓倪的騰地仰面倒了下去，半天也沒有掙扎起來。」

「這場比賽結束後，晚間萬籟聲突然患感冒，無法繼續參加比賽，當然也就不會拿到第一名了。」

「可是沒過幾天，突然有 20 餘人蜂擁來到他（萬）的房間，他們把他（萬）高高舉起，高興地大叫大嚷，手舞足蹈，弄得萬籟聲莫名其妙。為首的一位姓朱的告訴他（萬）：『萬先生祝賀你！剛才張館長向我們訓話說：「你們什麼第一？打打摔摔，不成樣子！真正的第一是河北總代表萬籟聲！人家那才是真功夫……」所以我們特來報喜，您應是這屆「國考」的真正第一！』……此後，人們無不稱讚萬籟聲是這次『國考』的沒得第一名的第一名。」

這雖然是一種充滿傳奇色彩的遊戲文字，實質上恰也正是在給好大喜功者的一種尖銳諷刺！

　　無獨有偶，2002 年第 8 期（總第 251 期）《武林》55 頁，陳龍驤在《李雅軒先生拳照賞析》一文中寫道：「1929 年在杭州舉行的全國大比武上，先師與董英傑（1888－1961 年）師叔代表太極拳上擂臺比武，先師共戰三場，前兩場一勝一和。第三場，先師登臺以手揮琵琶式開手，架式一亮，眼神威嚴朝對方一看，對方即被先師氣勢所懾，頓時心神慌亂，拱手一揖，棄權認輸。」

　　核查了 1999 年第 6 期（總第 132 期）《武魂》48～50 頁以范克平先生供稿的南京中央國術館寫真（四）《70 年前的戰報——浙江省國術遊藝比賽大會戰況實錄》為主，結合 1986 年第 5 期（總第 11 期）《武魂》2～5 頁凌耀華先生匯輯的《千古一會——1929 年國術大競技》（下）為補充，給以追蹤：

　　《戰報》：「預試第四組比賽情況：……另此次國術比賽中，有 18 人因故沒有參加預試，經大會『評判委員會』研究決定，對此 18 人給予『補試』。」《千古一會》：「23 日（1929 年 11 月 23 日），由前兩天四組比賽中遲到及未參加者先比。」

　　《戰報》：「比賽結果為：……第三對郝家俊（河北）與趙璧城（湖北大冶），郝家俊勝。」《千古一會》：「……打到趙璧城與郝家俊一對時，又成為大會之另一類典型。趙、郝二人始則各取守勢，自立門戶，互相盤旋，且言且笑。趙自退郝勝。」

　　《戰報》：「……第六對嵇家鈺（安徽）與李椿年（河北文河），李椿年勝。」

《戰報》：「……第七對王旭東（山東齊東）與王建東（江蘇鎮江），勝負未定。」《千古一會》：「……而王建東與王旭東對打，二人均取對方下路，盡平生本領，打成平手。」

《戰報》：「大決賽之淘汰賽：……第四對章殿卿與李椿年，章殿卿勝；……第十九對郝家俊與韓慶堂，韓慶堂勝。」

最後據《浙江國術遊藝大會彙刊》「優勝等級獎品」欄，在大決賽之淘汰賽中第四對獲得勝利的章殿卿（籍貫河北保定。保送機關為李芳宸即李景林個人），在大決賽之總決賽中獲得最優等第三名，獎金1000元；大決賽之淘汰賽中第十九對獲得勝利的韓慶堂（籍貫山東即墨，保送機關為中央國術館），在大決賽之總決賽中獲得最優等第七名，獎金350元。

在這次比賽報名中，說明曾習練過太極拳的，只有郝家俊（籍貫河北。保送機關為褚桂亭個人）被錄取在中等第28名，獎勵手錶一只。王旭東和李椿年都沒有獲得名次，而董英傑則根本沒有參加比賽。

我所知道的太極拳家田兆麟[1]

田兆麟老師，名紹先（一作「軒」），北京籍滿族人。

————————

　　① 原載《中國太極拳》1996年第5、6期合刊，《上海武術》1995年第1期。

13歲在旗營學當吹鼓手時，因喜愛太極拳而投身楊家做童僕，服侍大先生楊少侯，並跟從大先生學習太極拳。但因大先生脾氣急躁，課訓生徒又極為嚴厲，田老師往往動輒被鞭打。老三先生楊健侯見而憐憫之，遂收為貼身書童並教以太極拳。所以，田老師的基礎拳架是中架子而不是大架子。[①]

田老師在楊家三年學徒期滿後，每逢楊家有客登門切磋武藝等事發生，老三先生總是叫田老師出面去應酬。而田老師在許多次的接待過程中，確也從未有過失誤，所以，很得老三先生的喜愛，每每在談笑之間試餵給各種太極勁技。由於田老師天資聰穎，都能悉心領悟，因而在未出楊家師門時，已名噪於豫北和冀南。

1917年，老三先生楊健侯接受了杭州浙江公立（後改省立）工業學校校長許炳堃的聘請，本應於是年秋季開學前趕去該校教授師生太極拳的，不久，因病臥床不起，彌留時猶不忘自己的允諾，再三囑咐家人，要由田老師代為前去應聘。

所以，田老師就在1917年秋季開學前趕赴杭州，除了在浙江工業學校教授太極拳外，並在浙江省警官學校、浙江北伐軍第二十五軍第二師第八團團部、浙江師範學校等多處教授太極拳。私人聘請的更多，如前溫州醫學院附屬醫院院長林鏡平、前浙江省政協委員黃元秀、大華飯店董家等。田老師每天早上還在湖濱設點教授太極拳。

1938年抗日戰爭爆發，田老師才率領全家遷居上海。先是住在巨籟達路（今巨鹿路）盧山公寓，1947年方才

遷到巨鹿路 221 號寓所居住，直到去世。

田老師來上海後，最初在白克路（今鳳陽路）登賢里七八號教董柏臣、金明淵、龔錫源等太極拳，嗣後在寧波路錢江會館教沈容培等、在申新九廠教王金聲等、在新聞報館教吳蔭章等，並在南市珠寶公所開館教授太極拳。

新中國成立初期，田老師先在工商經濟研究會教授騰克勤等，後在外灘公園設班（前期組織者陳炳麟）教拳。淮海公園開放後，田老師就專門在外灘（後期組織者王成傑，星期一、三、五）、淮海（組織者徐秀鳳，星期二、四、六）兩公園設班教授太極拳。

我雖然早在 1949 年就認識了田老師，但正式向田老師學太極拳卻一直挨到 1958 年 11 月份，地點是淮海公園。那時，一則由於葉大密老師（上海武當太極拳社社長）的催促，他說：「陳微明老師病了（中風），現在能聽到楊家二代三人（指老三先生楊健侯、大先生楊少侯、三先生楊澄甫）東西（指勁技）的人，只有田老師了。你可以去聽聽他的東西了。」二則正好我的工作單位還在天山支路，離軍工路自己家裡太遠而住宿在太倉路父母親處，因而才有機緣在早上上班前順路（正好是後門進，前門出）到淮海公園裡去的。

剛開始我也和其他學員一樣，每

田兆麟寄給金仁霖的信件，1957年

次來時都是先跟田老師練好一遍十二段錦，然後再跟著練拳架子，推手則一直要等到拳架子練好再學。而我則差不多每次還沒有練好十二段錦就匆匆告辭去趕 71 路公共汽車了。

不多幾次，田老師發覺後，就在 1958 年 11 月 20 日那天，一見我到場便主動走過來，先給了我一本《太極拳刀劍名稱手冊》，接著就親切地向我提出：「× 先生，您沒有時間就這樣吧，今天我先教給你一個老三先生教我的起式，拳架子您自己去看看這本小冊子就行了。以後您每次來，我就先和您打打手後，您就去趕車子吧！」

這實在是我心裡早就想著而巴不得的事。田老師那天教我的起式，也就和葉大密老師教過的行功式中的「轉太極」很相像，不過「轉太極」是向裡滾轉，而這個起式是向外穿轉的。

就這樣，從 1958 年 11 月 22 日開始，我每次去淮海公園場地，田老師總是先和我推過手，然後再去教別的學員。每次和他推手時，他總要打（發放）我幾個勁，並且在打過後還不厭其煩地重複對我說：

「老三先生和我打手時，時常對我說：『打手時打人，要打得對方兩腳噔作響彈跳出去，腳跟覺得疼而身上（被打處）不覺得疼才對。』」

這倒很像是和打籃球拍球運行時的情況差不多，不拍中重心球就會運行得不好，而自己也會感覺到不適意。有人把這樣發放出去的勁，認之為「斷勁」，那當然是徹頭徹尾的一種誤解。

晚年的田老師，太極拳功夫已達到了爐火純青的境界。有一次陣雨過後，他在外灘公園場地演練拳架子給學員們看，當練到轉身蹬腳時，竟把沾黏在皮鞋底跟上的爛泥，「啪」的一聲蹬到離他三四公尺遠的一棵梧桐樹身上去了。學員們齊聲稱好，他自己也笑了。

可惜的是，自從兩年前田師母故世後，田老師悲痛之餘，心情變得非常消極。加上二位師兄和一位師弟都各自成了家，沒有和他住在一起，陪伴他的只是住在他隔壁後房間的一位耳朵極度重聽的小舅子。每當田老師在下半夜睡不著時，就拿出根白蠟杆來抖個不停以消磨時間，早上五點多鐘又要趕去公園教拳。寒冬臘月，大清早戴個大口罩，對於一個患有嚴重氣管炎的人來說，是起不了什麼大作用的。記得在一個星期六，我陪他在公園茶室裡共進早餐時，他突然開玩笑似的對我說：「×先生，您知不知道（評書）《三國演義》裡的張飛，最怕的是什麼？」我被他問得一愣，他卻很快地就接著道：「不是怕龐士元手心裡寫的『病』字麼？」原來，田老師把他自己和《三國》裡的莽張飛作比，恰也名副其實，但也由此可見他當時對自己身患嚴重氣管炎的擔憂程度了。

在 1958 年 12 月 2 日星期二、12 月 13 日星期六那兩天，由於田老師氣管炎發作得很厲害而沒有來淮海公園上課。後來他老人家居然還是想盡辦法來給學員們補課。像在 12 月 19 日和 12 月 25 日，那兩天都是星期五，照例他是只去外灘公園的，但他卻老早趕到淮海公園，然後再趕去外灘公園。就這樣地勞勞累累，他終於在 1959 年 1 月

10日（農曆戊戌年十二月初二）星期六，最後一次來淮海公園，從此就再不能來了。

當我在 1959 年春節，2 月 9 日大年初二那天，趕到外灘公園場地去打聽消息時，正好碰到公園的兩個組織者。噩耗傳來，田老師在小年夜，1959 年 2 月 6 日早晨，因氣管炎發作，呼吸道阻塞而造成窒息，因發覺太遲，送廣慈醫院搶救無效而去世了。一位最早把太極拳帶到南方來，並畢生為太極拳事業而辛勤勞苦的播耕者，就這樣悄悄地離開了人間。

田老師的哲嗣：大師兄田宏，原在上棉七廠搞教育；二師兄穎嘉，曾在崇明電機廠搞機電；都有專業工作。直到二師兄、三師弟穎銳退休後，由他們和王成傑師兄等，發揮餘熱，繼承並重新整理田老師的中架套路及刀、劍、杆、散手等，留傳於世。田老師早年的學生，浙江里安人蔡冀中，曾經編著了《太極拳圖解》一書，1933 年 10 月由上海吳承記書局出版。書中有前溫州醫學院附屬醫院院長林鏡平寫的一篇代序，是研究太極拳結合現代醫學、生理學最早的瑰麗篇章。

至於原來由國光書局分冊出版、1949 年 1 月再版時才合訂為兩冊線裝本出版、陳炎林（公）編著的《太極拳刀劍杆散手合編》，內容則完全是田老師壯年時期傳授的太極行功、拳架、刀、劍和杆子，理論部分也大部分來自老三先生楊健侯授贈給田老師珍藏的《太極拳譜解》（即所謂「楊家老譜」），以及一部分田老師的口述。圖例則是依照編著者的師兄弟石煥堂等拍攝的照片勾描出來的，

所以形象來得逼真。有趣的是，按照書中的講法，蠻像是編著者自己直接到楊家去學來的。武術界這種剽竊人家的物事占為己有又不肯認帳的不高尚行為，不僅在陳公之前有，陳公之後也未嘗沒有！

太極拳研究家徐哲東先生略傳①

徐哲東先生（1898—1967年），名震，江蘇常州人，1923年就從古典文學家劉脊生先生（1882—1923年）學習經史諸子之學，故先生擅長古文辭、駢體文、詩、賦。①

1949年前，先生曾任常州旅滬中學校長，南京中央大學、武漢大學、安徽大學、上海滬江大學、震旦大學等中文系教授。

1957年暑期，為了回應黨和國家支援大西北文教建設的號召，先生毅然放棄上海較為優越的生活和研究條件，奔赴甘肅省蘭州市西北民族學院語文系任教授兼漢語組組長。未發表稿有《雅確文編》。

先生愛好武術。自1919年始，先後向馬金標學查拳，向周秀峰學形意拳和太極拳（許禹生《太極拳勢圖解》中七十三式）。1929年，在南京向楊少侯老師學楊氏短架太極拳。1932年，由中央大學英語教授張士一介紹，正式拜於郝月如老師門下，終能盡得武氏太極拳之精髓。1939年，先生避難至四川，又向友人李雅軒老師學楊氏大架太極拳。

① 原載《上海武術》1997年第7期。

徐哲東寄給金仁霖
的信件, 1962年

徐哲東

　　20世紀50年代初期，先生在上海，又向曾經從楊健
侯老先生學過太極拳的田作霖老師學通臂拳和推手。在蘭
州，先生還擔任了市武術協會第一副主席。

　　對於武術歷史的考證，先生反對不鑒別史料的是否可
信（一定要所謂「信史」）而濫用，反對「以為只要有材
料就該認為可據」；對於太極拳的研究，認為「對太極拳
本身的技術方面，實未下過工夫，對這方面的體會是很淺
的，往往從形式上看問題」。正是在這種正確思想的主導
下，先生在武術著述方面，獲得了豐碩的成果。先後有
《國技論略》《萇氏武技書》《太極拳譜理董辯偽合編》
《太極拳考信錄》等著作出版。未發表稿有《太極拳發
微》《太極拳泛說》《太極拳淵源簡述》等。

「文革」中，先生遭受迫害，用畢生心血收集的珍貴武術資料、已寫成的學術專著手稿，以及珍藏多年的古玉器、古兵器全部散失，蕩然無存。

1967年3月，先生終因身心不堪負擔而患了腦溢血，導致偏癱。同年5月，病情略見穩定，先生決定返回常州故里，由其學生馬國瑤護送而回。延至1967年9月，病情急劇惡化，一代太極拳研究家就此與世長辭。

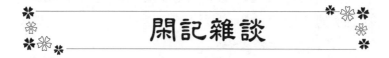

閑記雜談

隨　筆

孫祿堂於民國十六年（1927年）來上海，住七浦路周紫珊家，即陳微明住處。

孫祿堂在先施公司電梯遭人暗算點穴，時間為民國十七年（1928年），住月宮飯店。

孫存周之眼，係在杭州浙江第二師第八團俱樂部打彈子球時，為李家鼐（筱和）用彈子棒戲傷。

楊澄甫於民國十八年來上海，初住聖母院路巨籟達路（現在的瑞金一路巨鹿路）聖達里（約是4號），後遷福煦路（現在的延安中路）安樂村14號。

　　田兆麟先生於民國二十七年（1938 年戊寅）來上海，住巨籟達路（今巨鹿路）盧山公寓，最初在白克路（今鳳陽路）登賢里 78 號教董柏臣、金明淵、龔錫源等太極拳，後又在寧波路錢江會館教沈容培等、申新九廠王金聲等、新聞報館吳蔭章等。民國三十六年（1947 年丁亥）始遷 221 號寓所，新中國成立後又在工商經濟研究會教滕克勤等太極拳，並在外灘、淮海兩公園授拳。外灘公園前期組織人陳炳麟，後期為王成傑。淮海公園組織負責人徐秀鳳。

　　田宏住成都北路 33 弄 32 號，國棉七廠廠校工作，電話：532130-17（分機）。

　　武匯川於民國十七年來上海，初住葉師家，後遷霞飛路（現在的淮海中路）和合坊，最後定居於蒲石路（今長樂路）由義坊隔壁，約 194 號。

　　褚桂亭住延安東路 809 弄 8 號，洪長興隔壁弄堂。

　　陳鐸明，以字行，浙江鄞縣人，生於清光緒十九年（1893 年癸巳），少從徐文虎學外家拳，1925 年陳微明來上海後，乃改從陳微明學太極拳。1940 年 7 月創立「誠社」於法國花園，公開教授太極拳。卒於 1962 年。

　　郝少如在體育宮教授太極拳自 1961 年 4 月 24 日開始。

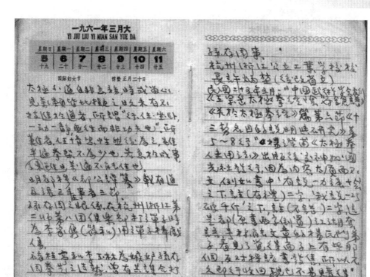

1961年3月金仁霖隨筆一頁

　　全佑，字保亭，旗人。太極拳初學於楊露禪，後從露禪命復拜班侯為師。為人和藹，生平不輕與人較技，即較亦必讓人三招。蓋天性使然也。生於道光十四年（1834年甲午），卒於光緒二十八年（1902年壬寅），享年69歲。

　　張達泉早從紀子修學岳氏散手，1942年來上海，在武夷路（今悼信路）新星製藥廠工作。1945年被吳鑒泉夫人收為師弟。紀德，字予修，與凌山友善，初從雄縣劉士君學岳氏散手，繼從楊露禪學太極拳。

　　許炳堃，杭州浙江公立工業學校（後改省立）校長，現住襄陽南路388弄13號。

黃文叔，生於清光緒十年甲申（1884），卒於 1964 年甲辰 3 月 6 日（農曆二月廿三日），享年八十有一。

宋史元，字文光，山東牟平人，住塘沽路魯關路 31 弄 14 號。

劉景閣於民國十二年（1923 年）逝世，武術研究社後為羅雲長等實際教授。

陳夔龍，字小石，一字庸庵。孫務滋在太倉中學擔任武術教師時，即至其家教授內家拳術。

龔鑒堂，天津人，與吳得波等為孫祿堂先生門人。

楊敞（1885─1965 年），字季子，北京人，祖籍湖南湘潭。光緒十一年乙酉生，時年其父楊瑞生任盧台總兵。自幼聰穎好學，受家庭影響喜練武術，並受名師指點。「鼎革之際兵戈起，成均輟學歸田里」，曾回湘潭，從學鄔家拳藝，得其大要。父命難違，未盡其極而返回北京。壯年卒業於京師譯學館（北大前身）法文班。宣統三年與同窗好友許禹生集資創辦北平京師體育研究社。期間從紀子修（名德，長白人，擅岳氏散手）、劉鳳春（字森卿，綽號翠花劉，涿縣人，以八卦掌著稱）學岳氏散手和八卦掌。後又從王志群、吳鑒泉學太極拳。故《拳家雜詠》中有「往昔誰知太極拳，譚（延闓）出療疾始流傳，

八拳王（志群）氏初從學，自我因緣拜（吳）鑒泉」「功令推行太極拳，於今武術莫能光。誰知豫北陳家溝，卻賴冀南楊（露禪）氏傳」。楊季子潔身自好，煙酒不沾，1965 年秋毫羞染病，僅 10 日於北京逝世，享年 81 歲，子女六人。

精武體育會最初會址在橫浜橋德福裡，系 1910 年霍元甲門人劉振聲所創辦。

「通臂」一詞見諸清潁川劉體仁公勇撰《七頌堂識小錄》：「與之棗栗，伺其引手，接則引遠，猿必引臂及之，左長則右縮，信通臂也。」

明都穆《都公譚纂》載道及張三豐事者三節。

《鄭子太極拳自修新法》緒論中說：「且三豐別號張七針，不可作三峰及三豐也。三峰三豐者，皆另有其人。」此說純屬杜撰，由於「三豐」兩字，剛好合上七筆，又都是直筆而無轉折的，從而發明出七針的別號來。毫無實際意義。

陳微明 1946 年為《鄭子太極拳十三篇》作序，鄭曼青「至蜀，復遇奇士與究，道益進」，同書東武李壽籛為鄭作序謂：「中日戰興，予避寇巴山，得識鄭君曼青。居處近，過從亦密，相與研究太極拳推手及玄功，最合契

合。」陳序中的「奇士」應該就是李壽籛。李曾在南京
創辦業餘太極拳社，寫著過《武當嫡派太極拳術》，1944
年 9 月由南京大東書局出版。

　　楊式《太極劍歌》：「劍法從來不易傳，直來直去勝
由言，若仍砍伐如刀者，笑壞三豐老劍仙。」此訣從吳修
齡著《手臂錄》卷四末所附載的《後劍訣》中化出。全文
為：「劍術真傳不易傳，直行直用是幽元，若唯砍斫如刀
法，笑殺漁陽老劍仙。」

　　唐豪（1897－1957 年），字范生，號棣華。幼年家
境貧困，十餘歲即失學。在艱辛自學之暇，猶喜愛武術。
曾從德州劉震南老師學六合拳藝，故在他擔任上海尚公小
學校長期間，即以所學六合拳技教授在校學生，因而當時
上海京劇界武生，也多樂於來校觀賞學生們武術表演。
1927 年去日本學習政法，課餘也兼習日本柔道、劈刺等
武技。回國後受聘擔任中央國術館編審處處長。1930 年
率領朱國福、楊松山、楊法武、郭世銓、張長海等人，去
日本考察武術。回國後開始從事武術史的研究、編寫、出
版工作。1932 年改業律師，但仍繼續搜集武術資料，從
事編著。1941 年，他仍在上海當律師，因遭受日偽方面
的緝捕，被迫出走安徽黃山一帶。新中國成立後，他回上
海擔任華東政法委員、上海體育籌備會常委。
　　1955 年 1 月，他被調任到國家體委，專門研究中國體
育史，主編了《中國體育史參考資料》（八輯）。在此期

間，他和顧留馨（1908—1990 年）同學太極拳於陳發科（福生，1887—1957 年），陳發科於 1957 年去世，不久唐氏也於 1959 年初去世，故唐氏實際學習太極拳的拳齡不長。

不過唐氏和徐震先生（哲東，1898—1967 年）一樣，是中國武術史和體育史的先驅者、開拓者。其功績自不可沒，值得崇敬！但由於當時社會歷史條件的限制，加上唐氏個人經歷和性格上的影響，也不免遺留了些歷史考證工作中不應該有的後遺症，值得讀者正視。

一、1936 年 5 月，上海武術學會出版發行唐豪編寫的《王宗岳太極拳經陰符槍譜》一書，把《先師張三豐王宗岳傳留太極十三勢論》等篇名改掉，致使（琉璃）廠肆本太極拳譜是楊氏太極拳學者傳抄本的結論，直到唐氏去世 5 年後，《太極拳研究》出版，在該書第四章後所附唐氏考釋的《廉讓堂本〈太極拳譜〉》中《十三勢說略》和《五字訣》篇後的附識中，才得以澄清。

二、在《中國體育史參考資料》第二輯中，輯入的元無名氏《丸經》，原作者在集敘末尾寫的「述為《丸經》二卷，增注簡諒，好事者從而詠歌之，因書以為敘」，唐氏在注釋中說：「津逮本增注簡後沒有『中』字，依《鄭堂讀書記》校補。」這樣，不獨使原作者在末後四句中的第二、第三句意味變了樣，也把古文中的「簡諒」一詞拆開來用了。核對了周中孚《鄭堂讀書記》卷四十九子部八下《丸經》二卷節中，周氏記述道：「津逮秘書本提要中有，據其自序稱『述為丸經，增注簡中』知正文及注，皆

其一手所撰。」則周氏並沒有完全引用原敘的文字，這
十分明顯。隨即查對了許多工具書，都查不到這個古人
習慣用詞。還是在1936年6月上海世界書局再版粹芬閣
銅板電刻《康熙字典》酉集上第18頁言部八畫「諒」字
下注，《禮·內則》：請肄簡諒！言語信實也。這樣看
來，《丸經》原作者所用的「簡諒」一詞，並沒有用錯。
把二字拆開，「簡」後加一「中」字，「諒」字置於下句
之首，則是錯誤的。

　　三、附於《太極拳研究》第四章後，唐豪考釋的《廉
讓堂本〈太極拳譜〉》，把1936年廉讓堂石印本中的章
節名目次序都刪掉（見刊載於1993年永年國際太極拳聯
誼會組委會辦公室印行《從古城走向世界——永年太極拳
史料集成》一書，古譜選萃編中《廉讓堂太極拳譜》），
致使原本第七章河北永年李啟軒先生著述的《敷字訣
解》，變成了存疑。

談談楊式太極拳的推手[①]

　　推手是太極拳運動中對練的一種方法。它和其他拳
種的對練格打完全不同，一定要雙方的兩手（臂）或一
手（臂）相互碰著，術語叫作「黏著」，然後使用太極
拳套路中的掤、攦、擠、按、採、挒（閃）、肘、靠、撅
（截、切）、搓等各種技法，實驗式地進行對抗性設想練

①　原載《中國太極拳》1996年第5、6期。

習。因此,它又有打手、札手、靠手、擠手、撾手、對練等許多不同的名稱。

從運動生理方面說,它是訓練中樞神經系統,使透過與對方接觸部分的皮膚和深層肌肉等的感受器,因對方運動動作的力量、方向、速度、時間等的變化而產生的刺激,迅速地由肢體神經系統的傳遞,反映到中樞神經系統(大腦皮層)便能及時地調節好全身各有關部分的功能,以達到適應對方變化情況的需要。因此,它也是增進人體健康的一種重要手段。

推手有它一定的訓練方法,熟練後可以進入藝術境界,提高情緒,增加鍛鍊興趣。正因這樣,所以它的訓練,一定要按部就班地循序漸進,才不至於錯誤地進入積重難返的地步。

推手的訓練原則

推手的訓練原則是什麼?總的來說,只有三句話,那就是:以柔克剛、以靜制動、以小敵大。

以柔克剛

這是太極拳推手必須遵循的主要原則。理由很簡單,太極拳既然是柔性拳術的一種,那麼無論練拳架子也好,練推手也好,就應該始終向柔的方向發展,能不能一柔到底,那是自己的造詣深淺,也就是功夫問題。否則,你要是剛柔相濟,一朝遇到了剛性拳種專門練剛的手,那你剛柔相濟的剛將會得到什麼樣的結果,就可想而知了。

以靜制動

是說我要在極其安穩平靜的狀態下，耐心地等待和觀察對方或攻或守的變化動態，就比較容易發現對方的弱點，從而給以牽制，或順勢借力地給以打擊。這裡也包含了「後人發、先人至」「不主動搏人」的意思。

以小敵大

這是一般人難以理解的，只有做到了「以柔克剛」「以靜制動」這兩個方面，才有可能以小敵大。說得明確些，一般可以不計體重、身材和力量，當然這本來是我國武術的一個普遍特點，也就是弱能敵強的意思。

沾、黏、連、隨和黏、連、綿、隨

「沾」「黏」「連」「隨」這四個字，在太極拳有關資料中最早是出現在《打手歌》中的最後一句歌訣，原文是「沾、黏、連、隨不丟頂」。按照楊氏學者在《太極拳譜解》「沾、黏、連、隨」節中的敘述，把它們通俗地解釋如下：

推手時觸
點成面

沾

「沾者，提上拔高之謂也」，是說在推手時我用鬆沉的整體勁來探引對方，使對方產生向上的反抗力，然後我趁勢用提拿手法而讓對方的反抗力落空。這時，對方勢必騰起腳跟而失去平衡，因而受制於我。「沾」也就是《撒放密訣》中「擎起彼身借彼力」的「擎」字，旁有小注「中有靈字」，說明「擎」字必須用得輕靈。

黏

「黏者，留戀繾綣之謂也」，是說在推手時，我手要粘貼住對方的手，不使相互脫離。並且又要有《敷字訣解》中「敷者包獲周匝，人不知我、我獨知人」手輕不能重的意思。

連

「連者，捨己無離之謂也」，是說推手時動作要連綿不斷，不能中途有突然停頓的意思。

隨

「隨者，彼動此應之謂也」，是說推手時我手始終要跟隨著對方，始終要輕貼住對方的意思。

但實際運用時，一用「沾」法，內勁和動作就會斷掉，以至於雙方兩手相互脫離開。所以孫祿堂在《打手歌》中就把「沾」「黏」「連」「隨」四個字改成了「黏」「連」「綿」「隨」，這樣，在推手中方能真正做到不丟不頂。

引、化、拿、發

四正推手之
掤攦化按擠

「引」「化」「拿」「發」，這四個字是我們在太極拳推手時經常聽到的術語。

引

在推手中，對方沒有表示什麼態度，我就要應用推手技巧，設法來引使對方表示態度，然後我才能從中尋找出對方的弱點，順勢借力地給以拿、放。

化

在推手中，當對方向我進攻時，我用太極拳中各種手法、身法、步法，以腰脊轉動等來化解掉對方的進擊。「化」也就是《四字密訣》中「以氣全吞而入於化也」的「吞」字。

拿

在推手中，發現對方重心剛移動到他自己的穩定基面邊緣時，我就要用推手技巧來將對方的重心固定在這個位置，不使它恢復平穩。這也就是《四字密訣》中「以氣蓋彼來處，認定準頭而去也」的「蓋」字，但「拿」決不能硬做，一定要拿得巧妙。

發

在推手中，當對方重心失去平穩，而又被我拿住時，我就可以採用太極拳中各種技擊方法來攻擊對方，使對方跌出。「發」也就是《撒放密訣》中「放時腰腳認端的」的「放」字。小注「中有整字」四個字，說明發放時要完整一氣。

匾、丟、頂、抗

「匾」「丟」「頂」「抗」是太極拳推手中的四個毛病。按照《太極拳譜解》「頂、匾、丟、抗」節中的敘述，我把它們通俗地解釋在下面：

匾

「匾者，不及之謂也」，是說在推手時我手跟不上對方，手雖還沒有脫離開對方，但卻已有蹈虛落空的感覺。

丟

「丟者，離開之謂也」，是說在推手時我手跟不上對方，並已脫離開對方，是比「匾」更大的毛病。

頂

「頂者，出頭之謂也」，是說在推手時對方向我進攻，我來不及化解而有受逼軋住的感覺。

抗

「抗者，太過之謂也」，是說在推手時對方向我進攻，我來不及化解，受逼軋住後，還要用力反抗，是比「頂」更大的毛病。

輕、沉、浮、重

「輕」「沉」「浮」「重」，是品評太極拳推手好壞的四個標準。按照《太極拳譜解》「輕、重、浮、沉」節中的說法：「夫雙輕不進於浮，則為輕靈。雙沉不進於重，則為離虛。故曰上手。」以及楊、孫兩家的傳統說法，太極拳的鍛鍊歷程應該是「由鬆得沉、由沉入輕」，則輕靈不是初學入門的人一下子就能追求得到的境界。十分明顯，但「輕」和「浮」「沉」和「重」又是形貌極相類似，而內容實質絕不相同的境界，辨別起來比較細緻複雜，這裡只能在字義上做一簡單的解釋，供給大家體會。

輕

是輕靈，清輕靈活而流動多變。

沉

是沉穩，沉著安穩而變化活潑。

浮

是飄浮，輕浮油滑沒有根蒂。

重

是重滯，笨重呆板而缺少變化。

太極拳推手的種類

根據各流派所傳習的內容來看，太極拳推手的種類，大致可以分為不動步子和動步子兩大類。習慣上把不動步子的叫做「定步」，又叫做「靜步」或「站步」。動步子而前後進退只有一步的叫做「動步」，前後進退三步的叫做「活步」，向四隻斜角進三步退二步、或進二步退一步的叫做「大」，又叫做「拗步」或「四隅推手」。

不動步子的二人伸出同一側（左或右）腳在前和動步子的一人進左（或右）腳，一人退右（或左）腳，雙方步子可以合得起來的叫做「合步」；不動步子的一人伸出左（或右）腳在前，一人伸出右（或左）腳在前，雙方各順自己的便，步子合不起來的，叫做「順步」。

推手的學習順序和口訣

太極拳推手的學習順序，按照一般傳統教學方法，是先學「定步」，然後學「動步」「活步」，最後是「大（攦）」。具體的練法是必須要經過口授的，這裡把它們歸納成四種簡單的口訣，供大家在學習時對照參考。

定步推手

你按我掤，

我搌你擠，

你擠我化；

我按你掤，

你搌我擠，

我擠你化，

你按我掤，

我搌你提（換手）；

你掤我按，

你搌我擠，

我擠你化。

動步（一步）推手

你按我掤，

你上步按，

我卸步掤，

我並步搌，

你並步擠，

我轉腰化，

我上步按，

你卸步掤，

你並步搌，

我並步擠，

你轉腰化，

你上步按，

我卸步掤，

我並步搌，

你並步提換手，

你卸步掤，

我上步按。

活步（三步）推手

你按我掤，

你進步按，

我退步掤，

我收步攞，

你跟步擠，

我轉腰化，

我進步按，

你退步掤，

你收步攞，

我跟步擠，

你轉腰化，

你進步按，

我退步掤，

我收步攞，

你跟步提（換手），

你退步掤，

我進步按（換腳則多進或多退一步）。

大攞（進三退二）

你按我掤，

你進步按，

我退步採攞，

你進步靠（擠），

我轉腰化（沉臂），

我並步閃捌，

你並步提掤，

我進步按，

你退步採，

我進步靠（擠），

你套步化（插襠），

你並步按，

我並步提（掤，換手反方向走）。

太極推手面面觀①

四正推手之
四手碾磨

1961年12月28日，上海體育宮舉行了第一次太極拳推手表演賽，顧留馨在次日的《解放日報》上發表的題為《太極拳的推手》一文中提出了「練習推手可以檢驗練習太極拳套路的正確程度，推手比賽的舉行將提高太極拳的鍛鍊效果，提高太極拳鍛鍊方法上的水準，從而更好地指導普及，以增進人民健康……」的看法，至今已過去30多年，這些年來，太極拳運動的發展，尤其是太極推手的發展狀況究竟怎樣？我們可以做一簡要的回顧。

據統計，在1961年到1966年之間，短短5年的時間

---

① 原載《武魂》雜誌1992年第8期。

裡，僅在上海地區舉行的太極拳推手比賽就達 7 次之多。1982 年，全國武術對抗項目表演賽中重新恢復了太極拳推手比賽，接著就有了一年一度的全國性太極拳、劍及推手比賽，如此算來，全國性的太極拳推手比賽已不下十七八次。這說明太極拳運動已有了一定程度的發展。

儘管顧留馨關於「提倡太極拳推手，想憑藉太極拳推手比賽來提高太極拳的技擊技巧，提高鍛鍊興趣，從而更好地捉進太極拳運動的開展，增進人民健康」的這一主導思想的出發點是好的，總的原則與要求也是無可非議的，但是，實際情況並不如期望的那樣讓人感到欣喜。雖然推手規則幾經修改，然而頂牛、抱摔、夾餅流、大鏟車等違背太極拳理的錯誤現象卻經常出現，得到的結論也就自然是「使人看去，推手不像推手，摔跤不像摔跤，柔道不像柔道，相撲不像相撲，可謂四不像……」

冠軍被剛練太極拳不久的其他項目的運動員或專練推手不練套路的重體力勞動者得去，體現不出太極拳推手以柔克剛的特點來，以至於參加人數逐漸減少，觀看的人也索然無味。所以，針對如上的情形，1984 年以來在報刊上發表了許多有關方面的評論文章，從不同的角度對太極拳推手的發展方向、訓練方法、比賽規則、拳學拳理等諸多方面進行了廣泛的研究和探討，歸納綜述，有以下幾種意見和問題：

●太極拳推手比賽規則不夠完善；

●比賽規則限制得過嚴、過死，不利於發揮運動員的技巧，例如對個別流派中慣用的古老的抓拿、擲摔等技術

的限制；

●裁判員的素質有待於進一步的提高；

●沒有專職教授太極拳套路與推手的教師和教練員，況且教師、教練員和運動員本身就沒有受過很好的正規太極拳套路和推手的專門訓練；

●曲解或篡改太極拳經典著作的原理，以致錯誤地指導太極拳推手的具體實踐方法。

對於以上這些意見和問題，我個人以為有必要進行一番探討，這對於太極拳運動的發展有著一定的促進，也將有助於太極拳運動的普及和提高。下面，我談談自己對以上幾種意見和問題的看法和觀點。

第一，誰都知道太極拳的比賽規則不夠完善，雖然規則具有原則性，也不可能包羅萬象，但它可以透過比賽來逐步修正和補充，使之日漸完善。同時應該認識到規則固然是死的，但掌握規則的靈活性在於人本身，如果比賽中發現有類似於頂抗、丟離、摟抱、夾持等動向，裁判員就應該馬上叫停，不然，接下去則必然導致頂牛、散擊、抱摔、大鑣車等現象產生。

第二，比賽規則是否限制過嚴、過死，說透了掌握規則的靈活性在於裁判員。我們知道太極拳推手是運動員之間部分肢體（手、腕、臂、肘、肩）相互黏連依靠來進行的，當然黏依都是輕貼而不是緊靠，即所謂「敷」。所以推手中的發放是要在輕貼的情況下，甩脫開去，難就難在此，否則，丟開了對方肢體，再去衝擊對方，這與散打又有何區別。當然這並不排除太極拳裡的散手，而我們所要

探討的是太極拳的推手而非散手。

楊氏老前輩的推手，當對方忽然丟開黏連，想散開打時，他就可以用對方靠黏不住的那部分肢體，乘勢打將上去，這就叫「逢丟必打」。這樣不管對方身手怎樣敏捷，也逃避不及，即「挨打」是也。所以，在太極拳裡，發放與打是有嚴格區別的。而個別流派中慣用的抓拿、摔打、絆跤是比較古老的推（打）手法中的用法，有的現在已經屬於散手了。經過楊氏改進後的推手，拿不許抓、打，更不能用摔，肢體黏住對方後，在聽勁時，還會給你出腳施絆，一足支撐來唱獨腳戲。楊氏老一輩太極拳家大概都是如此。

第三，裁判員的素質應該是沒有什麼大問題的，因為他們不像教師和教練員那樣要求高、要求專，但熟悉太極拳規則、推手的基本內容要求則是十分必要的。除了明確規則條文之外，更重要的在於當機立斷、毫不猶豫地判出推手的具體情況，以便更好地掌握比賽的進行，切不可受某種關係利益的影響。

第四，教師和教練員是否專職，牽涉到一個主導思想，那就是「先精一後博眾」還是「先博眾後精一」的問題。有人說時代變了，現在已經沒有人能夠將功夫練得像上輩人那麼出神入化，如果比賽中刻意追求什麼不沾不連、引進落空、沾觸打人等當代人根本達不到的境界，有意扼制捨棄抓拿摔打、騰閃折空、採挒肘靠這些太極拳推手中最基本的技法，無異於讓小學生去製造太空梭，使推手運動變得高低不成，不倫不類。

　　不錯，時代的確變了，變得訓練條件比前人好得不能再好了，什麼脫產集訓，成年累月地不去刻意求精、求真、求專，卻只指望出幾個所謂的全能（包括長拳類）運動員來得那幾個高分，我以為在道理上無論如何也說不過去。同樣，運動員的專門訓練也和教師和教練員一樣，俗話說「不會耘苗看上墥」。所以專職的教師和教練員比起專業運動員顯得尤為重要。至於參加太極拳推手比賽的運動員是不是練習太極拳的，則可透過考評其太極拳套路的熟練程度來判定。

　　第五，曲解或篡改太極拳經典著作原理的現象十分嚴重。例如：將王宗岳《太極拳論》中的「我順人背謂之黏」說成是「人剛我柔的黏」，實際上這還不就是明代俞大猷《劍經》總歌訣之中的「剛在他力前，柔乘他力後」的變相說法；將「由著熟而漸悟懂勁，由懂勁而階及神明」說成是「不剛柔相濟，則不能階及神明」；將「陰陽相濟，方為懂勁」中的「陰陽」二字之意刻板地解釋成「剛柔」，說什麼「偏柔無剛，難臨強敵」「只練柔不練剛，發勁時對敵人的威脅不大」，以至於要「惟有五陰與五陽，陰陽無偏稱妙手」。

　　將武禹襄《打手要言》中的「運勁如百煉鋼，何堅不摧」理解成「只要運勁如百煉鋼，則什麼僵勁皆可摧去無遺」，然而，武氏之言卻是將內勁練得像百煉鋼一樣，那對方雖然堅強無比，也可以將其摧毀，怎麼能把它運用到自己身上來摧去自身的僵勁呢？況且自己的僵勁還僵，以僵摧僵，豈不是愈摧愈僵？將「邁步如臨淵（楊氏傳本改

為『貓行』），運勁如抽絲」解釋為「不剛柔相濟，不能運勁如抽絲」。將李亦畬《走架打手行功要言》中的「欲要神氣鼓盪先要提起精神，神不外散」解釋為「不剛柔相濟，不能神氣鼓盪」。

好一個「剛柔相濟」！真不知太極拳究竟是屬於柔性拳術還是剛性拳術？如果認為太極拳是柔性拳術，那麼自身不曾將功夫一柔到底，卻非要用剛來做後盾，試問：一旦遇到練剛性拳術的對手，不知還有幾分剛能作為自己的所謂「後盾」？無怪乎有人要把《打手歌》中的「牽動四兩撥千斤」來一個補充說明，說什麼要想以柔克剛，首先要有千斤的力量做基礎，沒有千斤力，談什麼四兩撥千斤，四兩加千斤當然大於整千斤，不過想來這個不等式也實在過於簡單了些，倒是有些覺得老祖宗為何緣故非要弄此「玄虛」，讓太極拳的後人們搞不清，只好去尋尋千斤力的由來，如此這般，我倒以為「以後不要再片面宣傳四兩撥千斤的言論」，還頗有幾分「因噎廢食」的道理。

列舉種種。表面看來似乎是太極拳理論方面的瑣碎言論，實不知這些言論卻的的確確地關係到我們如何來正確地指導太極拳推手訓練的具體做法，萬不能草率從事，以免誤人子弟，更有礙太極拳運動的整體發展。

第三編

見字如面

金仁霖篆刻作品

通　信

葉大密

葉大密寄金仁霖南湖紀念章設計方案。

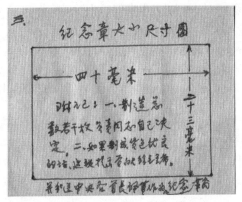

1967 年 4 月 14 日

仁霖賢棣：

來信已收到。答覆如下。

季融五愛好太極拳，是隨我學習的。他的文學是很有
相當根底。對於太極拳的理論方面，瞭解比一班（般）人
深。所以後來杭州辦了一個太極拳學校，請楊澄甫老師為
校長時，我推薦他隨同楊老師到杭州去。因為當時我在上
海有職業之故，不能離開上海。所以推薦他去。

我編寫好的一本《醫療保太極十三式》。在最近時期，我已在書櫃中找過。但是沒有找到。待日後找到。就給你回信。

1971. 8. 12 大密覆

仁霖賢棣：

您好！

今接到你於本月四日來函，並附件太極劍譜，共計五十六個式子。我都知道了。而且你提出很正確的意見，要老徐刻在蠟紙上，印它幾十份，這個辦法很好。就費神他早日動筆，他日完成。外附太極劍譜原本。希查收為荷。

我又有一個要求，也是要老徐替我抄的，因為他寫字迅速。這個稿子，就是你寫的。寄到新疆去，給我大孫茂滇。內容豐富。抄一份給上海市中醫文獻研究館，是有必要。你看如何？

順祝

康健

大密
1971. 10. 8

1971 年葉大密來信

我近來因身體不很好，由勞保醫院醫師，給我休息。每日做天天作。所以上午天天在家。下午從兩點鐘起，天天在單位工作。你如星期六日來我家談談。或是平常來，都可以。就是要你把治風濕病方再抄一份給我。

田兆麟

仁霖同志：

來函敬悉。承枉駕失候為歉。

所稱「何孔嘉曾為先生出太極拳手冊一書」云云，核與事實不符。

數年前何君曾向麟學習此拳，當時係由何君自己筆錄成帙，並非為麟而作。麟以其只備同學觀摩，故未反對。但因事冗，未加校閱，以致謬誤百出，是則難辭其咎耳。

至於所藏舊鈔，被友人借去多年未歸，恐難望珠還。深慚衰朽記憶又不復清楚，是以對尊詢各點一時無從奉

答，當祈原宥，此後即頌大安。

田兆麟手啟
一九五七．三．卅一

再：敝寓係巨鹿路 221 號，來函誤 223 號，請察。

麟又及

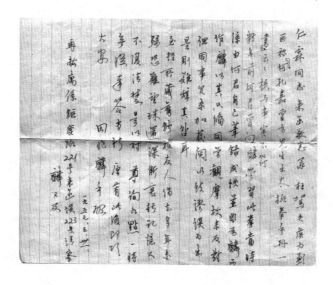

孫存周

來函稱呼不敢當。

先是亡弟務滋於民七、八年間，應太倉中學之聘，擔任武術教員。課暇之餘，去申孟德蘭路某宅教內家拳（形意、太極、八卦）。適時任丘劉某等，在山西路棣隆里組立武術社（社名忘記），亡弟常去閒話，社同人等從之學，會鄙係太極拳（此係亡弟於鄙人來申後，對余言）。鄙人於民八、九年間（確期已忘），應杭州友人之約，去

杭教拳。每月必赴申半月，住三多里，與吳得波等研究太極拳（未公開教授）。三年之久，未聞有教太極拳者（或係鄙人寡交遊之故）。殆十一、十二年間，始有陳某專教太極拳（楊系）。承下問，故敢兼陳。

　　茲有懇者：鄙人性不喜宣傳，望勿因來申之後先，作渲染溢美之辭。為禱。覆呈仁霖先生左右，並頌

　　文祺

孫存周書　四月十六日燈下

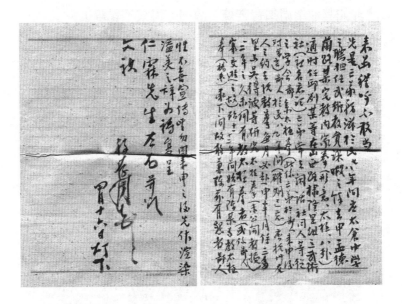

徐　震

仁霖先生：

　　承上月十四日書，欣悉，足下耽研太極拳已久，見聞甚廣。來書中言及拙著《太極拳譜箋》，此乃舊稿《太極

拳發微》中之一篇，未經發表，僅極少同志有借抄本（在上海借抄者，似乎只有一位，談君士琦）。而足下竟能見到，是徵搜訪之博矣。

　　拙著《太極拳發微》，乃抗日戰爭時在四川所作（1941─1943 年中寫成），當時雖亦能見其概，而實際體驗，相差尚遠。其中雜有惟心論之見解，文辭未盡園（圓）徹，須加修正處頗多。且就來書所引者言，從「太極拳之學」至「乃可事半功倍」，此數語尚可用，其下「非如其他拳術須費苦練，故曰『得來不覺費工夫』」，此即所謂未盡園（圓）徹者也。太極拳非不須苦練，特其練法與消耗頗多體力之外功，實有不同。其要在學與思交引互證，即理論與實踐，感性認識與理性認識交互證驗，方能不斷促進，環環提高。此其精思苦練以達形意交融、得心應手之過程也。用現代科學語言，再說得具體些：要練到神經完全聽命於意識，運動肌完全服從神經的指揮，

進而使隨意動作達到自動化。整個神經系統對外界和機體發生的變化情況，能在高度合作下，做最敏速的精確反射。此必須深入鍛鍊，直到不僅把大關節、大筋群練成敏速活動與穩定平衡的統一，更要進到把運動肌的內層肌肉束在每一敏速活動中與穩定平衡統一起來。使某一些肌肉束成為某一活動（瞬息即變的活動）的核心。這才能達到武禹襄說的「行氣如九曲珠，無微不到，運勁如百煉鋼，何堅不摧」的境界。《十三勢歌》中「得來不覺費工夫」之真諦，以我今日之體會言，正是精鍛細鍊，用力之久，豁然有會之境界。故舊說必加修正。茲修正如下：

舊譜歌辭：勢勢存心揆用意，得來不覺費工夫。

解：驗之於打手，察之於演架，是為勢勢存心揆用意。太極拳法，必依理察驗，乃可事半功倍。非專重費力苦練，即能有效也。必於思學交引中，悟其準則，證得新知，此所以言不覺費工夫耳。又，練太極拳在下基礎工夫時，練架宜勤，守法宜嚴，依此操練，或感腿痛，甚至骨節皆痛，此為換勁。造詣既深，其進益速，即使勤練，嚴法自繩，仍覺安舒，更無所苦，此又「不覺費工夫」之一義也。王宗岳《太極拳論》云：「懂勁後，愈練愈精，默識揣摩，漸至從心所欲。」正可與此互證。

來書問及郝氏孫氏兩家太極拳最初傳入上海之時間及其人其事，據我所知，孫氏一系比郝氏先到南方。其最初到上海者為蕭格清，字鏡泉，任丘人，是孫祿堂之弟子。其時間為 1921 年或 1922 年（民國十年或十一年）。其時上海有一武德會，主持人為我故友唐豪。蕭格清與朱國福

同任武德會教師。此時，上海人聞見太極拳者尚少。到1923 年春季，上海舉行一次規模較大之武術運動會（號稱全國武術運動會，係馬良發起與主持）。許禹生率北京體育研究社教師、社員十餘人到滬表演。其中有吳鑒泉、劉鳳山（彩臣）、程有龍（海亭）、周峻山（秀峰）、李劍華（現改用建華）、吳圖南等。（以上六人中，現僅李劍華、吳圖南尚在，餘已去世。）蕭格清亦參加表演。太極拳在上海始為大眾所知。1929 年 3 月，南京設立國術研究館。（後改名中央國術館。「國術」一名詞，到此才有，前此只有「國技」「武術」「武藝」等名詞。）未幾，即聘孫祿堂為館中武當門主任。

1929 年，江蘇省國術館成立於鎮江，孫氏改就江蘇省國術館教務長，兼到上海授拳。孫系太極流行於上海自此始。前此蕭格清雖通太極拳，以其多曉外功拳套路，滬人從學外功拳者多，幾乎無人從受太極。孫氏聲望素高，其太極拳遂有號召力。蕭氏與孫氏都稱其太極拳為郝家太極。由是，滬人始知太極有楊、郝兩家之別。（1929 年滬人對陳家溝一系，情況尚不甚了然。）

1929 年，吾師郝月如先生到鎮江，任江蘇省國術館教師。1931 年（民國二十年）謝去國術館事，寓居南京，傳其家學。1932 年，由我和前中央大學教授張士一介紹郝師到上海新亞制藥廠教拳（大約八、九月）。在上海月餘，仍回南京。即在是年九、十月間，郝少如到南京。明年（1933 年）春，由吳上千介紹少如至私立上海中學授拳。少如既至上海，並代其父月如在新亞藥廠施教，此後

少如即長期在上海，郝師僅短期至滬一、二次。

　　1935 年 11 月，郝師在南京逝世。此後少如任新亞藥廠職員，授拳成為業餘活動。總計郝氏父子到滬授拳之時間，迄今正三十年矣。孫、郝兩系太極拳傳至上海之情況，略如上述（孫雖出於郝，可以別成一系，最近所寫拙稿《太極拳史考》中曾做分析）。

　　來書又問我到上海之時間與工作地點等。撮述如下：

　　我家常州，距滬甚近，1913 年，即就學於滬。1920 年，始就事於滬。此後常往來於常、蘇、滬三處。在滬任課於滬江大學。自 1927 年起，離滬多年，直至 1948 年，重到上海，任常州旅滬中學（即今製造局路之女子中學之前身）校長，並在震旦大學中國文學系任課。在滬九年。1957 年暑假後，調來蘭州。此吾來往於上海之行蹤也。

　　至於與太極拳發生關係，乃自 1923 年始。其年春，我與馬金標先生及楊樸三人為武進縣武術界代表，參加上海武術運動會。始見太極拳（前此僅聞其名）。在會中與北京代表周秀峰先生定交，因向學到一套太極拳架（係許禹生《太極拳勢圖解》中的套路）。1929 年在南京，學於楊少侯師約五月。（所學為短架太極。此一拳架，楊師得諸其伯父班侯，班侯又受之於武禹襄者，故與郝家之架子極相近。）是年秋，楊師逝於南京。此後直到 1931 年四月，始識郝師於南京，從學月餘，中斷一年，自 1932 年 4 月起，再往受學，歷時兩年半。1934 年冬，我離南京，逾年，郝師逝世，我與少如相晤亦希。此後，亦常以郝家太極授人。

經余遊考，以武漢大學同事劉經旺（法律系教授）、余名漢（庶務主任）成績為優。1948年到上海，從予受郝家太極者，有林子清、談士琦、朱福寶。此外尚有學過楊、吳兩系，專來研究打手，未習郝家拳架者，亦有學外功拳與器械者，因與郝家太極無涉，從略。

我在前中央大學與武漢、安徽、震旦各大學都是中文系教授，未兼體育課，故對發展郝家太極，僅限於同事與朋友間，獨在常州旅滬中學任校長時，自兼體育課，但青年都不甚喜學太極，故所授者為外功拳與器械，獨朱福寶嗜習太極拳。然，所好乃在打手，於拳架先曾致力於楊家大架（此亦係我所授），近畢業時，始授以郝家拳架，草草學會，未及熟練，彼頗通郝家太極之理，而於形式則尚疏也。太極固以得其法則為重，然形式不講，便無外觀，終不為盡善盡美耳。

以上所言，容多謬誤，尚希足下，有以正之。足下研習太極拳，必富心得，願得聞知，以資啟發。大著何日可成？完稿後能先見示否？近日武術家多，武術學家尚少，今乃喜得切磋之友，甚望繼此常相商榷。

專覆。順祝

健康

徐哲東奉覆　1961. 5. 3

再，吳鑒泉在抗日戰爭時期卒於上海，其年月及壽數尚不確知，足下當有材料，幸示知。並請示知徐致一到滬授拳之年月。我與徐君原屬至交，本可直接函詢，因足下現在寫《上海太極拳發展簡史》，此等材料必已徵集。為

省事起見，故即奉徇於足下。

哲東又上

仁霖先生：

今日接到惠寄《太極拳運動》一冊，此書蘭州尚未見到，幸得先睹，不勝感謝。

前承惠贈油印本田兆麟先生得自楊家的《太極拳譜》。大作跋文中有「此譜為 1917 年北京田兆麟先生初到杭州時，里安葉大密先生倩吳深根從田先生處抄來」云云。1917 年時間有問題。我記得很清楚，民國十七年大約在三月間（陽曆），國民黨政府開始在南京成立國術館。開幕的那天，借一個戲館內開表演會。我是去參加表演的。就在這次會中開始與田先生相識，他說南來不久，想來他到杭州還在此以後。1917 年長江流域（或者說江浙兩省）還沒有太極拳的蹤跡。請先生再詢葉先生一下，是否把民國十七年誤記（或偶然說順了口）為 1917 年。如果是民國十七年，則當改為 1928 年也。

譜中所載《太極十三劍》，對我觸發了一個問題。我在蘭州和一位王福辰老先生（今年已八十六歲，新中國成立前甘肅省國術館教務主任，不幸於上月間去世）交流了一套劍法。這套劍共有八十一式，從它的順序與架式名稱來看，楊家太極劍顯然是據這套劍改編的。但這套劍其名是「純陽劍」。因此，我最近寫了《談太極劍》一文（共分上下兩篇），以考證太極劍的來源與演變。俟復寫後，當寄奉察正。

拙著《定式太極拳》（此拳套係我自編，以太極拳與

體操相結合）一稿，最近才完成，已被甘肅省體委會取去
（並照片及底片全取去）。末後《淵源》一章，即係拙作
《太極拳史考》中的一篇，此篇亦將於復寫後寄奉請教。

顧留馨著《簡化太極拳》，是一本好書，有一些不同
的看法，是可以商榷的。顧先生已有往來，要我提出意
見，我雖然記下了幾條，還未完篇，如遇見顧先生時，便
中請為致意，當爭取時間寫寄，向他請教。

茲先附上《吊拳師郝君文》《劉著武術講義序》，都
是新中國成立前舊作。吊郝文只可供考查時間，觀點議論
都是要批判的。

專布謝忱，即祝

健康！

徐哲東謹啟
1962. 4. 9

仁霖先生：

得五月三日書並附大作《各流派太極拳在上海的發展
簡史》，屢欲作答，乃百事紛至杳來，迄今將及匝月，稽
遲之歉，尚希見諒。最近西北民族學院要我為青年教師講
古典文學，題為《談韓愈的文學》。所以在整個六月內盡
全力趕寫講稿。

另外甘肅省體委會又在大力開展武術。從五月到六月
間連續舉行了幾次表演會。誠不自意頗獲過情之譽，遂引
致多人來相講習，本來每星期日上午，定為與諸同志講習
武術時間，近兩月間，星期日上、下午多有來者，晚間亦

有人登門造訪。再加以近來精簡下放運動及民院調整班級等措施，開會也很多，幾乎把時間都擠光了。上海各機關中想來也不會空，先生的工作是否比前也忙了？

大作講述田兆麟先生到浙江一段情況，是太極拳傳到長江流域的極寶貴的資料。我在四月間寄上的信中說：民國十七年三月間在南京一個戲院開表演會，始與田先生相識，他說南來不久，這樣寫確有錯誤。由於我腦子中存在著田先生是北京直到南京的影像，所以就這麼寫了。接到大札後，引起我再作回憶，原來我們見面時，是由一位李景林部下的副官（此人的姓名我都想不起來了。我認識李景林的副官有三人，現在只記得一位叫李叔同）。他在介紹時說：這位是北京來的田老師。我和田老一打招呼後，就說：田老師是新近來的嗎？田老點頭稱是。因此，我就一直以為他是從民國十七年春季才由北京南下的。現在事情弄清楚了，這對我極為有益，使我深深地認識到寫東西必須極其謹嚴，不可略存輕率之心。特此致謝。

張士一先生與郝派的關係是如此：張老原係前清秀才，又是一位老留學生，早就在上海南洋公學教英文。以前華東教育部長孟憲承還是他的學生。後來任南京高等師範學校教授。現在大約八十歲（確實年齡我還不清楚）。他在四十歲以前就很重視體育（重衛生，不重競技），他學拳大約在四十歲後開始的，先從楊澄甫，楊使董英傑直接指導。而董曾先從學於李香遠，因此張老因董而認識李氏。改從李學。李氏性情極怪僻，向從學求索無饜，在南京弄得無人上門。正在此時，有人邀李到太原教拳，李

因此離寧。郝月如師初到南京，借寓李處（李係為真先生之弟子）。張老與之相識。李去南京後，張即正式受學於郝師（其實李未去寧時，張已向郝師請教了，不過迴避李氏，沒有公開），這是 1931 年的事。是年暑假前，我亦因張之約，受教於郝師，但我和張先生目的不同，他是以養生保健為主，雖然也要求瞭解一些技擊術，並不以此為重，我則以學技擊為唯一目的。我從郝師兩個多月，學會了郝家太極的套子，全不瞭解其作用，卻主觀地認為這也沒有什麼。不願意繼續學下去了，過了整整一年，張老來找我，鼓動我再到郝師處去。

我很直率地向他說：「我要學的是打法，你可否和我試一下？」張老說：「我不注重這方面，但我確知郝老師技擊功夫極高，你可以直接和他試。」當我隨著張老去見郝師和他較試時，憑了有了一些實打的經驗（這是和杜心五師打出來的），膽子頗壯，可是一舉手就像落到了電網上一樣，再也不好動了。心上正想抽手撤步，只微微一動，身子就側過去，搖搖欲墜。這時郝師把手輕輕一送，如風飄落葉，我就翻倒在大約五尺距離的床上。從此，我才信服他，誠心誠意從郝師學習。因此，我對這位老師兄是十分感激的，要不是他二次來找我，我會當面錯過最好的機會，至今還是好龍的葉公。張先生現在仍在南京師大任教授（似乎還兼著一個外文系系主任）。他的郝家太極拳架是很標準的，理論也很高，而且是全面的（養生與技擊）。不過在技擊一面，最重要的還是交手實踐。在這一點上，張先生限於年齡，勢不能做較多的努力了。

　　郝家太極拳是以技擊為重點的。從武禹襄到李亦畬的著作中，可以證明。其理論的核心，是力求輕圜（圓）、靈、妙，其練法的特點是嚴、密、深、細。但正惟如此，所以不容易瞭解，反而會使人感到繁瑣。非耐心探索，難於契入（從我本身的事例，學了兩個月不想學下去，也可說明這一點）。拙著《武郝系太極拳》將從理論上加以闡明。至於在強身治病，也是有效的，並有不少事實可以證明。

　　大作《各流派太極拳在上海的發展簡史》，精到翔實，確為一分（份）極可珍貴的資料。所須補充的一段，似可再向趙壽村處探問。又我在三月間得徐致一來函，言將於五月間到上海，可能現已來滬，如先生欲向徐君訪詢此事，我亦可為介紹。另外有鄙見幾點提供參考：

　　（一）大作中所用「內家拳術」鄙意宜一律改為「內功拳術」，「內家」與「內功」從歷史上看，從其具體內容來看，都是有區別的。「內家拳」實際上只能作為一個拳派的專名，內功拳則是多種拳派的通名。但這兩個名詞，混用已久，我在 1928 年以前，也曾以內家（外家為內功）外功之義（見拙著《國技論略》，1930 年商務印書館出版，此書中錯誤之處甚多，但也有一些還可取出的東西）。從 1929 年起，開始太極拳史的研究，才逐漸覺得這兩個名詞，應有區別。最近拙著《太極拳淵源簡述》中，已作為一個基本概念提出，這一見解與我相同的有唐豪（顧留馨也同意了我和唐豪的見解）。現在雖然在使用上還沿襲舊日之訛誤，將來對這兩個名詞的概念必然會分

清的。因此，請在大作中改定如何？

（二）大作在總括中說，發展面的廣狹，「不僅僅是傳入時間先後單方面的問題，應該承認是和群眾的愛好，教授者的教學方式方法，以及實踐是否能和理論結合等多方面的因素有關」。這話當然是對的。但我以為拳路的適應性和各流派的歷史條件是兩個重要因素，必須特別提明。從適應性來說，楊、吳兩派的拳路適應性確比其他流派的寬廣，既適宜於普及，亦適宜於提高。陳派太極運動量大，難度又多；郝派太極有它的專門性，一般難於契入，這在上面已經說到了；因此，這兩派在普及的方面，是受到了限制；孫派出於郝派，所以適應性也不如楊、吳之寬闊。從歷史條件來說，楊氏三代都以授拳為專業，又長住在北京，培養了不少專業拳師，也教出了一些知識份子；吳氏也兩代在北京教拳，門徒之廣，僅次於楊。這一歷史影響是起著巨大作用的。孫氏雖亦處北京，以授拳為專業，但從他成名開始，他的藝業又以形意為主（從《拳意述真》中形意、八卦、太極所占的分量就可看出）。這在歷史條件上就不如楊、吳了。至於陳、郝，既偏於一隅，而且郝氏的師承，武禹襄、李亦畬又都是當地士紳，除至親好友外，並不廣傳。郝氏父子，都是業餘愛好者，直到晚年才以授拳為業。這些歷史條件，和發展面的廣狹是很有關係的。因此，我以為這兩個因素，可以補充進去。

（三）注 21 中「吳艾紳字鑒泉（1870—1942 年），河北大興人，年少時愛好摔角術，太極拳從父親全佑學，

長大後又從宋書銘研究……」鄙意為更符合於事實，當說吳鑒泉原名艾紳（1870—1942年），滿族，河北大興籍，後用漢姓（因為滿族改用漢姓多在辛亥革命後，如許禹生在辛亥革命前，只稱霽厚，並未加上漢姓「許」）。又吳鑒泉從學於宋書銘是民國初年之事，其時吳氏年已近五十，而且已是成名之人。如以「長大後又從宋書銘研究」則似很早就從宋研究了。改為到民國初年（或作「到近五十時」。民國元年吳氏已四十八歲），乃更明確。

（四）注31中說郝為真的太極拳，「內容強調呼吸開合……」鄙意此句宜改為特別重視身法的規矩、步下的虛實和開合動作。這是符合實際的。李亦畬的《五字訣》中雖有：「呼吸通靈，周身罔間，吸為合為蓄，呼為開為發，蓋吸則自然提得起，亦拏得人起，呼則自然沉得下，亦放得人出。此以意運氣，非以力使氣也。」看來似乎極重呼吸與開合的配合。其實這裡所說的呼吸，乃是在外部動作時所產生的內部感覺，並非指鼻孔出入氣的呼吸而言。從它的「自然提得起」，「自然沉得下」及「以意運氣」等語上可以理解其真實內容。這是我親受之於月如師，也是我三十年來親身練郝派太極的經驗中所證實的。我所以要提出這一點，因為恐怕引起誤解，致生流弊。有些人提倡把鼻孔呼吸之氣與動作相配，還寫了文章發表，有很多人認為離奇，求有速效，照此去做，結果造成病狀。較久以前的不說，就把近來兩件事為例。

一個是去年暑假我在興隆山療養院中，遇見一位姓周的療養員向我說，在練簡化太極拳時覺得頭暈。我叫他操

演一套後，告訴他說：你只要不把呼吸去配合動作，也不要使眼睛注視著手上，只把眼睛向出手的方向平看，自自然然地練，解除神經的緊張，勿使內、外部彆扭，這一病象就會消失的。他依我的話做，果然好了。最近，甘肅省體委會開辦的太極拳訓練班，有不少人向教師施伯衡問怎樣練氣，施根據我的話「身法拿對，呼吸自調」的原則給他們解釋。有位姓馬的女同志不信，她自作主張，用呼吸去配合動作，結果背上腫了，她才驚慌地再請教施同志，施叫她趕快不再這麼做，果然不久腫就平了。這是施伯衡在上一星期裡告訴我的。因此，我在寫的有關太極拳作品中，往往有反對以呼吸配合動作的論調。最近還寫了一篇短論——《太極拳不宜提倡配合呼吸》。這並不是因噎廢食，乃是本著我的經驗和學理來分析而得出的見解。總括地說，不配合呼吸至少沒有什麼壞處；配合呼吸並無特別好處，而發生流弊的可能性很多。那末（麼）我們練太極拳該何去何從呢？這就是我的論旨。為了免使閱者發生誤解，所以我向先生提出這一建議。

唐豪的《內家拳》我現在沒有了，記得內容也不過匯輯黃宗羲父子及《寧波府志》等涉及內家拳的材料，加以論證，說明其自成一個拳派，與太極拳不是一派。《陳氏世傳太極拳術》我是有的，現尚借出在外，俟收回可以寄奉（或者在我暑假回滬時帶奉）。先生上次來信中說到太極拳家中還有宗派主義，可否把具體材料供給我一些。

茲附上拙作《太極拳淵源簡述》一篇，寫得太糊塗了（以上題目是用《太極拳史考》中的原名，這個複寫本與

移用於拙著《定式太極拳》的內容沒有區別）。比較清楚
的一份被甘（肅）省體委會取去。懇請對這篇拙作儘量提
意見。這封信在上月廿七日開始寫的，由於事情不斷，直
到本月五日才能寫完，還沒有時間錄出寄奉。直到今天小
兒回來，才叫他（幫）我謄清。因為信太長了，拙作當另
行寄奉。

西北民族學院在十五日結束考試，我如果到上海，恐
怕要到八月，因為還要準備下學年的功課。

此致

敬禮

徐哲東謹覆

1962 年 7 月 8 日

拙作《太極拳淵源簡述》將並給談士琦同志和孫瑤岩
同（志）一看，將由他們轉上。再談同志所收集的武術書
籍極多，唐豪著的《內家拳》和陳子明著的《陳氏世傳太
極拳術》他可能都有。如願與之見面，我可以介紹。談、
孫都曾從我學過拳，現從學於郝少如。

哲又筆

仁霖先生足下：

承示田兆麟先生到浙及孫務滋到滬之年代之確證，自
是可信之史料。太極拳南傳，此當為最早者矣。

近來所出版的各家太極拳書，都稱某式，如吳式、楊
式、孫式等。不妄以為始用某式時，為恐犯宗派門戶之
嫌，故不敢稱派耳。不知派有宗派之派，亦有學派之派。

宗派之派，固不當犯，區分學派，有什麼不對呢？京劇界不諱言梅派、馬派。百家爭鳴方針並不反對建立學派。在武術界乃不敢言派，豈非知其一，不知其二。然使「式」之為詞，無可非議，用之宜也。乃陳、楊、武之異同，不專在於形式。楊氏以鬆緩變陳氏之沉柔，豐富了太極拳技擊的練法，此已不止形式的改變，而更有其新的內容。武氏不但在練法上又開一徑，其功績尤在理論上的闡發，不但將王宗岳舊譜之理論具體化，並將鍛鍊之關鍵與程式，開始明白指出。其後若吳、若孫亦各有獨到之處。而孫氏之融合形意、八卦亦涉及理論。凡此皆非專從拳式上可以包括其異同，區分其特點，豈可獨以「式」之一詞概之乎？鄙見如斯。（我對武禹襄一支的太極拳，稱之為武郝系，系之義亦猶派也。其他如楊、吳各家亦皆稱之為系，蓋乙太極拳為拳術中之一大派，故於太極拳的各家稱系以別之。若乙太極為一個拳科，則各家皆當稱派。現在拙稿中此等名稱尚未劃一。要之決不用「式」。）足下以為何如？

公餘有暇，希惠覆示。介紹書附奉。拙作《太極拳五詠》先寫奉察正。惟未將注文錄入耳。即頌

撰祺

徐哲東奉啟　1963 年 5 月 30 日

拙作《太極拳五詠》本有注解，以文多暫不錄呈。聞趙壽村先生得末疾，現在略好否？陳鐸明亦得此病。此病至得病之由，足下能一探其評見否？又楊澄甫先生病逝之情況，前雖聞顧留馨言及，今已記憶不清，似為臍眼出

水。葉大密先生，想知之更詳，能詢明見示，至所感盼。

仁霖先生再鑒

哲東又上　5 月 30 日

太極拳五詠

其一：

八法[①]35 須常守，行功轉換清。剛從柔裡得，快以慢中成。

閃戰基腰運，騰挪賴步輕。莫憑能苦練，理解貴分明。

其二：

三環連九折，節節盡關通。開合長蛇勢，盤旋舞鶴容。

懸衡由一線，馭氣屬雙瞳。綿裡藏針候，剛柔處處融。

其三：

意態融合極，全身點點靈。晴江輕浪舞，碧空片雲停。

滴溜聯珠轉，渾圓一氣成。神完心若鏡，爐火看純青。

其四：

握有玄珠在，神同霽月明。滄和基體泰，延壽見身輕。

氣貫三田徹，心強六府（腑）清。還能增德慧，何用索黃庭。

其五：

探賾尋原理，來從辯證求。欲明山右論，應闢遠橋流。

蔣發功難沒，陳宗績自稠。存真宏妙用，馭駿駕新輈。

以上五詠，前三首作於 1961 年 8 月 7 日，僅言技擊

———————

① 八法謂提頂、收臀等，非謂掤、攦等。

之要，未概舉其全體。今年五月春假期間，補作兩首。其四闡養生之理，及有裨於進德修業之義。其五辯唯物唯心之歧，明師承所自。所見頗有異於時流者。凡學術研究，當實事求是，乃可弘揚妙用。採舊傳之英華，闢無窮之新徑也。

　　　特錄呈　仁霖先生察正

　　　　　　一九六三年五月二十八日　徐震　並記

仁霖先生：

去年年底承購趙書六體千字文寄來。先生不忘所托，隨時為我注意需要的東西，深為感謝。當時匯還價款時，曾於附言中說：不日另有書寄奉。但以急事迭來，每至提筆，輒被打斷。直至今日方能奉書，知我者當能諒之也。

去年《體育報》曾登過若干篇有關討論纏絲勁的文

章，這一問題，是由徐致一提出的。他在發表文章前，曾來書徵求我的意見。我簡單地答覆他後，即將我的書稿寄給及門朱福寶。適朱生因公到上海，他去訪顧留馨，將我的答徐致一信稿給顧看了。還向顧提出了一些關於太極拳歷史方面的問題。不久，顧君便來信發動我參加纏絲勁的討論，並言我的見解和他基本相同。但我看了顧君的《太極拳研究》，認為其中有好的部分，也有不少問題。好的部分是對運動和練法，有些說得較深較細。存在的問題，在唐豪的遺著中最為明顯。唐豪在抗戰期間曾發表過與此遺著內容相同的文章，硬說王宗岳《太極拳論》後邊的張三豐遺誨云云是武禹襄加上去的。他說：這是武氏要為楊露蟬（禪）做宣傳而偽造的。他硬把禹襄之孫萊緒在民國廿三年作的《武禹襄先生行略》及武派的傳人馬同文的抄本拳譜（馬氏抄本上的《太極拳論》後邊有張三豐遺論云云）作證。把李亦畬的「太極拳不知始自何人」，說是李為他的舅父武禹襄捏造歷史做的飾說。他卻不問武萊緒作行略的時代，也不管馬同文是何時人（馬同文的年齡與郝月如師相近）。他不顧到萊緒、同文都已經受到了張三豐創造太極拳說盛行一時的影響，隨風而靡，襲用訛說。反而用形而上學的方法，用想當然的推測，挖空心思，苦鑽牛角，硬要誣武禹襄、李亦畬，為他們虛構許多想法和行動。（現在我又考出，張三豐云云的附記，出於宋書銘之手。當於另一文中詳說。）可是後來唐也自己覺得不對了。他在一九五七年的《武術運動論文選》上，發表了一篇《太極篇的發展及其源流》中，就承認了我的論斷，也

說張三豐云云，是楊派的學人加上去的。

現在顧君又把唐豪在抗戰時的舊說搬出來，而且沒有注明唐豪寫作的年月。（唐君舊說，見於《中國武藝圖籍考補編》的《太極拳譜一卷》中。其書於一九四〇年出版。）那末（麼）唐說究竟以抗戰時的論斷為正呢，還是以一九五七年的論斷為正？也許顧君把唐君的前後相反的論斷忽略了。然而這一疏失，疑誤讀者不淺。另外，斷定太極拳創自陳王庭，是顧繼唐說加以補充的。其實沒有加添出什麼有力的新證件。雖然搬來了《陳氏家譜》《明史：楊鎬傳》《明實錄》《國榷》《王朝遼事實錄》上唐氏未使用的資料，也只能豐富陳王庭本人的事蹟，要作為王庭創造太極拳的證據，是毫無作用的。（這一點你我所見相同。）

至於說郭永福的拳是向陳家溝學的，更是無根之談。在我看來，從郭永福的拳譜及其傳授的歷史中，反而給太極拳在乾隆年間傳入陳家溝多添了證據。並且更有力地證明一百單八勢的長拳，不是陳家溝創造的。關於對顧書中要提出討論的各點，並不止此。因此，我不想發表文章單獨來談纏絲勁的問題。（聽說現在《新體育》也在停止登這一問題的討論文了。）

我想重寫一下《太極拳考信錄》，並寫一篇《對顧留馨同志的〈太極拳研究〉的商榷》。現在苦於時間太不夠，所以雖然寫了不少單篇，還沒有組成全編。我想《太極拳考信錄》遲早要寫出來的，「商榷」一篇如果時間隔得太久，當考慮換個題目來寫。

附寄上照片一張，請留念。本日我還有一書與談君士琦。希望先生和他將接到的信互換一閱。好在你們已經會晤過了。

要寫的話還很多。又有事情來了，只得到此住筆。

順祝

健康

徐哲東

1965. 3. 5

徐致一

仁霖先生大鑒：

久仰，芝範，無緣承教為悵。日昨接奉大簡，藉悉先生正在編寫上海太極拳發展簡史，囑函告吳式太極拳傳入上海的情況，略述如下：

1926 年：吳鑒泉老師的長女英華，本在北京樂家教拳（樂家是同仁堂藥店老闆），大約是樂家所介紹，曾於是年到上海教太極拳，學拳人是某銀行家的眷屬，僅一年，即返北京。（以上是我向吳師高足金玉琦問知的，彼已記憶不清，無法詳告。）

1927 年：是年夏天，我從北京回到上海，本想自己設社

仁霖先生大鑒：

久仰　芝範，無緣承教高悵。日昨接奉　大函，藉悉　先生正主編寫上海太極拳發展簡史，囑述吳式太極拳傳入上海的情況，略述如下：

1926年：吳鑑泉老師始從名英華來北京，常來教拳（紫霧禹同住者逢老圃）大⊗紹吳鑑家弟台紹曾引我到上海教太極拳學拳人多⋯家的春假，僅一年即返北京。（⋯是我的⋯北京金玉琦同志的他的記述不清，詳⋯）

1927年：遲年春天我從北京回到上海本極即已設社教拳。旋入上海水泥公司當文牘員，沒有成為事實。是年冬，應精武體育會之聘，擔任太極拳教師，僅受薪三月，即自請改為義務職，大約教了三年光景（是利用早晚業餘時間）后來因為工作太忙，無法繼續任教而止。是年九月曾出版太極拳淺說一書，以資宣傳。我雖從吳師學拳多年但沒有正式拜師，對太極拳亦只是略懂皮毛而已。我的原籍是浙江餘姚⊗⊗生長在上海。原名承基，回滬後，一直以字行。在精武體育會曾被選擔任理事多屆。1930年離開水泥公司，以後一直在工商界任事，沒有再當過

（宗百紅識）

教拳，旋入上海水泥公司當文牘員，沒有成為事實。是年冬，應精武體育會之聘，擔任太極拳教師，僅受薪三月，即自請改為義務職，大約教了三年光景（是利用早晚業餘時間）。後來因為工作太忙，無法繼續任教而止。是年九月曾出版《太極拳淺說》一書，以資宣傳。我雖從吳師學拳多年，但沒有正式拜師。對太極拳亦只是略懂皮毛而已。我的原籍是浙江餘姚，生長在上海，原名承基，回滬後，一直以字行。在精武體育會，曾被選擔任理事多屆。1930年離開水泥公司，以後一直在工商界任事，沒有再當過太極拳教師。新中國成立後，曾在上海市輕工業主管部門工作數年，現因年老力衰，奉准退休。

1928年：是年秋，吳鑑泉老師率門人金玉琦、葛馨吾等去滬教拳，延聘者甚眾。曾任國術館、精武會等團體的太極拳教師。在青年會十樓，也曾設過太極拳社。吳師的另一高足趙壽村是在1935年才從蘇州來到上海的，在上海也教了好多年的太極拳，從學者甚眾。

　　以上都是一些記憶所及的概況，詳細月份以及其他情況，都已記憶不清，只得從略。

　　又，我是北京政法專門學校經濟本科畢業的，上文漏述，特再補述。

　　尊函本擬即覆，因等候金君面告上述的部分情況，所以延遲了一些，當希鑒原。

　　匆覆不盡，敬頌

　　著祺

弟徐致一敬上
1961. 6. 1

濮冰如

　　仁霖師弟：

　　你好。我上周到顧老師家裡開體育研究座談會，有八位同志參加，大家提意見供他到北京做資料。顧老師要我們收集老前輩的拳史。我想寫老師的拳史。苦於我不太清楚，請你代我寫一篇，以便編入《上海體育史》，也表示我們學生對老師的敬意吧。

冰如手上 1978. 12. 5

　　仁霖師弟：

　　我區上月搞了一次推手比賽，很受群眾歡迎。一則瞭解群眾的推手掌握如何，二則對推手起了一些鼓勵作用。由於第一次搞這活動，大家都在摸索的過程中，缺點很多，許多人不懂推手，好似摔跤，兩人相抱，大家摔倒。

我區擬舉辦楊式和吳式的訓練班。吳式請馬岳梁，楊式請你擔任教練。什麼條件？一班多少人？周幾上課？什麼時間？請你考慮後回答我，以便正式發邀請信為荷。

此祝

健康

濮冰如草　1979.1.5

仁霖師弟：

來信收到，你能大力支持我區舉辦推手訓練班，我們非常感謝，並為學員獲得一位好老師而高興。我已為你選了男女各兩人作輔導。我們計畫在春節後開班。你的提綱可先寄來油印。因體育場正在造，看臺場地沒有，所以只好延些時候。目前太極拳百花齊放，今年全國要舉行推手比賽，上海也要輸送人才。我因年老體力不支，只能輔導拳架。推手一項，只能仰仗於你了。只要對推廣太極拳有利的，我盡一切力量，大力推薦，做一個橋樑作用。下週六不下雨，我上午九時左右到淮海公園面談。

祝好

濮冰如　筆　1979.1.14

仁霖師弟：

昨日見到體委負責人，他們商量結果決定於本月下旬開班。吳式推手星期二、五，兩次。你準備哪兩天？學員們要求最好安排一次星期六或星期日晚上，另一次請你考慮那（哪）一天？來信通知，地址寫到我家，以便發信。

祝

好

濮冰如　1979. 2. 8

曹樹偉

仁霖師兄：

在去年十二月底前曾寄去你工作單位一信和一張聖誕卡，一直未接到您的覆信，未知此卡此信有否收到？如無收到，或許因我的信是寫在一張複印有關介紹鄭曼青生平事蹟的後面有關。因為我知道你喜歡收集這方面的資料，故請我一徒弟複印給我寄你的。由於香港生活節奏緊張異常，故甚少執筆，尚祈見諒。

這次，我已訂了本月 22 日飛滬的機票，主要是因為有一些手錶零件（機械表的）可能向國內的有關公司訂購，數量相當大，每月每種需一百萬個，而據悉國內手錶生產有開工不足的現象，故相信是能為國內所歡迎的，因就這個項目，一年可為國家帶來數以百萬計的港幣外匯收入。當然，會否成功，就要看各方面的合作如何了。我這張可能到手的訂單是透過一日徒弟的日本大手錶集團公司爭取到的。關於最近舉行了兩位授徒的儀式，特寄一幅相片給您留念。我此次回滬，仍想抽時間和你們一些老弟兄一聚，更想一拜訪濮冰如師姐，請你和她為我寫篇序言，因不到兩年前，我曾應這裡第三大報（銷量）新報之請寫和發表了《太極拳秘奧之剖析》，打算在今年抽時間修改出版成書，我將會乘此次帶回複印本送你和濮師姐各一本，請提些寶貴意見，並為之先寫序言。請代向濮師姐

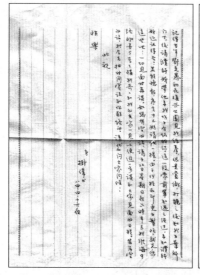

先打個招呼。記得當年鄧克愚初在復興公園見我練拳，很是賞識，打聽之後知我為葉師門下，後請濮師姐帶他來我場子介紹相識。這一段蒙前輩知遇之經過，未知濮師姐還記得否？若能憶起，序言中不妨請她一提。

　　由於行程在即更為繁忙，就先寫這些吧！一切見面時再談。如您有空的話，請於 22 日星期日夜六時半去我淮海中路 670 弄 5 號三樓我哥哥和我的老家一見，以便進一步談和大家見面的日程。若無空的話，我會另抽時間電話和你聯絡的。請代為向大家問候！

　　此祝
快樂

弟樹偉書

八四．四．十六夜

顧留馨

仁霖同志：

感謝您遠道把《楊式太極拳》送來，社方已拍好書影後歸還。本當親自送還，奈足疾初癒，不敢走動。您有便時請駕臨舍間敘談，並將該書面奉。您前寫上海太極拳發展史，我已送給市體委上海體育史料組，可能會刊出於該會刊物。

祝好

顧留馨　1983. 3. 3

馬岳梁

仁霖同志：

所詢數則分答如下：

1. 太極拳宗師吳鑑泉老先生，於西曆 1941 年農曆壬午年 6 月 28 日仙逝，享壽 73 歲。在上海大陸殯儀館寄柩。現葬閔行長安公墓。

2. 余來上海是 1929 年 7 月 20 日，是在上

海醫學院（舊名中央醫學院）實習醫院，上海紅十字會總醫院，地址華山路。當時在工餘之暇協助吳師在上海國術館教授太極拳，地址河南路天后宮內。以後於 1931 年在威海衛路中社，創辦了鑒泉太極拳社，吳師任社長，我任副社長。抗戰後又改在青年會 9 樓屋頂，建立鑒泉廳，吳師任社長，我為副。

3. 吳式太極拳傳於上海，的確是由吳師長女吳英華在 1925 年受西門子洋行華經理管子菁之聘來上海，設館於北四川路黃路之管家，至今已有 36 年。至 1926 年，吳師始來上海。

專此敬信，並頌

進步

馬岳梁

1961. 6. 7

仁霖同志：

您的來函收到，所詢問的各項，今每條分別答覆如次：

1. 吳英華老師第一次來上海是在 1925 年（即民國 14 年）。（民國 25 年是錯誤。）

2. 管子菁住北四川路施高塔路，在他家教授太極拳約半年即回北京。

3. 鑒泉太極拳社首創於威海衛路，靜安別墅後面中社樓內，時在 1931 年，即民國 20 年。次年遷至慈惠南里，以後又遷至八仙橋青年會 10 樓。

4. 吳鑑泉宗師來上海是應黃楚九邀請，是在 1927 年（即民國 16 年）夏季，住愛多西路南京大戲院對面。次年全家來滬即租房於辣斐德路桃源村 5 號，以後從未遷移。（慈惠南里是我的住家。）

5. 馬岳梁，又名馬嵩岫，現年 61 歲，北京人，滿族。

另供給您一件有價值的資料① 如次：

吳氏宗祖全佑，字保亭，生於道光十四年甲午肖馬（即 1834 年），故於光緒二十八年壬寅（即 1902 年），享年 69 歲。（現在已無人曾親受教於宗祖）。張達泉老師是在 1944 年（勝利前一年）由吳師母收的師弟。

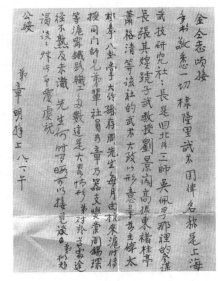

專此信候，並致

敬禮

馬岳梁

---

① 馬岳梁所供「有價值的資料」，談及張達泉在吳鑑泉故世二年後，找到吳鑑泉的太太，要求拜吳鑑泉為師兄。所以，馬先生特地注明張達泉是「吳師母收的師弟」，還強調寫此信之時，「現在已無人曾親受教於宗祖（全佑）」了，確證張達泉並非從全佑學拳。

章啟東①

金同志頃接：

手書敬悉一切。棣隆里武術團體名稱，是上海武技研究社。社長是舊北洋三師吳佩孚那裡的參謀長張其鍠，號子武。教授劉景閣、高振東、褚桂亭、蕭格清等。該社的武術大致以形意拳為主體，太極拳、八卦掌，大約孫存周先生每月由杭來滬時傳授。同門師兄弟輩社員如章乃器、支變堂、周錫琛等，滬寧鐵路職工多數。這是大略情形。弟對於尊處途徑不熟及未識。先生何時有暇可以接見。弟擬趨謁談談。草此。即覆虔祝

公綏

弟章明　拜上

八、一、午、

吳藕汀

仁霖吾兄惠鑒：

承賜舊印八方，至為名貴。使敝篋增色不少。厚誼隆情，殊深感謝。專此。順頌

秋祺

弟　吳藕汀頓首

九月十一日（民國三十六年 1948 年）

---

① 章明，字啟東，孫祿堂先生弟子。歷任中華體育聯合會總幹事、上海國術館籌備委員兼董事等。

十一月七日金仁霖致吳藕汀[1]

自 1949 年一別至今，已逾卅載，真是鬢毛已衰故人稀。弟自 1950 年冬參加華東紡管局入疆工作隊，回禾後即未再遇澹伯。1962 年秋祖母故世，當時弟曾返禾一回。據同學告知，澹伯約於 1956 年歸道山，確切日期，他們也不知其詳。再者 1949 年方去疾兄集拓《苦鐵印選》時，曾托

弟轉借尊藏吳刻四印，譜成已 1950 年初夏。當時兄名雖列入譜中藏印姓氏之中。但總以印章尚存弟處，未曾歸璧為憾。「文革」中弟存於先父處之印章書畫，全遭抄毀。惟此四印仍是去疾原封，置於弟常用姓名印中，隨身而行，幸獲保全。今吳作頗受重視之際，不知吾兄擬作如何打算，一併望告。這次偶因投稿機會，得遇潘德熙兄，蒙告吾兄地址，具函問候，並請示尊見。

藕曰：

突然接到金仁霖兄來信，非常驚異。因為錢同春兄

在嘉興，已常通信。徐熊飛兄在湖南，幾年前也有音訊。只有金仁霖兄，卻杳無消息。還是在 1949 年春天，仁霖來借我藏印中的吳昌碩刻四方印章。以後遭逢兵亂，從此與仁霖斷了資訊，首尾已經是 34 年了。當年他還不過是方過弱冠之年，現在自然是「鬢毛已衰」了。當時他是受方去疾之托，為方介堪鈐拓《苦鐵印選》而借去的，我以為早就化為烏有了。不料竟然還保存不失，真是意想不到。仁霖問我「如何打算」，我此時只想能夠看一看再說，因此隨即寫信去請他寄來，重新一見為快。不過我的藏印，盡以易米而去，留此四印，不覺感慨萬分，不能自已。沒幾天就接到了仁霖寄我四印。吳昌碩刻印，存世不知尚有多少，此四印之倖免於難，亦是很幸運的。近來吳氏作品，不論書畫篆刻，卻很重視，仁霖能於數十年後，完璧歸趙，確是藝林中之一段佳話。其四印一：「出入大吉」半白半朱。款四邊隸書，作「此印仿漢，余以為最得意之作，朗翁以為然否。古桃吳俊並記」。二：「臣顯」白文。款作「壬午夏俊卿」。三：「質公」白文。款作「質公正刻，倉石吳俊」。四：「老樸塗雅」半白半朱。款作「樸丈正之，俊卿」。

十一月二十一日金仁霖致吳藕汀

十六日收到手書後，十七日午即將吳刻四印，由四川路郵局寄出。見到所附鄧散木印拓，原擬略一告知伊之情況。適值本期《人物》出版，其中載有鄧女撰寫的《我的父親鄧散木》一文，在遭遇方面，言之更詳。故於十八日

郵寄一本，以代我言。為了報答澹伯給我的教益於萬一，特在他為我所刻的印章中揀出八印，鈐拓於紙，撰簡介短篇，作《書法》現代篆刻家作品選，稿已寄給潘德熙兄，想來他必能玉成其事。

藕曰：

龔翁我很早聞其名，這位鄧先生抗戰前為杭州淨慈寺寫了「佛殿」兩個大字，代替一般寺院正殿所懸「大雄寶殿」。我戲謂真是「佛頭著糞」了。不過鄧先生具名「鈍鐵」，恐怕也是避免了這句笑話吧。我到上海，常去宣和印社，因為我與方節厂兄交情還好，他又為我代向龔翁寫了我先祖母像贊，可惜訃告還未印好，在印刷所裡被丁丑兵火燒掉了。

一九四八年戊子，金仁霖兄在上海結識了鄧先生，而鄧看到了我所藏他的老師趙古泥先生的「海虞舊族」朱文一印，乞金仁霖向我索之而去。我又送了他昌羊室鈐拓的《靈芬館印存》一部。自此也有信札往來，又為我刻了兩方印章。一是「淨廬」朱文，一是「吳藕汀」白文。而今朱文一印已經失去，白文一印，仍然在使用。頂上款作「戊子十月，散木仿漢」。

十二月二日金仁霖致吳藕汀

附來近作山水，豪放之氣，溢於紙面，請先謝之。三十年來，平生愛好一度棄文就武，研習太極拳。僥倖的是和書法篆刻一樣，碰到的也是屈指名流，所以自以為也有

所得。我寫了篇《在上海的各流派太極拳》，略表數典不忘祖之意耳。關於熊飛、同春和我經手拓成的《百家印譜》，當時共約卅部，其中較好的約十部。工本費原來說定三人各負擔三一。後來不怎的，熊飛說同春的也由他負擔，並說同春兄只出力，不出錢了，言外之意就除了給同春應得較好的一二部外，其餘同春原來應得的一份，由他處理。實際上，當時我也只拿到了三部，二部有夾版的一好一差，一部沒有夾版的當然也是差的。恰好當時正逢孔雲白在我童軍路住所後面的民教館展出書法篆刻，由同學介紹來我家，看到此譜後，一定要索取一部，當時我給了他一部差的。還有一部有夾版的，後來給了鄧公散木。剩下的一部，我換上了楠木夾版，至今還保存著。後來澹伯問起此事，我把情況告訴他時，他老人家也連連搖頭。據我所知，譜成後，他來上海，一部在徐寒光處，交換璧壽軒印泥。一部在張魯盦處，換取《金罍印摭》。還有一部透過其石，在某家換到艾葉綠凍一方。

　　據我在「文革」前收購到的鐘沈霖刻「河南世澤」一印，在郭若愚智盦的邊跋中來看，當時也得到一部。再據方去疾編訂的《明清篆刻家流派印譜》中選有花榜刻的「救寒莫如重裘，止謗莫如修身」一印來看，方處也有一部。當然我應該為此譜能流傳開去，被愛好者引用而感到高興。所可惜的是，當時熊飛兄都著重在物質利益上打算盤，而沒有換到藝術界前輩或名家們的珍貴友情。因按當時的社會條件和他家庭經濟情況，都僅可不這樣做。

藕曰：

《百家印存》中，我有鐘沈霖「小紅低唱我吹簫」白文一印拓入。仁霖信中提及「河南世澤」白文圓印，款作「戊辰冬霖作」。尚有郭某附跋云：「鈐印盧集印有『小紅低唱我吹簫』印，其款為同治五年小春月，角裡鐘沈霖篆。刀法與此相同，《印人傳》有鐘沈霖，當即其人也。己丑大暑節，偶撿此石匭記之，智龕。」花榜所作「救寒莫如重裘，止謗莫如修身」朱文一印，為仁霖贈我，亦經拓入。款已不全，留有「吳門花榜篆，寄槐谷……時……」諸字。今我所知《百家印選》除仁霖上海有一部外，許明農、江漁人兩兄處，各有一部留存，俱在嘉興。

五月六日金仁霖致吳藕汀

春節後匆匆一晤，雖未能暢談，然四十年離別之情，總算為之稍解。歲月如流，至今又是兩個半月了，殊深企念。回滬後，曾三訪王蘧老伯，見其身體健康，每有進步。故除乞書堂名以外，敢求其為散木遺札及弟手拓散木珍藏古泥印章署簽。回來後前後整理了舊稿《太極拳譜彙編》《武當對劍》以及八二年寫的《印章邊款探微》幾篇。潘德熙處舊稿，決定最近去信索還。因為當時印例中，象（像）何震的「水木湛清華」邊款，還是未經火時的原拓。省得難為他人，不痛不癢地擱置起來，你看怎樣。為兄刻成了「南林異客」一印，今將拓紙附上求正，印章有便即托人帶上。

藕曰：

明何震「水木湛清華」白文一印，原藏於郭氏。丁丑日寇之亂，焚於新塍，石仍完好，而歸於我。邊款作「庚寅中秋後二日，為延之詞丈制。何震」。庚寅應是明嘉靖九年。陳康叔草書跋之三面云：「水木湛清華，詩所稱義熙中，以謝益壽為華綺之冠。此遊西池詩，尤益壽之佳句，又得雪漁妙刻，足稱雙美。志寧識。嘉慶乙女秋履山五兄攜示此印，玩其法體運刀，直欲□□[①] 宋元，而上返秦漢，為雪漁□□之作。敢即以湛華二字目之。陳志寧康叔氏又識。」

十一月二十一日錢同春致吳藕汀

弟赴滬求醫，得晤仁霖兄，並將所惠佳山水轉送仁霖兄。每晚暢談，獲觀澹如叔遺劄十多封，鄧散木信約二十件。篆刻拓片，近代印章數百方，重溫玩印舊夢，詢可觀也。弟在天目路上碰到侗樓兄，弟即將吾兄手書給侗樓兄看，說道不是去無錫而是到蘇州參加校慶。今剛從王先生蘧常家來，要回阜陽了。

藕曰：

同春去上海因目疾求治，住在金仁霖兄處，故得觀其所有藏品。仁霖倒還有澹如世丈及鄧散木先生遺札，確很名貴。仁霖與陳、鄧兩先生，關係不是一般，因此更宜寶之，不僅是玩玩而已。

上海之大，不期在路上遇見沈侗樓兄，倒是很不容

---

① 此處兩字原信汙損不清。後同。

易，還給他看了我的信札，真算得有緣了。

吳文瀚

仁霖兄：

非常感謝您為我治印，面對著精緻的印盒和精美的名章，猶如目睹您握刀時的情景：「手猶未疏」老當益壯；「金石同壽」願與您共用！我對治印一道，是十足的外行，亦無其它技藝，「投之以桃」，我卻無能「報之以瓊瑤」，只能在數千里之外，再一次向您表示謝忱吧！

應拳友的催促，我寫了若干能介紹武派太極拳拳勢練法及技擊含義的稿件，將從《武魂》第5期陸續刊登，請兄到時抽時間看看，給把把關，各有不妥處，請及時函告，為將來寫一本介紹武派太極拳的書做資料。

專此敬祝

大安

弟

吳文瀚

1999. 4. 21

浦漢健

金老：

您好！

惠贈的大作《金仁霖太極拳論文選》於元月19日敬奉。代寄人為嘉興江瀾，大約網名叫「二水居士」吧。拜

讀大作，敬仰之情油然而生，眼前彷彿看到您在燈下孜孜不倦得（地）伏案疾書，耳畔猶如聽到您耐心細緻地講學。您認真嚴謹、實事求是的科學態度，堪稱太極拳界的楷模，您不慕名利、默默耕耘，用實績為大家樹立了榜樣，您堅持真理又寬以待人，用寬厚、仁慈、善良和無私的行動幫助了許多人。您是太極拳界仁德的典範。您的研究成果證明了您不愧為當代傑出的太極拳史學家，不愧為德高望重的太極大師。您用科學的眼光，用歷史唯物主義和辯證唯物主義的方法，深刻地剖析了太極拳，用無可辯駁的史實和不可多得的第一手資料，揭示了太極拳的本來面目。《論文選》像一盞明燈，用它不可遏制的智慧之光，劃破愚昧的夜空，照亮了太極拳健康發展的道路；像溫暖的春風吹拂大地，駁散了長期籠罩在太極拳上的神秘和玄學的迷霧。可以肯定，《論文選》有著特殊的時代意義。我堅信隨著太極拳研究的進一步深入，歷史將證明它作為研究基石的真正價值。

我根據太極拳的內容，提出了它的內容體系為「史、技、理、法、功」，即太極拳的史學研究、技法研究、理論研究、法則研究和功法研究。有的人將技法稱為「術」，其本質意義應該說是一致的。它的訓練體系為「形、勢、勁、意、氣、神」六個層次。其中前三者為外練，後三者為內練。這個提法與香港葉若林先生的提法是一致的。不同的是葉先生僅以吳式太極拳的角度提出的，我雖然也從吳式的角度提出，但更多的是從太極拳傳統老架子的角度提出的。

　　多年前，我在一次與石家莊趙濟夫先生的通信中談到，他認為我的提法較為全面。我主攻的是太極拳技法研究，由技法入史，由技法驗證理法。目前已初步分清陳氏炮捶（即現在所稱「陳氏太極拳」）與楊、吳等式的雛形與定型關係，如同「蝌蚪與青蛙」的關係；初步剖析楊露禪的打法與楊澄甫的打法之間的變化原因和理論根據及其作用；初步理清太極拳推手與散手之間的關係與具體操作。並據此初步總結出太極拳的技法特徵，分析了太極拳的健身與技擊的關係。

　　以上是拜讀您大作後的一點隨感和個人情況彙報，不當之處在所難免，誠望不吝賜教，撥冗指正。謹此，敬頌大安

浦漢健　敬上

2008．元．25

其　他

仁霖兄：

　　來函及所附稿件序言都已收到。此稿件弟將交《氣功與科學》雜誌發表。因為我是此刊物的領導部門「廣州氣功研究協會」的顧問，故可以及早發表。此本雜誌發行量僅次於《武林》，每期發行量超過拾陸萬本。對於吾兄擬再寫「氣功與太極拳」一文，甚好，請儘早寄弟為盼。中山大學物理系對弟進行「引力波測定」，是離開測定儀器做的實驗。在幾個氣功師中，我的功率最大。前幾天又做

了長波、電磁波測定，也是我最大，且超過了儀器的記錄資料 50，未發功時為 14，故很引起人們的興趣。因此打算再試電磁短波、光波、粒子流等多種試驗。

我認為無極式在廣州地區有這樣的成績，這與吾兄的教導有關。因此每逢追溯來源，總不免要提起過去這段跟您學習的歷史呢！

謹祝新春愉快

弟蔡松芳[1] 頓首

2月3日（1982 年）附：隨手寄上這期《氣功與科學》，內載無極氣功兩篇文章及氣功與書法等，內容尚可一觀。

仁霖同志：

諒你已放暑假了，近來可好？顧老同志我月前已去看過他，並將你資料給他看了，他將資料留下，表示很同意你的見解，將來可出版不定期刊物。就是寫作上人太少了，我提出你可能協助一臂之力。他也贊同。我想你也無意見吧。我本想約他來我家和你一同餐敘談談，他說將於九月十八號出國去日本表演和教太極拳，時間頗局促，餐敘無時間了。我意你何日何時有空，先寫信給我，你來我家，我和你一同去顧老家裡敘談敘談，你意如何並盼回

---

① 無極式氣功創始人蔡松芳先生，係慰蒼先生的大學學弟，也是上海十九棉的同事。同事期間，從慰蒼先生學練拳藝，20世紀50年代末期受「反右」運動牽連，蔡先生去滬赴粵，70年代末期以氣功、太極推手而馳聲走譽。

音。專此布達。

　　此致

　　敬禮

何壽康^①　手啟 1980 年 8 月 15 日

仁霖老師：

　　上次承委打聽張達泉和徐致一的故世年代，現將問到的情況抄錄寄上，請查收。今天上午我去淮海公園，有小倪、徐毓岐、老吳、老夏等在，我本想在下午到你處的，結果因我女兒來接我到她家去（她家在四平路同濟新村），所以只得作罷。她在春節結婚的，她家我還沒有去過，現在她特地來約我，我不好推辭。特此奉函。即致

　　敬禮

孫裕德^②　73. 3. 10 星期六

金老師：

　　您好！您所須借閱的陳微明著《八卦拳》及張占魁（兆東）著《八卦拳》兩書，昨天我爸已問過他的朋友，他家也無此書籍，恐您盼望，此通知一聲。我爸爸因受涼，身體違和，又值天雨，所以昨晨沒有到向陽公園去跟您學拳。有便時請來我家玩。15 路、13 路、41 路車均在

---

　　①　何壽康先生係顧留馨的舅舅，著名的氣功專家。函中的「顧老同志」指的就是顧留馨。

　　②　孫裕德、小倪（倪孔亮）、徐毓岐、老吳（吳國卿）、老夏（夏永禎）等，都是慰蒼先生早年學生。

我家弄口停站（北站）。祝您健康！

　　　凌英[①]　　9 月 9 日　1973 年安慶路 350 弄 21 號

　　霖師：

　　又是幾個星期過去了，那天到府上學拳時，我的腰部下麵經過電療已大大好轉。不意一個療程完了，就要我停止繼續電療，說「大家用用」。我當時提出我的病剛快痊癒，怎能停止，可是無效，結果還是停下了。於是腰部下面又抽痛起來了。所以我後來就沒有再到府上去學拳。真是抱憾的（得）很。

　　每天上午練拳還是照常，原來打兩套，現在暫時只練一套。我覺得練拳時腳力差，所以昨天開始站椿，約十分鐘，和擱腿。新近遇到一位先岳的學生洪君，他也退休了。大家推手約二十分鐘。一到下午就感到乏力，覺得腰部下面不舒服了。我現在吃「三七」，覺得好一些，所以想再試吃若干時再說。您給我的傷藥方，昨天晚上我兒子的朋友為我配到了，不知道也可以治此病否？本星期六，如果病情好轉些，我想先到淮海公園來拜謁老師。一切面談。知念，特此奉告，餘容面陳。

　　即叩

　　大安

　　　　　　　學生祖定[②] 敬上　　1975.12.23

---

　　① 凌英：係凌漢興先生之女。「文革」期間，凌漢興先生師從慰蒼先生學習太極拳、推手三年。

仁霖吾兄惠鑒：

接 1.27 手書，及大作拓本，欣何如之。粗朱細白，一入目簾，便覺清奇之氣奪人。吾兄治印之功力，可曰不同凡響。此印之佈局極佳，筆筆皆好，尤以「書畫」兩字之貫中一筆，為常人所不能。於書曰中鋒，於氣曰浩然中正，於佛家是中脈。此吾兄太極功夫之流露也。於整個印所現為完整之一體，而字字均本身合得起來，筆筆有鐵畫銀鉤之美。吾兄一生不慕名利，淡泊以明志，於學問上有很大的成就，足以自娛。弟欽佩之至。不知何以為謝。待節日後當謀造府拜訪，先馳書相約也。松芳兄如遇兄，嘗問他《無極氣功》嘗有存否。

即頌近佳！

弟大棟上元月卅一日（1988 年）

仁霖吾兄如晤：

接奉元月六日手書，並玩賞吾兄所刻之「諦竹居士」印，喜歡又復欽佩。吾兄之藝術水準實不同凡響，是印刀法功深，且有清奇古逸之氣，非胸中有素養者不能出此。感謝之至。亦是弟退離工作專心學佛之先兆也。弟擬於今年下半年提出退休，擺脫世務，希望有更多的時間安居山林禪寺，此弟之宿願也。松芳兄去年曾擬約兄一敘，現松

---

②　李祖定、陳邦勤夫婦從慰蒼先生學拳多年。李祖定係出小港李家望族，陳邦勤係陳微明先生之女。函中的「先岳」自然指的是陳微明先生。

芳兄已來滬月餘，很有清閒，吾兄何時有閑，約同敘敘。可電舍間 372775 接 436 分機。

弟大棟[①] 上　1988 年元月十五日

日　記

1961 年

2月16日

下午偕晉良去公費第一醫院進行腹式順逆呼吸 X 光透視。

第一次極度：順呼吸膈肌動程 7.2 公分；逆呼吸膈肌動程 9.2 公分。

第二次正常：順呼吸膈肌動程 4 公分；逆呼吸膈肌動程 6.4 公分。

4月5日

往體育宮晤見顧留馨主任。知《談談太極拳》一稿，已交體育報記者帶京。並獲知徐哲東先生係在蘭州第二新村西北民族學院執教。在體育宮參觀郝先生教授太極拳情況。所言腕肘四點不丟頂，頗有見地。而兩肩兩胯保持於一平面，則值得斟酌。

---

① 　郭大棟居士早年留學美國，回國後曾任上海紡織局總工程師、局長等。從樂幻智學佛、太極拳。後拜桂侖禪師修禪，歷任上海市佛教協會副會長、上海居士林副林長。也從慰蒼先生學練推手多年。

4月22日

晚至體育宮觀看各家太極拳傳統架子表演。於孫氏架式中虛實變化處，頗有所悟。郝氏推手活步係走順步，二步走外襠，最後一步插裡襠。

5月13日

晚9時許，與葉師談拳推手。數月未親，覺其勁銳且脆，老而彌精。

6月11日

至外灘，由洪文達介紹，得見符醫師。彼言推手係「只吃自己人」。蓋係執而不化，坐井觀天之輩，遂未與之推手。

6月16日

晨至復興公園，觀看馬先生教授太極劍與推手。劍固無可取法，若推手雖有腰，亦多手，且多從快速中取勢，有時不免用力。

6月25日

上午9時許，葉師、敏之先生、蔣錫榮、張晉良、顧學諾及余六人往復興公園試看氣功操、簡化太極拳，以為寫論文準備。敏之先生練氣功操，雖寥寥數動，但覺其渾身氣厚而活。蔣兄練簡化太極，則覺其既滯且斷，葉師評之「毫無神氣」。我練簡化太極，自知尚在背架子，缺少意思，葉師評之曰「神氣不足」，良有以也。

6月30日

至葉師處，除受教論文概要外，練老架一段，葉師始以「氣厚而平均」評之。

7 月 16 日

下午至葉師處，錄得其近作《醫學打手語》云：「前後相隨須認真，掤擠按等閒人。任憑浮重相迎送，牽動往來背腰神。沾連綿隨從捨得，丟頂匾抗病此身。若言用意為延壽，意氣君來論輕沉。」論太極推手，以為或隱或現猶是初步，其後為不隱不現，最後則順勢借力而已。晚在家偶翻 1919 年上海九福公司發行之《康健指南》載有尤彭熙為公司委員，德國海臺山大學醫學博士。則於太極拳似不應有所謂空勁云云，非科學之荒謬看法。

7 月 21 日

至葉師處得見師於四十四年前在杭州時，偕吳根深從田兆麟先生處抄來之《太極拳論》等楊健侯老先生傳本，與當時浙江警官學校所印之《太極拳論講義》大同小異，可以相互參校。兩本均較陳微明先生傳本為早，可作研究參考，因借歸錄副以存。

7 月 23 日

上午偕葉師至復興公園觀看架子。始為余練，次為陳筱春，三為晉良，最後為濮大姊。師評余謂氣厚而平均，如是練法，直等施肥，前此浮病，正宜肥足氣盛而後能去也。評晉良謂已經暢開，誠非易易。評濮大姊謂轉折處多恰到好處，唯有時不免不能完整一氣耳。

8 月 12 日

晚往體育宮觀看參加華東區武術運動會代表測驗。參加太極拳比賽者只楊炳誠一人。表演為自選套路，內容雜取楊、吳、陳、郝諸派，有時偶出幾乎明勁，姑且不談，

胸腹筆直幾乎像塊排門板，全無開合轉動意思。然觀武禹襄《身法十目》中尚有騰挪、閃戰兩目。李亦畬《五字訣》中亦有「緊要全在胸中腰間運化，不在外面」，《走架打手行功要言》中有「運動在兩肩，主宰於腰，上於兩膊相系，下於兩腿相隨」「觸之則無不得力，才能引進落空，四兩撥千斤」等語。

8月13日

上午至葉師處，言及楊炳誠事，師亦甚為惋惜。

8月19日

洪文達先生來電，約明晚與符醫師同至葉師處。晚間特往告葉師。今晚師興趣特濃，為之比如封似閉、玉女穿梭、還靠諸乎，並比擬迎送諸法，發勁甚激，為推手以來所少有者。再談及目標對方三分隔號（兩肩與中線），出線不發，發時己身須三分隔號齊頭並進，始能完整。

8月20日

上午於復興公園，湯祥生先生來求試勁，遂為之作靶數次。惟覺其手重而意輕，上緊而下鬆。然與二年前較之，則已進步多矣，不失規矩，是尤難能可貴也。晚符醫師、洪文達來葉師處，符自言太極拳始從尤彭熙，再從田兆麟，又復從尤，言外之意，似乎尤有特種東西，惜未能學到。是涉歧途而不能自拔者也。

1962 年

6月17日

於精武體育會聽徐先生講《太極拳精義》。先生既承

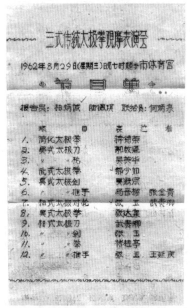

**1962年8月29日體育宮
太極拳表演節目單**

認太極拳為柔性武術，卻又認為「剛是基礎，隨著年齡的增長漸漸地由剛入柔，然後才能剛柔相濟。不可能從柔裡練出剛來，不可能摸呀摸，就摸出剛來」，此基本觀點已是大錯，不敢苟同。其解釋「牽動四兩撥千斤」，重點在牽動，「重意不重形」等等，確是經驗之談，不可忽也。

7月16日

晚上七時至體育宮聽郝先生講《練好太極拳的基本要求》，內容有：1. 身法與動靜；2. 陰陽與虛實；3. 開合與呼吸；4. 太極拳的相對原理等。

演講以實地示範為主，頗便初學。惟持論多偏見，要為初學者多害而少益。如「吊襠是尾閭上翹，托住丹田」「大椎與命門二處固住不動」「掤擠按等為十三個方向」，是其主要者。至其能將郝氏主張和盤托出，亦信真誠且樸矣。

1978 年

12月26日

於體育宮聽郝少如老師講課：

虛實陰陽（屬太極）是內形；拳是外形：手、身、步（腳）法。

兩者結合起來，由外形（拳）帶動內形的叫拳太極；久練後由內形推動外形的叫太極拳。

由路線和方向結合起來的叫上下相隨。方向是直的，路線是曲（弧形）的。

陰是指方向，陽是指路線。

又要分清虛實，否則就成雙重。

虛實不能截然分開，虛是多點的，實是少點的。

磨子是虛的轉，實的不動。

兩手靠大椎來調整，兩腿靠尾閭（舵）來調整。

以含胸拔背來指揮氣沉丹田，用沉肩垂肘來指揮含胸拔背。鬆（沉）肩要靠氣貼背，以氣下沉來指揮氣貼背。一環套一環。不這樣做，練幾1962年8月29日體育宮太極拳表演節目單十年還是徒勞的。

護臀（如內外輪胎的關係）。

陰陽（如皮球裡外）。

人不知我（即是對方挨著我陽，摸不著我陰）。

四方：意思是有方的，不能外形方。

四斜：斜不離正，是利用斜（如左肩和右胯相合）。

內部調整身腿穩。

命門移動始終在運動之中。

調方向：必須精神調回來，外形不來。

精神在內調配，人不知我。

外示安逸，內示精神。從這個角到那個角不丟。

往左必有右，無中生有。

不可用手法來調配，要用精神來調配。

虛蓋實如傘面蓋傘骨。

腰以實托虛，不可平行轉動。如向右轉，則左腰托右腰，左腰眼靠攏右腰眼，依靠胯的調整，不可丟離。

氣沉丹田為什麼會氣貼背？

向左轉，左胸掏空，胸中運氣。

尾閭中正，即兩胸不可平行的動。

合力法：手法、步法合在一道。

騰挪：預動未動之勢。

氣勢騰挪是精神產生出來的（如鍋蒸飯）。

實的要想辦法藏在虛的裡面；虛的要想辦法包圍實的。實的在裡面好改變，實的在外面就不好改變。

上下相隨有兩：方向指揮路線，方向是實的，路線是虛的。

勁由內換。

外形向左，精神向右。

含胸有如能吸引對方的意思。

第四編
葉大密老師
太極拳筆記選編

葉大密太極劍神韻

記

記奇遇李景林將軍

丁卯（1927年）十一月某日，突來一不知姓名之客，持原紅色大名片訪余，顧視之，原是三年前形意、八卦、太極名家老前輩孫祿堂老伯所說精通武當劍術之李芳辰（宸）將軍。今得此機會，驚奇靡已。來使遂偕余至祁齊路（今岳陽路）寓所拜見將軍，一望而知是儒者風度之大將，無赳赳武夫氣象。

後觀余練楊家太極拳劍畢，歎曰：「不失武當真意，曩日在奉直各省所見者，夾有八卦、形意，非純粹之太極可比。」回顧左右眷屬及侍從者云：「爾輩不習此拳，難得余劍之真傳。」言罷，隨手取劍起舞，矯若神龍，變化莫測，清靈高雅，歎為觀止。當即懇求執弟子禮，果允所請，為余一生之大幸事。

時陳微明、陳志進諸友在滬辦致柔拳社，約往學習，以資提倡。

查《寧波府志》及清黃宗羲《王征南墓誌銘》均未提及武當劍事，足見太極拳、武當劍早已分傳：習太極拳者不習武當劍；習武當劍者不習太極拳。今余曾將拳劍兩者兼而習之，一如原來不分散之面目，李老師之功也。爰作斯文，以期不忘云爾。

一、李老師武當劍係武當山第十三傳陳世鈞先生所

授，先生皖北人，為袁世凱幕友。

二、武當劍學習法：初習對劍分五路；次活步以十三勢隨意對擊，但須劍不見劍；最後舞劍，行氣似流雲，極自然之妙。師云：「配琴舞之，更有古雅之趣，不同凡俗，他劍焉能道此。」

丁卯冬紫霞山人葉大密識於武當太極拳社

語　錄

練太極必須分清輕、重、浮、沉四字，須知輕與沉相承，浮與重相對。

太極輕靈，如荷葉承露有傾即瀉。

膝上有圈，然後能使足掌平伏貼地。

兩手不知呼應，是謂半無著落。

練架子須先求其方，後求其圓；推手須先求其圓，後求其方。從此去做，始能事半功倍。

練架子須逢轉必沉，推手須流而能留。

練架子須三尖歸一。

心動、氣隨、腰轉，才能精、氣、神合一。

尾閭如行舟之舵。

身有虛實，虛胸實腹，虛腹實胸，此身之虛實也；胸亦有虛實，左進右退右進左退，胸之虛實也。故含胸亦有雙重之病。

練勁須按部就班，層次而入：先練腰、次練脊，再練背，由腰而脊而背。平時走架專意一處，功久自能勁由脊發矣。

發勁如撒去沾手污泥，非鬆淨鬆極，不能脆也。（示鄭曼青語）

不丟而丟，不頂而頂，意在人先，變化倏忽，則丟而不丟，頂而不頂矣，是謂即丟即頂。然即丟即頂，全是從不丟不頂中得來。

推手之圈，以外大內小為佳，外大可以眩人耳目，亂人意志，內小方能轉變靈活集中迅速。

太極推手，能忽隱忽現猶是初步，其後為不隱不現，最後則順勢借力而已。

發勁之專注一方，猶有範圍，要不出對方中心與兩肩三分隔號之外，發時自身之三分隔號，必須保持齊頭並進，方能完整一氣。

舉步如涉水，運劍若遊雲。（李景林語）。

跌打損傷驗方

川大黃（醋炒）　四兩　骨碎補　一兩
自然銅（醋淬）　一兩　乳香　一兩
土鱉（去頭尾）　一兩　龜板　一兩
當歸　　　　　　一兩　沒藥　一兩
上藥研為細末，瓷瓶收藏。

見血乾摻，青腫燒酒調塗，努傷黃酒沖服一錢。

如法施治，神效不可殫述。

河北完縣孫祿堂老先生傳

譜

太極刀名稱歌

七星跨虎交刀勢，騰挪閃展意氣揚。

① 左顧右盼兩分張，白鶴展翅五行掌。

風捲荷花葉裡藏，玉女穿梭八方勢。

三星開合自主張，二起腳來打虎勢。

披身斜掛鴛鴦腳，順水推舟鞭作篙。

下勢三合自由招，左右分水龍門跳。

卞和攜石鳳還巢，吾師留下四方（「此刀」二字之誤）贊。

口傳心授不妄教，斫、剁、剗、截、刮（「割」之誤）撩腕。

此歌自武匯川兄處抄來　大密

太極黏連槍

頭一槍進步刺心，二槍進一步刺腿，三槍上一步刺膀，四槍上一步刺咽喉，此進步之法，對方之退，即隨他之進而後退，退而複進，相連輪轉。

---

① 李雅軒傳本「左顧右盼兩分張」句前尚有「吞吐含化龍行步」一句，並無末一句「斫、剁、剗、截、割、撩腕」。

退一步採一槍，進一步捌一槍，進一步捴一槍[1]，上一步攛一槍[2]（此四槍在前四槍之內）。

大擺約言

我擺他肘，他上步擠，我單手搨，他轉身擺，我上步擠，他逃體；我一擺，他上步擠。

黏連槍與大擺是楊澄甫老師口述，由余筆錄

大密

太極拳輔助行功式

一、靜步（定步）——靜中動

（一）無極式

平行步高站式，兩臂鬆垂兩側，掌心向裡和拳架相同。

（二）純陰式

平行步高站式，隨身軀前盪後移勢，兩臂覆掌前平舉，曲臂回收，兩肩後開，兩肘後合，兩掌左右分，再前合下按，配合呼吸，拔背頂勁和拳架相同。

（三）純陽式

平行步高站式，隨身軀前盪後移勢，兩臂覆掌前平舉，曲臂回收，兩肩後開，兩肘下合，豎掌前按，配合呼吸，拔背頂勁，坐腕舒指，和拳架相同。

---

[1] 捴一槍：楊澄甫《太極拳使用法》《太極沾黏十三槍》作擲槍，董英傑《太極拳釋義》作扔槍。

[2] 攛一槍：以上二本均作鏟槍。

（四）開合不二（鹿形）

平行步中站式，曲膝，兩臂側掌前平舉，掌心相對開合呼吸，求得落位，停住。

（五）歲寒（猴形）

平行步中站式，曲膝，兩手覆掌一前一後（先右前左後）向前齊胸提起，曲臂鬆腕，前後手虎口一條線，掌指下垂。

（六）迎　春

平行步中站式，曲膝，兩臂側掌前平舉，隨即轉臂成仰掌。

（七）萬里鵬程

由平行步高站式變馬步站式，坐一腿，實腳掌隨轉腰向身後斜角轉去，虛腳顛地，兩手隨轉腰一手反掌披額，一手仰掌後伸，手臂和虛腿平行，兩眼後視虛腳踵。

（八）虎視（虎形）

由平行步高站式，收右腳進左腳，變川步中站式，坐前腿，隨身軀前盪後移勢，兩臂覆掌前平舉，曲臂回收，兩肩後開，兩肘後合，兩掌左右分，再前合下按如純陰式，隨即兩眼先向正前，再轉腰向左前平視，胸腹開合各三次。

（九）致中和

由平行步高站式，收右腳進左腳，變川步中站式，坐前腿，兩臂反掌前平舉，掌背相對，隨腰轉兩手前按後沉，前覆後仰，停住，換手再停。

（十）平開式

平行步高站式，兩臂覆掌左右側平舉，隨沉肩垂肘，坐腕舒指，使掌心左右向，指尖斜向上，著意五心。

（十一）靜岳（提手式）

由平行步高站式收右腳進左腳變川步中站式，坐後腿，前膝微曲，足尖翹起，兩臂覆掌前平舉，隨轉腰轉臂使掌心斜斜相對，兩手前長後短，沉肩垂肘，坐腕舒掌。

（十二）合太極

平行步高站式，隨身軀前盪後移勢，兩臂覆掌前平舉，曲臂回收，兩肘下合轉臂使掌心向胸，指尖相對，沉肩鬆腕。

（十三）流中留（回身俯視）

由平行步高站式收右腳進左腳，變川步中站式，前後坐腿，傾身望踵，兩臂後揚，側掌使掌心相對，正身前視，兩臂前揚，仍側掌，再做左右傾身揚臂式，撒手還原。

（十四）連環掌

由平行步高站式，收右腳進左腳，變川步中站式，前後坐腿，兩臂覆掌前平舉，隨腰轉兩手前按後採，左右交互。

二、靜步──動中靜

（一）分虛實

由平行步高站式，收右腳進左腳變川步中站式，前後坐腿，兩手鬆腕反貼腰際，轉腰回頭平視實腿側後方。

（二）變陰陽（抱虎歸山倒攆猴式）

由平行步高站式，收右腳進左腳變川步中站式，前後坐腿，隨腰轉一手覆掌前平舉，一手仰掌伸向斜後方，然後再轉臂使兩手掌心斜斜相對，後手向胸前按出，前手向腰側沉。

（三）卷書式

平行步高站式，兩手交互隨轉腰一手轉臂上穿，一手下按，成式時上手橫托，下手橫按，重心在托掌側，兩眼平視斜前方。

（四）回頭望月（後顧無憂）

由平行步高站式變馬步站式，左右坐腿，兩手鬆腕反貼腰際，隨腰轉兩膝連環圈，回頭斜望後上空。

（五）先予後取

由平行步高站式，收右腳進左腳，變川步中站式，坐後腿，隨腰轉兩手前仰後覆，由後胯側向前斜上方掤伸去，坐實前腿，變雙劈掌回身後坐，撒手。

（六）左顧右盼（雲手式）

由平行步高站式變馬步站式，左右坐腿，兩手隨腰轉向實腿側前斜上方穿掤去，再向後斜方切攦，左右交互。

（七）珠聯式

由平行步高站式收右腳進左腳，變川步中站式，坐前腿，隨腰轉兩手前掤後按，變握拳拉開，左右交互進出，坐後腿同。

（八）吐故納新（迎新送舊）

由平行步高站式收右腳進左腳，變川步中站式，坐前腿，兩臂覆掌前平舉漸轉臂成仰掌，俯身彎腰，曲臂扣腕轉掌虛攏拳，隨坐後腿勢由身前往胸口，經兩肋側向身後穿去，兩掌變覆，兩眼由襠內後視，隨即直腰正身前坐腿，兩臂由左右側向身前平合，兩眼亦隨之向前平視。

（九）投鞭斷流

由平行步高站式收右腳進左腳，變川步中站式，坐後腿，兩手由實腿側向身斜後上方提挒去，兩掌前仰後覆，隨即轉臂成側掌，掌心相對向身正前方劈沉，重心不變。

（十）絕壁攀緣

平行步中站式，兩手交互隨腰轉反掌上提，握拳轉順，揮臂撒手坐腿。

（十一）大海浮沉

平行步中站式，左右坐腿，兩手交互隨轉腰，一手覆掌前平舉，一手仰掌伸向斜後上方，然後再轉臂使兩手掌心斜斜相對，後手向胸前按出，前手向腰側沉，此式身形有起伏。

（十二）掃　塵

由平行步中站式，收右腳進左腳，變川步中站式，坐後腿，隨腰轉兩臂由後胯側向前腿外側斜前方齊胸提起，成前覆後仰掌，隨含胸轉臂回收，經胸前往前腿裡側斜前方齊胸送去，成前仰後覆掌，連續三圈，一圈小一圈，第三圈後變握拳轉臂成前後皆覆。

（十三）川流不息

由平行步高站式收右腳進左腳，變川步中站式，前後坐腿，兩手隨腰轉前穿後採，前仰後覆，此式和珠聯式相似，惟兩手用掌。

（十四）拂手法

平行步中站式，兩臂覆掌由前而上並舉至頂，隨沉肩曲臂，前臂略豎，轉臂使掌心相對，再鬆腕橫掌，使掌心向下，指尖相對，然後隨腰胯鬆沉勢轉臂對揮兩手，五次為一遍，第三遍後鬆臂撒手還原。

（十五）陰陽圈

由平行步高站式收右腳進左腳，變川步中站式，兩手鬆腕反貼腰際，前後坐腿，先前後後，實腿膝轉到順圈，重心沿腳掌緣轉動。

（十六）並駕齊驅

由平行步高站式變小平行步微屈膝，兩手鬆腕反貼腰際，整體先由左至右，後由右至左轉倒順圈。

（十七）西江印月

平行步中站式，隨轉腰一手上掤，轉臂反掌披額，揮手反掌搭背，回頭望踵，同時另一手反掌披額，隨即左右交互上掤披額，揮手搭背，回頭望踵，數次，正身兩臂覆掌前斜平舉，撒手還原。

（十八）撒手而去

由平行步高站式，收右腳進左腳變川步中站式，前後坐腿，兩手前長後短，曲臂鬆腕橫掌使掌心向裡，齊胸提起，隨轉掌前揮，撒手還原。

（十九）十字連環手

平行步高站式，隨身軀前蕩後移勢，兩臂覆掌前平舉，曲臂回收成十字形交叉，沉肩垂肘，然後左右含胸化，往斜前上方反擠或單按。

（二十）杞　憂

由平行步高站式，收右腳進左腳變川步中站式，坐前腿，兩手覆掌由前而上並舉至頂，轉臂翻掌上托，兩掌成八字形。

（二十一）抖　透

由平行步高站式收成小平行步，微屈膝，隨鬆腰胯兩膝向前後左右抖動，然後兩肩開合抖動。

（二十二）調陰陽

由平行步高站式變馬步站式，左右坐腿連環膝，隨腰轉兩手前按後沉，前覆後仰，如拳架高探馬式，練脊背勁。

三、動步——動中靜

甲、直行前進

（一）左右踢腳

平行步高站式，兩臂覆掌前平舉，隨轉腰轉臂成側掌使兩手掌心向外側，提腳擺分手，踢腳。

（二）十字腿

平行步高站式，兩臂覆掌前平舉，隨左右轉腰，轉臂提腳擺分手，蹬腳。

（三）提蹬式

平行步高站式，兩臂覆掌前平舉，隨左右轉腰，轉臂提腳擺分手，套蹬腳，著意在腳掌外側。

（四）游龍式

由平行步高站式，收右腳進左腳變川步中站式，坐前腿，兩手掌右上左下掌心相對如捧球，曲臂提起至胸前，隨腰胯轉動勢，翻轉兩手如弄球，兩腳並進步或退步。

乙、斜角步前進

（一）雙峰貫耳

斜上步，隨身腰前坐轉動之勢，兩掌先順後拗，由兩髖側變握拳，往前上方擊出，虎口相對，往復三次，變掌下撒，再上步。

（二）射雁式

斜上步，隨身腰前坐轉動之勢，兩手掌心向下，由後胯前齊腰揮起，經身前繞一大圈，由前胸側往裡回收，變握拳向前腿裡側，斜前上空擊出，此式前拳位置比拳架中彎弓射虎式為高，故名射雁。

（三）分刺

平行步高站式，兩手鬆腕反貼腰際，一腳並步顛起，屈膝撒手，然後左右手再交叉合抱，轉腰提腳，兩手後分前劈，踢翅腳，收回斜上一步。

丙、走圓圈前進

（一）雙反掌

斜川字步（雁行步）中站式坐前腿；兩臂由前胯側提起，由外向圈內側齊胸反擠為拗步，再含胸裡收，繼續向圈外側齊胸反擠為順步，隨進步。

（二）折迭式

斜川步中站式坐前腿，打折迭捶變分手，隨轉臂成覆

掌，兩臂左右側平舉，坐腕舒指進步。

（三）一浪高一浪（滔滔不絕）

斜川字步中站式坐前腿，兩手側掌交叉上穿，掌心斜向兩側，前臂略豎，隨腰胯鬆沉勢，兩手由左右側向身後斜下方分採去，隨進步。

（四）鳳凰鼓翅（連環圈）

斜川字步中站式坐前腿，兩臂覆掌左右側平舉，畫倒順圈，隨進步。

（五）俯仰式

斜川字步中站式坐前腿，兩臂覆掌由前胯側齊胸提起，隨腰轉由外向圈內經身前往後腿外側提肘沉臂倒�，復往前腿裡側沉肘提臂掤按，隨進步。

（六）和盤托出（盤旋不定）

斜川字步中站式坐前腿，兩臂覆掌側平舉，隨轉臂成仰掌，進步走圈。

丁、起伏前進

蛇身下勢金雞展翅

由平行步高站式，收右腳進左腳，變川步中站式，坐前腿，兩臂覆掌前平舉，回身單吊手，順劈掌變下勢，提臂起腿，兩手後分前劈，伸腿蹬腳，隨進步。

四、原地不動——半靜半動步

（一）左右進退圈

平行步高站式，一腳斜向並步，隨兩手鬆腕反貼腰際及轉腰屈膝勢坐實，一腳虛顛，然後再隨腰轉向身前斜方或身後斜方成凹弧形進步或退步各三次。

（二）月夜過清溪

平行步高站式，一腳斜向並步，隨兩手鬆腕反貼腰際及轉腰屈膝勢坐實，一腳虛顛，然後虛腳隨腰轉向前伸腿虛點，曲腿提收。

（三）八結合

平行步高站式，一腳斜向並步，隨兩手鬆腕反貼腰際及轉腰屈膝勢坐實，一腳虛顛，整體繞倒順圈（八結合指陰陽、虛實、動靜、開合）。

五、動靜互用步——動中靜，靜中動

（一）卜太極

小平行步或小川字步，兩臂齊胸提起，曲臂鬆腕橫掌，使掌心向裡，兩手大指相對，其餘四指互相嵌合，隨身腰鬆沉開合上下卜動。

（二）轉太極

小平行步或小川字步，兩臂齊胸提起，曲臂橫掌，使兩掌心上下相對，手指鬆開如捧球狀，隨腰轉向內轉圈如弄球。

（三）搓太極

小平行步或小川字步，兩臂側掌前平舉，掌心相對，隨左右轉腰兩手前後相搓。

（四）揉太極

小平行步或小川字步，兩臂覆掌齊胸提起，使上手掌心蓋於下手掌背上，隨左右轉腰兩手前後相揉。

以上共 57 式，1971 年 11 月 11 日慰蒼整理

太極拳散手行功練習法

第一套　從行動式中選出五個散手法

名　稱	架式	步　法
一、單按	高架	正步靠步式。
二、橫穿	高架	七星步靠步式。
三、雙貫	高架	七星步大步不靠。
四、聯珠	高架	正步中等步大小，先左腳前，直蹬前進，後右腳前，直蹬前進。
五、雙截	高架	正步靠步式。

第二套

名　稱	架式	步　法
一、正劈高架	高架	正步靠步式：左足前，右足向左足靠實；右足前，左足向右足靠實。
二、雙飛（左右斜飛）	高架	七星步靠步式：左足前，右足靠實；右足前，左足靠實。
三、斜捌高架	高架	靠步式：左足前，右足靠實；右足前，左足靠實。
四、直錘	高架	正步靠步式：左足前，右足靠實；右足前，左足靠實。
五、雙射（左右射虎式）	高架	七星步靠步式：左足前，右足向左足靠實；右足前，左足向右足靠實。

前後散手兩套，十個式子；正步六個式子；七星步四個式子。

第三套

名　稱	架式	步　法
一、雙分（原野馬分鬃，左右同）	高架	七星步跟步
二、雙封（原如封似閉，左右同）	高架	七星步跟步
三、雙蹬（原蹬足，左右同）	高架	七星步跟步
四、雙採（原採法，為採、挒、肘、靠之一，左右同）	高架	七星步跟步
五、雙靠（原靠法，為採、挒、肘、靠之一，左右同）	高架	七星步跟步

附注：

　　1. 左手採時，右手放在左手腕處輔之；右手採時，左手放在右手腕處輔之。

　　2. 靠法同大攦時的靠。

　　　　浙江文成公陽葉大密時年八十歲，1967. 6. 12

基本功兩足下聯環的練習圖

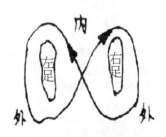

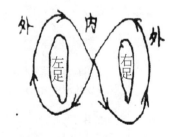

雙足從內朝外20圈　　　　　　雙足從外朝內20圈

左足從內向外聯環圈20圈　　　　右足從內向外聯環圈20圈

左足前部先從內向外，後從外　　右足後部先從外向內，後從內
向內20圈（左足後部同右足）　　向外20圈（右足前部同左足）

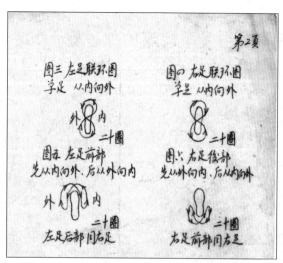

葉大密手稿

醫療行功式

巨石沉海底　太陽升天空

【練習法】

一、巨石沉海底：步法與肩相等大小的二之一闊，使足、膝、胯、腰、肩、頭逐漸地徐徐下沉，如巨石慢慢地往下沉到海底一樣，是在「沉」字上下功夫，蹲到大腿平為止，少停再起。

二、太陽升天空：頭部如早晨的太陽，從海面上逐漸向上升起，這是很像「頂頭懸」之意，在極自然而然的情況下上升的。

【功用】

對高血壓、失眠、神經衰弱、貧血、身體虛弱等練之有效，這是簡而易行，行之有效的好方法。

悟

研究太極拳問題在「久」字上

關於鑽研太極拳的問題，楊澄甫老師曾對我說過：「研究太極拳能久則窮，窮則變，變則化，化則通，通則頭頭是道。」所以對一切事物，如要把它搞通，本來不易，真非有幾十年不斷的工夫不可，所謂「專家」是也。在「久」字前頭需要先有「恒」字，才能「久」字，在「恒」字前頭需要有最大的決心，堅強（的）毅力。遇到

困難不向它低頭，則要有高山向我低頭、河水向我讓路的
革命精神才可以。

　　　　　　1966 年 1 月 12 日（乙巳十二月廿一日）

楊家太極拳精義論

無形無象，全身透空；忘物自然，西山懸馨；
虎吼猿鳴，泉清水靜；翻江鬧海，盡性立命。

此係太極拳鍛鍊到最高最深的境界，也是延年益壽的
好方法。絕非庸俗、粗淺、魯莽、簡單之輩可能夢想得到
的。

　　　　　　　　　　　　　　　　　　葉大密按

　　1967.5.1　國際勞動節於滬　時年八十歲

談談我的推手體會

推手為鍛鍊太極拳中主要部分之一，如不得勁，不能
從心所欲怎麼辦？照我的經驗說來，絕不是專以動手動腳
為原則的。歸根結底，究竟如何才可以算是走上正確的大
方向呢？假使方向不對頭，會叫你枉費功夫嗎？是的，乾
脆地說一句很有可能。所以不能不認真考慮這個問題，提
出問題，不然的話，就不能落實了，因茲必須分析研究如
下的幾個問題，方可得到結論。

- 身動手不動；
- 腳動身不動；
- 腳暗動步不動；
- 腳運用聯環形不停地動；

- 發勁是接勁，接勁是發勁；
- 發勁既不是手，又不是腳；
- 要練成非收非放的基本功；
- 能接得彼勁，彼自跌出；
- 靠壁運氣（牆壁、板壁、門都可以）自在無礙，（此法是先師河北永年楊澄甫老先生在滬時來我家親自傳授，師娘不知道，在他家是不會傳我的，故我異常感激，特誌此以為紀念。）在胸部畫成一個橫的無形無象的聯環形（如∞字形）；
- 根本的基礎是建立在聯環式的步法上去，方能使人不知我、我獨知人的好方法。

1967.6.12　於滬

推手的妙法

一、「後其身而身先」：一般推手都是後其身而手先，因而使對方有機會可待，有機可乘。此非上法，不能操不戰而勝之故。

二、「外其身而身存」：這是忘物自然之境，置身於度外，此時已達到周身鬆淨，使對方不知我而我獨知人。是戰無不勝，攻無不克，使彼跌出而無疑。

以上的兩句，是我於 1967.8.15 下午五時後在復興公園西北部地區，離批判宣傳館不遠的人行道上，對丁受三學生某某（已學太極拳八九年之久）推手時說的。

葉大密志

練習太極拳和推手的幾個問號

來，不知其所始？去，不知其所終？

有始有終乎？無始無終乎？

推手法的應用

推手法：太極拳的推手法變化最多，我現在根據本國針灸的理論，也可以應用於推手上去。一切的真理總是一樣的，今特寫在下面，作為參考。

● 隨而濟之，謂之補；

● 迎而奪之，謂之瀉。

● 應用：逢虛必補，逢實必瀉。

● 平補平瀉，即順圈一圈突然變作倒圈一圈或兩圈；或是從順圈兩圈突然變為倒圈一圈或兩圈。所謂「變化莫測者」是也。

迎瀉隨補解①

針灸有迎瀉隨補之法，太極推手亦然。推時於彼勁之方來而未遑之際，進身以遏其勢，謂之迎；於彼勁之始去

① 1961年6月30日葉師大密口授《醫療保健太極拳十三式》理論部分提綱，命金仁霖執筆初稿，同年7月16日出示其新作《醫療打手歌》（定稿時改名《揉手歌》），其中即有迎隨之說，終因詩句簡短，無由達意，因寫成此文第一段以解釋之。1972年10月在教學中發現學員中有持力以勝而猶沾沾自喜者，因續寫此文後二段以成完篇。一語之釋歷時十年，豈易易哉。

而未走之時，伸手以送其行，謂之隨。以身手言：迎時身進而手退，身高而手低，故是合、是提、是瀉；隨時手進而身退，身低而手高，故是開、是沉、是補。以呼吸言：迎是吸、是逼；隨是呼、是放。能懂得迎瀉隨補，則手法自無足論矣，然必行之不失其時。若夫於彼勁之已出而迎之，則非頂即抗；於彼勁之既化而隨之，則不匾即丟，是為迎隨之病。

未懂迎隨，多犯匾丟；既懂迎隨，多犯頂抗。夫未懂故犯病，既懂又何犯病？蓋後者尚在似懂未懂之間，非真懂也。

不及為匾，相離為丟，匾丟遇補則背，其病在於氣勢散漫；出頭為頂，持力為抗，頂抗遇變必斷，其病在於身滯不靈。氣散身滯，久之以力使氣而不自知，終究莫名其精妙，更無論於通會脫化矣。

訣

楊家太極拳使用法秘訣

根據現在初步的分析和研究，解釋如下的大意，並不像原注所說明那樣，含糊其辭。

擎：有將重物用力徐徐舉起的意思，謂之擎。雙手上舉如合太極，這時候，兩眼向上望著，兩手指尖斜著相對，兩肘向外開，往上托住，同時兩手拇、食、中三指向上翻三翻。

引：有引進的意思。如用魚味來吸引住貓，是使對方的來去、高低、左右、上下，處處被動，完全失去主動。

鬆：鬆是全身放鬆，而且要鬆淨。將自己身上九節，節節放鬆，從有形有象，鬆成無形無象。

放：放是發勁。「收即是放，放即是收」，以收為放，以放為收；放不離收，收不離放；兩相結合，不是單行。所謂「撒去滿身都是手」是全身完整的放，不是一手一式的放。

敷：是用兩手微貼在敵身，即所謂「輕如鴻毛」，才能聽得對方動靜。這是在做「彼不動，己不動，彼微動，己先動」的功夫。就是一般練其他拳術的人們所說的那樣「拳打人不知」的意思。太極拳在用法上也是如此的，如用重手，已失去敷字的意義了，切記！切記！因為重手反而使敵知我，我不知人，定遭失敗而無疑。

蓋：有「蓋世無雙」的精神，使敵受極大的威脅，是以神為主，顯非力服，更非力勝。但是能夠使敵在我身旁如鼠見貓一樣，絲毫不得動彈，即拳經上所說「神如捕鼠之貓」，是鼠被貓的神蓋住而待捕。

對：對是指彼此互相對待的意思。如在敵我對待的時候，我能在有意無意之中，接得彼勁，彼自跌出，取得不放而放的妙用。

吞：吞是吸氣，不是吐氣。「能呼吸然後能靈活」大有氣吞山河之概，使敵時時刻刻在我控制掌握之中，不能逃脫，如鼠見貓似的。

以上所述八個字，如擎、引、鬆、放、敷、蓋、對、

吞等初步釋意，是根據我過去練楊家太極拳五十二年之經驗、認識和體會而寫成的。但是並不是說就是這樣的肯定下來，一點也不變動了。假使今後能夠再活上數十年，當重新寫一篇比較深刻的又進了一步的文章，作為自己勉勵自己的意思，所以並不採取人云亦云的態度，而是很懇切地不問是與非，把它寫下來。

1968. 1. 7　葉大密初稿時年八十有一歲

練習太極拳的基本要點①

練習太極拳的要點，各流派都有它一套傳統的經驗總結，例如武禹襄的《身法八要》、楊澄甫的《太極拳十要》等。這些經驗總結，都是各家根據實踐經歷，再三揣摩而給以歸納起來的。因此各流派太極拳的要點實質，儘管一脈相承，基本相同，但說明的內容，往往因各家所表現的風格和特徵不同，所站的角度和所得的體會也不盡相同，而有精粗深淺之別。加上前人說明的文字，大多是用文言文書寫，和現代漢語不論在所用詞彙和文法修辭方面，都有相當距離，無形中給學習的人，又增加了困難，這裡著者想參考各家理論、闡述，以及過去師友間的所傳

---

①　本文是已故原上海武當太極拳社社長、上海中醫文獻研究館館員葉大密先生於1965年78歲時編寫的《醫療保健太極拳十三式》中的第二章。原稿曾由太極拳研究家、原溫州醫學院附屬醫院林鏡平院長和已故原上海瑞金（現廣慈）醫院中醫顧問陳道隆醫師校訂過。文章內容為葉氏多年研究體會，新舊結合，多具卓見，文字流暢淺顯，做到了深入淺出，簡明扼要，適合廣大太極拳愛好者閱讀和練拳參考。

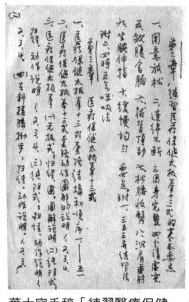

葉大密手稿「練習醫療保健　金仁霖受葉大密老師之托編撰
太極拳十三式的基本要點」　《醫療保健太極拳十三式》手稿

所聞，結合自身近五十年的研究心得，儘量深入淺出地加
以說明，以期透過這樣的解說，使學者能夠得到提高，少
走一些像我已經走過的彎路，那才是我真正的願望。

用意放鬆

練習太極拳時要精神貫注思想集中，使中樞神經系統
保持一定的緊張度，引導動作屈伸開合，使處處能符合要
點要求，恰到好處，沒有過分或不夠的地方，這就是古人
所說的用意。放鬆是指全身肌肉，在中樞神經系統的控制
下，除了維持運動速度和保持肢體位置所應有的緊張度
外，儘量放鬆，減少不必要的能量消耗以節省體力。古人
所謂「用意不用力」的不用「拙力」，就是指這多餘不必

要的力而言。

能用意放鬆，就能更好地使經絡寬暢氣血流通，有利於內勁的增長和增進身體健康。

連綿不斷

練習太極拳時一勢一式，要像「長江大海」一樣，一浪接一浪地連綿不斷「滔滔不絕」。成式時動作雖略有停頓而意識仍然不停，下一勢緊接著上一式，在兩者之間可用小圈圈來貫串銜接。所謂小圈圈，實際上就是古人所說的「往復須有折疊」的折疊。有折疊來來去去就沒有斷續的痕跡。這樣才能達到連綿不斷一氣呵成的要求，給鍛鍊者以十分舒適的感覺，提高了鍛鍊興趣；在技擊上也就能達到「運勁如抽絲」「斷而復連」「斷而能接」「不丟不頂」「有縫即滲」的要求。

周身完整

練習太極拳做任何一個動作，或擺任何一個架式，都要做到周身能相隨相合地完整。所謂相隨就是古人所說的「一動無有不動，一靜無有不靜」，由腳而腿而腰，總須完整一氣，「腰動腳動手動，眼光也隨著而動」的上下相隨；所謂相合，不僅要機體在形式上做到不同側的肩和胯，肘和膝，手和足相向或相背地有呼應著落的所謂「外三合」，更重要的是要求意識、呼吸和動作的相互配合，做到所謂意與氣合，氣與勁合的「內三合」。這樣才能真正做到「周身一家」「無有缺陷」的完整。在技擊上，也就是使對方沒有空隙可乘。

分清虛實

練習太極拳以分清虛實為入門第一步功夫。分虛實先要從大處著手。以下肢部為例：如全身重量寄於左腳則左腳為實，右腳為虛；寄於右腳則右腳為實，左腳為虛；進步時必先轉腰合胯，一腳坐實，一腳變虛而進。否則出步重滯，就不可能做到古人所說的「步隨身換」「邁步如貓行」的要求。

以軀幹部為例：斂腹吸息時，拿上下來說是腹虛而胸實，拿前後來說是胸虛而背實；拔背呼息時，拿上下來說是胸虛而腹實，拿前後來說是背虛而腹實。

以上肢部為例；如以一手前伸為虛，則另一手輔助或平衡為實，所以在技擊上發勁放人，必須先在實手加意和用刀劈物必須在刀背加力一樣。

這是大的方面，至於小的方面，則正像《十三勢說略》所說的「一處自有一處虛實」，軀幹、四肢、一手一腳以至一個指趾，無不有它的虛實存在，要在鍛鍊者自己悉心體會，由大而小，由面而點，逐步縮小。在技擊上則可結合推手，用「實則虛之，虛則實之」的辦法來對付對方，達到古人所說「因敵變化示神奇」的境界。

分清虛實，無論練太極拳或推手，對於機體感受器靈敏度和中樞神經系統反應能力的提高，是極其有效的訓練，因此，它實際上也是增進機體健康的重要一面。

斂腹含胸

斂腹含胸是一個動作的兩個方面：斂腹是在吸息時將腹壁有意識地略為收縮，使和膈肌的收縮下降配合起來；

含胸是緊接著斂腹，使胸部肌肉放鬆，胸骨正中第三、四肋間隙玉堂穴和膻中穴中間，稍微有內吸的意思。這樣可使胸廓下部得到充分的擴展，有利於肺活量的增加。斂腹含胸時腹壓降低，丹田向上合抱，使內氣從尾閭沿脊柱往第四胸椎棘突間的身柱穴處提斂，也就是古人所說的「斂入脊骨」。

斂腹含胸一般是在動作開始或轉換變化時行之，在技擊上是一個走化或蓄勢的動作。對初學的人來說，只能先從外形的斂腹含胸著手。結合呼吸的提斂內氣，可以留在後一步來做，避免發生偏差。

拔背頂勁

拔背頂勁也是一個動作的兩個方面：拔背是在呼息時使兩側背部的肌肉群，如棘肌、半棘肌、骶株肌等，由下而上地依次拉伸一下，然後豎起身軀，則在脊柱第四胸椎棘突間的身柱穴處，就有往上拔起的感覺；頂勁是緊接著拔背，由頭棘肌的作用，鬆鬆豎起頸項，抬頭向前平看，頭頂百會穴處有凌空頂起的意思。

拔背頂勁時，可使由斂腹含胸時提斂至脊骨身柱穴處的丹田內氣，再從身柱穴沿督脈上升到百會，經前頂、神庭、印堂而到齦交，由舌抵上齶的作用，接通任脈承漿，再沿任脈而下，回歸小腹。這時丹田落歸原位，膈肌上升，恢復原來隆凸狀態，腹部內壓力增加，腹肌放鬆而有飽滿舒暢的感覺，這就是古人所說的「氣沉丹田」。

這裡應該注意的是：氣沉丹田是配合著拔背頂勁的動作，並不單獨存在，是意識引導丹田內氣的作用，不是用

力屏住呼吸往下硬壓。拔背頂勁，一般是在動作的終了或成定式時行之。在技擊上是一個放勁的動作。

鬆腰收臀

太極拳以軀幹帶動四肢，而軀幹的轉動主要在於腰脊部的旋轉靈活。所以古人說「腰如車軸」，又說「腰為纛」，「腰為主宰」，同樣說明了腰脊部的重要作用。

鬆腰就是要在放鬆腰部四周肌肉群的前提下，使兩脅肋部往下鬆塌，而又有向前抱合的意思。所以武禹襄把它稱為「護肫」。能鬆腰，腰脊才能轉動靈活，上下不相牽掣，重心降低，兩腳有根而下盤穩固。收臀是在鬆腰的同時，有意識地使臀部稍微往裡收縮，使臀部和腰背部基本保持在一個曲面上，而不向後凸出。

能鬆腰收臀，才能使脊柱直豎，尾閭中正，起到像大纛旗和方向盤一樣的指揮作用。

沉肩垂肘

沉肩是在放鬆肩關節的前提下，有意識地使上臂往下鬆沉，所以又稱鬆肩。垂肘是緊接著沉肩，使肘關節保持適當的彎曲度，肘尖尺骨鷹嘴突處向下沉垂，所以又稱沉肘。

沉肩垂肘可以幫助拔背頂勁和坐腕伸指的形成。在技擊上肘關節保持微曲，能合乎古人所提出的「勁以曲蓄而有餘」的要求，對出勁的能否乾脆，起到十分重要的作用。

坐腕伸指

坐腕是當手臂前伸時，腕關節放鬆而大陵穴處有向下

塌垂的意思，這樣就能使手掌上翹好像坐在手腕上一樣，因此稱它為坐腕，或稱塌腕。

伸指是緊接著坐腕，趁手掌上翹之勢，五個手指舒鬆地伸展一下，使丹田中充盈的內氣，能毫無阻礙地循著三陰經脈，平均地貫注到五個手指，古人所說的「形於手指」，指的就是這個意思。

在技擊上，坐腕伸指雖然已是放勁的最後一個動作，但是它和「沉肩垂肘」「拔背頂勁」是相互銜接、相輔相成，而不能孤立地分割開來的。

緩慢均勻

練習太極拳要用意識引導動作，配合呼吸。所以練習時特別要注意緩慢均勻。緩慢則一式一勢沒有一處不可著意揣摩，沒有一處能被輕易滑過，古人所謂「處處存心揆用意」的知己功夫，就是這樣練的。均勻則呼吸自然，漸能逐步協調細緻，達到細、長、深、足的要求而沒有喘息、憋氣的弊病。

能緩慢均勻，才能逐步做到上述種種要點的要求，符合古人對太極拳能在「動中求靜」的評價，也符合古人對練太極拳者提出要「視動猶靜」的高標準要求。

附 錄 我師慰蒼

太極拳界的正法眼藏
——記家師慰蒼先生

二水居士

慰蒼先生，彭城金氏，諱仁霖，字慰蒼，號雪滂，又號雲盦，漢族。嘉興人。1927 年 10 月出生於嘉興市南門祖居惟善堂。幼承庭訓，蒙學私塾，喜好篆刻，師從陳澹如、鄧散木先生，印風童年金仁霖工雅。1947 年考入上海文綺染織專科學校（後改華東紡織工學院、東華大學）攻讀機織專業時，因體弱多病，由同學林鎮浩介紹，從武當太極拳社葉敏之老師學練太極拳、劍並推手。

1950 年 10 月，參加新中國成立後第一屆高校畢業生統一分配，赴華東紡織工業管理局國營第五棉紡織廠見習，時健康近況大有好轉。1951 年 6 月，進入華東紡織工業管理局第一屆工幹技訓班進修。同年 12 月結業後，借調至新疆軍區烏魯木齊市

童年金仁霖

水磨溝，支援新疆七一棉紡織廠建廠投產工作。

　　1952 年 10 月回滬後，益信太極拳有健康卻病的功效，業餘勤學太極拳，進而鑽研太極拳的歷史考證、技擊理論等，以求與實踐相結合。1953 年與蔣錫榮、曹樹偉同投在葉大密老師門下，悉心研習太極拳、武當對劍。其時，上海的武術界將他們三人與葉大密老師早年的學生、楊澄甫先生的得意女弟子濮冰如老師，並稱為「葉家的一大三小」。1958 年，奉師命，忝承田兆麟老師身授，金針度與，得以領略個中三昧。1960 年 10 月，與張玉、傅鍾文、濮冰如、蔣錫榮、傅聲遠六人，同為上海市第三屆運動會武術比賽太極拳組裁判。

　　1987 年，由上海紡織局巾被公司退休後，陸續在《武魂》《中國太極拳》《太極》《上海武術》（內刊）《武林》等刊物上，發表有關太極拳歷史考證、技擊研究等文章數十篇，2007 年 1 月，上海漢語大辭典出版社出版發行《金仁霖太極拳論文選》一書。先後擔任蘇州市金閶區楊式太極拳研究會、河北省太極拳委員會、合肥市吳式太極拳研究會顧問、《太極》雜誌特約編委、新加坡傳統楊式太極拳協會顧問等。

　　慰蒼先生兼祧中國傳統文化與西方現代文明，他以金石鑒賞的眼光與科技工作者的智慧，系統地梳理了太極拳理、太極拳史、太極拳技、太極拳教學法，承上啟下，振傳統太極拳學於式微之後，傳承弘揚傳統太極拳文化，其功厥偉，福祉昌延。

　　葉大密老師師承劍仙李景林，拳術又承田兆麟、楊澄

甫、楊少侯、孫祿堂、孫存周諸位名家，他能兼得諸家之長，復從武當對劍中翻出新聲，以劍入拳，別具風韻，時人稱之為「葉家太極拳」。

慰蒼先生為了全面掌握葉家太極拳的拳藝，工作之餘，每晚必去葉大密老師的拳社，不但向葉敏之老師反覆學練了數遍拳架，還反覆向葉大密老師學練每一招式的技術含義。他完整系統地學習、整修拳架，前後不下於七次之多。慰蒼先生曾說，最後一次是打亂了拳架編序，逐一向葉大密老師學練的。葉大密老師也自然能領悟其用心之專，頷笑伴斥道：你盜盡我關子了啊！

除此之外，慰蒼先生還抓住每次孫存周來滬的機會，乘著葉敏之先生與孫存周先生酒興正酣，向存周先生求教孫氏三拳合一之理。乘每年葉大密老師與田兆麟老師相互拜年之際，向田兆麟老師求教楊健侯先生的拳藝特徵與教學風格。透過書信，向徐哲東、徐致一、孫存周、馬岳梁等先生求證拳理拳史。

至此，慰蒼先生能清晰地將葉大密老師拳藝中，哪些是楊式大、中、小架，哪些是陳、孫、吳式，哪些是形意、八卦、武當對劍，等等，條陳縷析。並且能以傳統太極拳五行八法來解釋每一招式、每一動作的含義。他如此清清楚楚地學，他也如是清清楚楚地教。

誠如慰蒼先生解釋葉家太極拳：「葉家太極拳，是在原楊家太極拳大架基礎上，於原架子絕大多數式勢之上下銜接處，求其極自然地介入了原楊家中、小架子，並孫家、吳家、陳家等諸家太極拳架中，拳技作用肯定而清澈

之動作，以及八卦掌中之斜開掌轉身法、武當對劍中之反
臂（倒捶）捷用法等，用以幫助學員對原來楊家大架太極
拳之所以姿勢灑脫、氣勢磅礴加深認識，換言之，乃是一
種實作注解法。」經過他的教學實踐，真正將葉家太極拳
演繹成了傳統楊式太極拳「經注合一」的文本。

慰蒼先生治學嚴謹，1965 年，授葉大密老師之命，
為葉老師編撰《醫療保健太極拳十三式》一書之「練習太
極拳的基本要點」時，他將稿子分別交由太極拳研究家、
原溫州醫學院附屬醫院林鏡平院長，以及原上海瑞金（現
廣慈）醫院中醫顧問陳道隆醫師校訂。

唐豪先生《太極拳與內家拳》一書中說：「內部呼吸
器官的運動，是應該擴胸，而不應該含胸的，這也是運動
生理學上不可否認的話。一般太極拳家，卻教人含胸呼
吸，而不許人挺胸，這種呼吸運動的價值如何？吾以為是
一個應該精密測試的問題。」之後唐豪先生還在正文第八
章「太極拳之呼吸」中，以「歐美先進之國民，其體格較
我為強，此公認之事實也。彼等由幼而壯，在學校中所受
之體育訓練，類皆挺胸呼吸」為由，對太極拳呼吸時「胸
須內含」提出異議，並「不禁為民族盛衰前途，抱無窮之
隱憂焉」，把批駁「含胸呼吸」上升到了與「民族盛衰」
休戚相關的層面上了。為了檢討唐豪先生《太極拳與內
家拳》一書中，針對太極拳「含胸呼吸」論調，1961 年 2
月 16 日（年初二）下午，慰蒼先生在張晉良醫師的陪同
下，到上海紡織第一醫院放射科，去測試「腹式順、逆呼
吸的 X 光透視觀察」。順式呼吸，採取唐豪所說的「內

部呼吸器官的運動，是應該擴胸」的概念，即，吸氣時，擴胸，呼氣時回復正常。而逆式呼吸，則是採用吸氣時，斂腹含胸，呼氣時回復正常的呼吸法。

觀察結果是，無論是逆式呼吸還是順式呼吸，吸氣時，胸膈肌呈下降狀態，呼氣時，胸膈肌呈上升狀態。為此，將胸膈肌上下升降的距離，稱為胸膈肌運動的動程，以測定兩種呼吸的資料。經進一步透視觀察，得到的資料為：在極度呼吸時，順呼吸膈肌動程 7.2 公分，逆呼吸膈肌動程 9.2 公分，兩者相差 2 公分；在一般正常呼吸時，順呼吸膈肌動程 4 公分，逆呼吸膈肌動程 6.4 公分，兩者相差 2.4 公分。不論是極度呼吸還是一般正常狀態下的呼吸，就胸膈肌上下升降的動程而言，逆式呼吸，都要比順式呼吸動程大。

根據生理學常識，胸膈呈鐘罩狀，靜止時原本隆起，介於胸腔和腹腔之間，構成胸腔的底。吸氣時，隨著吸氣肌（膈肌與肋間外肌）收縮，胸膈隆起的中心下移，從而增大胸腔的上下徑，使得胸腔和肺容積增大。胸膈下移的距離就是慰蒼先生測定的動程。通常膈肌下降 1 公分，胸腔和肺容積可以增大 250 ～ 300 毫升。吸氣，因為需要調動胸膈肌與肋間外肌的收縮，所以吸氣是主動的。呼氣時，不是由呼吸肌收縮引起的，而是由膈肌和肋間外肌舒張的結果，肺依靠本身的回縮力量而得以回位，並牽引胸廓縮小，恢復吸氣開始的位置。因此，呼氣是被動的。含胸式的逆式呼吸，吸氣時，隨著斂腹含胸，伴隨著胸軟肋骨與胸骨的下陷，促使膈肌與肋間外肌的運動幅度增大，

從而使得膈肌下降的動程增大。胸膈像活塞一樣下行，使得肺在肋條肌神經支配下，帶動肺泡，往胸腔橫下、腹部縱深向擴張。而擴胸式的順式吸氣，隨著吸氣時的鼓腹、擴胸，腹腔擴大了，胸腔無法往縱深擴張，也不能往胸腔橫向擴張，因而，膈肌的動程受到了限制。

　　至此，慰蒼先生以一個科技工作者的嚴謹態度，揭示了太極拳含胸呼吸這種逆式呼吸法，能促使胸膈動程增大，以增大肺活量的醫學養生含義。這一意義在於，不但為太極拳的「含胸」正名，同時為揭示「太極陰陽顛倒解」中「譬如水入鼎內，而置火之上，鼎中之水，得火以燃之，不但水不能下潤，借火氣，水必有溫時。火雖炎上，得鼎以隔之，是為有極之地，不使炎上，炎火無止息，亦不使潤下之水滲漏」一節，如何讓心火下行，如何讓腎水提升，如何心腎相交、水火既濟的內丹之秘，提供了科學實證的個例。

　　慰蒼先生對待太極拳的拳技含義，常常以一個科研人員的態度，進行反覆實驗。他說，太極拳是一門科學，科學精神所在，就是經得起反覆的實驗。一門拳技，或對一些人有效，對一些人無效，時而有效，時而失效，信則有，不信則無，凡此種種，都不屬於科學範疇。五六十年代，每當周日休息，他都會出現在上海各大公園，與各門各派的武術愛好者交流。也由此博得了「葉家的一大三小」的美名。褚桂亭、陳微明、張玉、馬岳梁、郝少如，甚至心意拳盧嵩高老師的一些學生，都會經常找慰蒼先生推手交流。

胸口8字與
起鑽落翻

有些人由此也迷上了慰蒼先生的拳藝，諸如凌漢興、李立群、孫裕德、陳邦琴等人，後來連續數年跟從慰蒼先生學練推手。許多人，不但敬佩慰蒼先生的拳藝，甚至服膺於慰蒼先生的人品。

林墨根、林文濤父子倆來上海時，李品銀先生多次引見他們去拜望慰蒼先生。慰蒼先生熱心地授以林氏父子葉家太極拳特有的「靠牆貼壁」以及楊家秘不示人的「胸口走∞字」。林文濤一觸慰蒼先生的手，便驚呼：「金老師手上帶電的啊！」慰蒼先生笑著說：「我哪來的電啊！」之後，慰蒼先生便以科技工作者的務實態度，從力學、流體力學、心理學等角度為其揭秘拳技。八九十年代，氣功武術界「神仙」滿天飛的年代裡，像慰蒼先生這種不炫技、不尚玄，堅持將太極拳當作學問研究的人，更顯得難能可貴。

2007年，《金仁霖太極拳論文選》一書付梓發行，上海陳式太極拳協會歷任會長萬文德先生曾感慨地說：「當今武術雜誌眾多，其中文章，頗多陳詞濫調，有的故弄玄虛，有的炫耀門派，乃至幾近迷信。對於太極拳的理論，很少真知灼見。我喜歡看仁霖先生有關太極拳的文章。他的闡述，重科學，講道理，有證據，讀之令人信服。」

《上海武術》資深編輯陳俊彥先生也稱譽道：「金仁霖先生以科學工作者的嚴謹態度，對太極拳及其他武術書刊的出版、版本校訂、技法詮釋、拳家事略、正誤指謬等方面均有深入細微、令人信服的研究，取得顯著成果，足以代表當代太極拳研究的學術水準。」

　　吳殳《無隱錄》序云：「道與藝俱有正眼。得此而後工力有所施。否則畢世捫捫茫茫耳。」慰蒼先生正是為我們提供了這樣一種正眼。他的文字正告側出，一無所隱，靜心讀來，於會心處，如觀涅槃妙心，拈花微笑，使見者皆得正眼，不惑於時弊之說。

　　慰蒼先生 20 世紀 50 年代晚期開始，就代師授藝，60年的教學相長，積累了豐富的教學經驗，也培養了一批造詣高深的太極拳家。如以無極式氣功聞名海內外的蔡松芳老師。雖然慰蒼先生總是稱他為師弟，而蔡松芳老師他本人，在不同場合、不同方式，還不止一次地談到，他的拳技得益於慰蒼先生的傳授。又如何國梁先生，他原本是民國太極拳家葉錦成先生的弟子，後由林鏡平先生介紹到葉大密老師處學拳，葉老師由於醫療繁忙，就連同林鏡平先生的推薦信一起，將何國梁先生託付給了慰蒼先生，由慰蒼先生代其授藝。如身患肝腹水晚期，被上海各大醫院判定「回家買點吃吃」的徐毓岐先生，後來師從慰蒼先生學拳，數年後，不但身體康復，還練就一身功夫，他後來在溫州一帶，為弘揚慰蒼先生的拳藝做出了非凡的成就。

　　林墨根先生也非常欣賞他的拳藝。有一次徐毓岐先生去成都，林墨根先生當著許多學生的面說，徐毓岐老師對他的太極拳藝，啟發很大！濮冰如老師十分欣賞慰蒼先生的拳藝。在她晚年，她將自己最為得意的幾位弟子諸如太極拳家李品銀先生等，一一託付給慰蒼先生，希望慰蒼先生予以進一步調教。李品銀先生也事慰蒼先生以師禮，敬愛有加。

拳藝雖小道，「惟德惟先」，始終是慰蒼先生因人施教時所信守的準則。「道不遠人」「有緣者得之」「不得於此，必得於彼」，則是老先生常常掛在嘴邊的三句話。第一句話「道不遠人」，側重的是個體的向學之心。一個人只要品行端正，有志於拳學，拳藝之道就不會遠離他、遺棄他。意思是說，太極拳的大門，始終為每個正直向上的人敞開著。從另一角度來說，作為授道的老師應該有教無類，無論男女、老幼、貧富、貴賤、智愚，只要品行端正，老師都會因材施教。然而，傳授太極拳的老師，並非傳教士，也不作過度或不合時宜的佈施。所以第二句話「有緣者得之」，講的就是「時節施」，依時節因緣而法施誠諦。慰蒼先生常說，學太極拳需要兩層緣分，其一是拳緣，其二是人緣。兩者缺一不可。他常說，一些拳家的孩子，與拳家本人有人緣，而無拳緣的話，他們雖有親情而與太極拳卻無緣。第三，即便有了向學之志，也與老師的拳、老師的人結了緣，也未必人人練得到老師的境界。

太極拳是極具個性化的一門身體藝術。不同的個體，各因其秉性、識見、閱歷種種的差異，即便是跟著同一老師學習，最終呈現出來的太極，各有千秋、精彩紛呈。所以老師常說「不得於此，必得於彼」。慰蒼先生在傳授拳藝的過程中，尤其側重個體的特質，他不強調每個學生的拳架動作，全然與他一模一樣。楊澄甫老師體重 280 斤，學員個體的身形條件不可能達到這般魁梧，但每一招每一式的拳勢勁路變化以及技術要領，必須了然於心，老師必須明明白白地教，學生必須明明白白地學。而不是依樣畫

瓢，只求形似。一味追求形體動作的「像」，就會演變為太極體操或太極舞蹈。

2002 年底，范笑我先生向二水介紹慰蒼先生，慰蒼先生與嘉興名宿吳藕汀先生因為吳昌碩的四方印章，成就了一段藝林佳話，故事概要為：1949 年，方去疾、方介堪為鈐拓《苦鐵印選》，委託慰蒼先生向吳藕汀先生借用他收藏的吳昌碩「出入大吉」等四方印章。《苦鐵印選》拓印完已是 1950 年，慰蒼先生當時剛從華東紡管局畢業，緊接著是接手日本人遺留在滬的紡織企業，之後又被借調到新疆烏魯木齊，籌建七一棉紡織廠，一待就是 11 個月。而其間，吳藕汀被嘉興圖書館派去湖州南潯嘉業堂藏書樓整理古籍。兩人就此失去了聯繫。慰蒼先生的父母家，在「文革」中被連續抄家七次，所幸的是，他一直將這四方印章帶在身邊，使之得以保存。1983 年前後，慰蒼先生從朋友潘德熙處得知吳藕汀的通訊位址，就寫信給吳藕汀，說那四方印章一直保存著，如果吳願意轉讓（變賣以改善生活）的話，他可以幫忙。吳藕汀回信的大意是：我和四方印章分離了這麼多年，從來沒想過要收回。我收藏的印章已經一方無存，現在既然你還保留著，如果方便的話，請讓我再看它們一眼，就像見一見多年未曾謀面的老朋友。慰蒼先生從吳的信中看出他對印章的深厚感情，於是就透過郵局將四方印章寄還給了吳藕汀。就這樣，四方印章在離開了 34 年後又回到了吳藕汀身邊。

1993 年前後，一名日本收藏家想收購吳藕汀收藏的這四方印章，並托人轉告吳藕汀願出價 11 萬元人民幣，

金仁霖在嘉興，2003年

吳藕汀表示不希望這四方印章流到國外。再後來，南潯一名私營企業老板找到吳藕汀，想用一套商品房交換吳藕汀的四方印章，也被吳拒絕了。2000年11月3日，吳藕汀先生將四方吳昌碩印章捐給了嘉興博物館。

故事是以吳藕汀先生作為主角展開的，而故事之中卻疊現出慰蒼先生重諾守信、惜名如羽的品德。二水原先以為這四方印章十分珍貴，所以慰蒼先生一直隨身攜帶著，後來看到慰蒼先生早年曾送給吳藕汀先生的八方印章，就順便問起了這些印章在當時的市場行情。慰蒼先生說，當時這些印章就值幾塊大洋吧，八方印章與四方印章，大凡是等值的。這讓二水有些驚詫的。

2004年
拳架演示

2008年
拳架演示

這意思是說，慰蒼先生一直隨身攜帶的四方印章，當時並非是出自玩物本身的價值昂貴，他之所以念念不忘這四方印章，並一直隨身攜帶著，那是因為這四方印章是受人之托轉借而來的，倘有不慎，涉及幾個人的信譽。古之君子，立言先立品，做事先做人，修身涵養，所重的就是風骨名節。慰蒼先生所珍惜的正是那

份情懷。

　　2003年1月，二水邀請慰蒼先生回嘉興小住。之後每個周日，二水往返於嘉興上海間，重起爐灶，把1987年以來所學的各類拳技，暫且扔在一旁，從頭開始，一招一式向先生學拳。慰蒼先生也不厭其煩，一招一式，逐一分解，不但告知每一招式與傳統楊式的異同處，還詳細解答每一過度動作的原委曲折和來龍去脈，並且每一動，每一變化，一一在二水身上試勁，將二水輕輕鬆鬆地雙腳離地雀躍，還同時要求二水在慰蒼先生身上一一試勁，像是給孩子餵食一樣，一一給二水餵勁。每當二水稍有領會，先生輒笑顏許之。

　　十幾年來，誠如武延緒談及武禹襄傳授李亦畬拳藝時的情形，慰蒼先生「有無弗傳，傳無弗盡」，「口詔之，頤指之，身形容之，手足提引之，神授而氣予之」，二水也「步亦步，趨亦趨」，「以目聽，以心撫，以力追，以意會」，十餘年來，風雨無阻，把慰蒼先生傳授的太極拳、刀、劍以及五十七式行功式逐一體悟神會。師母也待二水如己出，每次為二水烹製可口的菜肴。二水嘗與師母打趣說，二水身上的太極拳，是吃師母烹製的飯菜長的功力，慰蒼先生也笑容以對。

　　2008年之後，為了進一步弘揚傳統太極拳，二水有幸受慰蒼先生之托，與師弟顧揖明、尤泪等，替慰蒼先生籌辦了五次授徒儀式，先後向先生引薦了近百名弟子。而今先生年開九秩，依然每週兩三個晚上，不辭辛勞，堅持手把手地傳授拳藝，為我們後輩學子傳承發揚太極拳文

化，樹立了豐碑！

授業恩師金仁霖

傅樂民

認識金老師是因恩師濮冰如的金口把我和師兄李品銀二人託付給金老師系統學習葉家功夫。好像是 1978 年年底，這一年正好是濮師作為上海市武術隊特約代表（超齡）參加「文革」後的第一屆全國武術觀摩賽（南嶺）再次奪冠（見前文），所以影響很深。

第一次到金師家練功，老師看了我倆練的老架子說：「內氣有了，缺點意思……」於是開始補「意思」，從老架子起勢開始講解，逐個分析技擊意思，結合聽勁和餵勁。「攬雀尾」不再是以前認識的掤、攦、擠、按四式，而是接手掤、反掤、下攦、平捌、平列、下採、平化、雙按八式。也明白了拗步之意（手腳相反）以及「摟膝拗步」沉、提、掤、摟、按（具體見「太極拳架」訂閱號）。八五式中很多技擊之意（小動作）楊家是不外傳的，學者只能模仿而已，根本不知道為什麼要這樣練，結果許多小動作都練丟了，也就是你看到的攬雀尾只有掤攦擠按四式。

金老師授功夫和其他老師不同，他不是老師前面打學生後面跟著模仿，而是邊示範邊講解，然後反覆拆析動作，給你聽勁和餵勁，再結合推手使你身上產生認識（身知），一點點、一步步把你領進門。當年老師講：「教人

比自己練還難，老師要為每個學生編套教材。」當年我和師兄倆就是在這種特製教材中成長起來的，對此深有感受，後來自己也做了老師，更認識到因人施教的重要性和意義所在。

和太極拳結緣並認識二位泰斗是我的福分。濮老師說過「要找個好老師難，好老師要找個好學生也難，這要靠緣分」，金老師講得更透徹「有緣還要有分」，認識只是緣，你不一定能得到老師的東西，這就要看你有沒有這個福分了。我的福分很大，一是生長在這個沒有娛樂和金錢誘惑的年代，少了這些干擾，愛上了就執著地練，於是我倆每週五晚上都要騎一個小時自行車到金老師家練拳，風雨無阻；二是正逢老師教學研究旺盛期（五十開外的年齡，發表了許多論文）。可謂是天時地利人和造就了我倆功夫上身。

每次到老師這裡先要練上一整段，老師很耐心看完，然後說，小傅，抱虎歸山再練一下，我就從十字手開始重練，練著練著老師叫「停」，站在我對面摸著雙手餵勁，叫我作用。肯定是打不出透過老師的糾正，有了。就這樣週而復始一遍又一遍，一個姿勢一個姿勢反覆拆析，慢慢地在體內建立起做動作時的完整結構，也就是老師糾正後「有了」的感覺。當年老師一直重述：「老先生（太老師）講拳架要拆七八遍。」我的福分大，老師幫我拆了三十餘年，新老架子也不計拆了多少遍。

現在記憶還很深，這個「抱虎歸山」，老師把著我的餵勁，叫我「右胯向下時先把右臀收進去……」有了，這

就是孫家講的「包和裹」，後來我把「包和裹」的要求放入到每個動作中，這樣胯就容易鬆開，屁股也不會緊張了，久而久之胯會脫開，應用時就能做出「啊落沉」了。

金老師教的新架子是太老師晚年定下來的（經教育積累最後定下來的），和蔣老師的略有差異。當年金老師叮嚀：「在公園裡不要練新架子。」免得不識貨的人爭議，識貨的偷去。我是很少去公園，即使在公共場所也是按老師的吩咐只練老架子。

關於推手，老師也有叮嚀：「三至六月推一下，如同照鏡子看看自己提高了多少」。功夫是靠拳架盤出來的，推手只是鑒定功夫的提高程度。當年每週有一個晚上師兄弟們（濮老師的學生）會聚在一起練盤手，掤攦化按擠反覆盤手，半小時換一隻腳，我和李師兄作對子，盤得最多。這樣的盤手只是種基本功訓練，透過盤手來達到進一步放鬆。

20世紀80年代後期我拜訪過一位所謂道家的傳人，之前我們並不認識，是形意尚前輩的學生推薦，講此人勁很猛，非常崇拜他……對方長我三歲，身高和我接近，但很魁梧，身體前後徑和橫徑相同，我們倆盤手時他按過來我只能用身體接（手臂掤不住），但對我下盤沒有威脅，我也作用不到他重心，最後兩人推了個平手（當時我是126斤）。事後一起去的另一位朋友（他不練功）告訴我：你走了他說你身上練過排打……其實我只練太極拳。這次交流我體會到老師講的「照鏡子」。

跟老師學功夫記動作好像很容易，只要記住技擊名稱

就可，而這些名稱又會在不同的姿勢上重複出現。尤其對我來，說有了老架子基礎再學新架子，只要記住增加部分的小動作即可。

　　難的是身知的內涵需要長年的積累，反覆拆析拳架，聽勁和餵勁，不斷地找到新感覺捨去老感覺。每天需花幾個小時盤拳架，把老師拆架子時「有了」的感覺一點點放到拳路裡，慢慢地在盤拳中體悟，積少成多，所以這階段拳會練得特別慢，為了找到「有了」的感覺，盡可能控制住每個動作中的架子完整，不讓裡面的東西丟掉，當感覺裡面東西要丟掉了，馬上再接上，這樣整套新架子打下來需要練兩個多小時。為此我也問過老師，金師講，他以前也是這麼慢的。在老師這裡練也是這麼慢，第一段要練20分鐘，老師很耐心，練完了再拆動作或盤手。

　　開始跟金老師學功夫時，我犯過迷茫，過分追究太極拳的練功要求：含胸拔背，不要唔胸躬背；沉肩墜軸；前俯後仰等，實際都只是心知。而這些要求在金老師教學中都不強調，只是講技擊之意，拆動作和餵勁給你感受，慢慢地等功夫上身自然會有答案。這也是老師教功夫的高明之處，要讓你身知而不是心知，這樣反而功夫容易上身。

　　我的拳架比較低可能和老架子基礎有關。濮老師說：練新架子先要練六年老架子打基礎。而我是先練了三年老架子再練的新架子，沒有學長們這樣搖晃（學長們是透過搖來達到鬆開），這都得歸屬金老師為我編製的特定教材，使我少走了從搖到不搖的彎路。我們這一批（顧明德）三個都是拳架低不搖晃。

1990年
拳架演示

跟金老師學拳藝不光是動作層面上的會與不會，更注重的是動作裡面的架子，是內動（裡開外自合）調控下的完整性。當你掌握了拳架功夫，自己也會拆架子了，這時不管他人練什麼拳種，你一看就能識別裡面有沒有功夫，不但看得出還能幫他把缺少的地方補上。當年金老師講：有的人練刀動作做對了（裡面合上了）自己都不知道……

動作層面上的拳藝表現為拳路有「韌性」。金老師形容為捏麵團，越捏韌性越足。這個「韌性」也就是拳架越來越完整的過程。完整了再拆架子就不一樣了，可以理解為「老師在給你加功夫」，也可理解為逼功夫。當年按老師扳好的要求練摟膝拗步，我只能堅持 4～5 隻，顧明德只能練 1 隻。金老師說：老先生拆的時候我們也是從只能練 1 隻最多 2 隻開始。這時拆得最多的是摟膝和倒攆猴。

老師把練功的循序漸進比喻成「盤香樓梯」。我是跟著金老師 15 年才入門（自己身上懂得「完整」二字之意）。這一年正逢蘇州超甯和小王他們成立研究會（1993年），影響比較深。作為嘉賓住在賓館裡，我去看望老師（金老師和蔣老師住一間），老師在洗澡，就和蔣老師盤推手，這次推手也驗證了自己入門後不一樣的感覺。金老師和濮老師一樣終身酷愛太極拳，對太極拳文化傳播全心全意，市里區裡的武術活動都有他們的身影，有時是表演嘉賓，有時又是裁判，這種奉獻精神是我輩學習的楷模。二位老師不為名利，終身傾注於太極拳學研和傳播。一位是全國冠軍，一位是我國第一代專家級（紡織）工程師。

金老師文學功底深厚，對武學考證做了大量研究，精通篆刻（附照片），而且記憶力超好（多次聽到濮師這樣的誇獎），濮老師有想不起的事會叫我問金老師……

　　緣於太極拳遇上二位恩師是我的福分，濮師讓我瞭解什麼是太極拳，金老師把我帶入太極天堂，使我懂得了太極拳。在我身上印著恩師的文化，我的功夫是金老師領出來的。我要把老師的功夫傳承下去，讓更多的人分享，這也是對二位恩師最好的回報。

跟金老師學拳關鍵在理解

劉文忠

　　我對太極拳懷著憧憬、新奇、神秘的心情，一直在努力尋求入門的機會。35 歲那年因病住進了無錫 101 醫院，病友中的炮兵副團長會打太極拳，我們幾個有興趣的病友拜副團長為師。他教我們的是 24 式簡化太極拳，半個月後出院時，24 式簡化太極拳基本能背下來了。由於職業動蕩變遷，直到近 50 歲又靜下心去公園練習太極拳，公園有練各式太極拳的，其中一位 80 多歲的老師，看我一人單獨在練，招呼我過去跟他們一起練，後來我明白他教我的是 85 式楊式太極拳。

　　兩年後他看我人不錯，拳架也規矩，因他年齡大了，要把 20 幾個人和場地交給我。最初經推託後，我以為事情就過去了，但他第三次找我談此事時眼淚掉下來了，那時我是場地上學拳時間最晚的小師弟，而且早晨 7 點 15

分就得離開場地趕去上班，哪有勇氣和膽量接這個班。我逃了，跟著去學常式太極拳。

由於工作關係，我回到了 20 年前的老單位，見到了故友顧明德，交談中得知大家都在練太極拳。他說了孫祿堂、陳微明、田兆麟一串人名，我聽也沒聽說過，他看出我還是個太極盲，一有機會就給我講有關太極拳的故事。他講的內氣、內勁、穿透力我特有興趣，我想試試有什麼感覺，把手臂伸過去，他以側掌在我手臂上砍了兩下，當時也沒什麼特別的感覺，所以也就沒怎麼太在意，三四天後，我老想去抓手臂的內側，因有點癢，而且皮膚顏色有點紫，表面顯得粗糙。當時在想這個位置擠公車也不會碰到，百思不得其解時，忽然想起前幾天顧明德在那個地方試過內勁穿透力，真是穿透到對面了。從此，老顧的形象在我心目中更加高大，令我非常崇拜，一有空就跑到他那兒去問長問短，心裡真想學這種太極拳，考慮到自己年齡大、體質差，是否能學好心裡沒底，老顧答應我去老師那兒問問，幾天以後就隨老顧第一次見到了金老師，也第一次看到師兄們練拳和老師給他們餵勁，這種練與學的模式和我原先瞭解的完全不一樣。問老師，我這年齡、這體質能練你的拳嗎？老師回答：「關鍵在於理解。」就這樣在顧明德師兄的引領下，進了師門。

一晃 18 年過去了，老師的「關鍵在於理解」，既耳熟又新鮮。我體會到，學拳，必須對老師的授拳語言有完整的記憶；練拳，必須對老師所教的內容有精準的理解。沒有完整的記憶，就沒有準確的理解，因葉家拳傳心錄中

拳理和練法十分精闢。在傳承上主要靠老師的口授身傳，
所以完整記憶老師的授拳用語，顯得非常重要。

　　老師知道弟子們對古文理解有困難，教拳時很少使用
拳論中的原話，在啟蒙階段，做倒鐘擺時要求，先做一組
別人看得見在動的，再做一組別人看不見在動的。當時不
會做，也不理解，現在明白了，身上沒有結構，就無法做
出身上不動的倒鐘擺。

　　老師要求的結構，和先輩孫承周在手稿中的那個大號
的O，有異曲同工之處，但又不盡相同。老師對拳架結構
的要求是一個系統工程，腳尖裡扣、腳跟外扭，是構築拳
架結構的起點；腳尖裡扣，形上不顯扣，腳跟外扭，形上
不顯扭，扣和扭都是動詞，動的外形不顯，就必須內動，
扣和扭形成一對外形不顯、成旋轉的內在動力源。

　　練拳按照下面到上面，裡面到外面，後面到前面的原
則，旋轉的內在動力源由腳底、小腿、大腿直到大轉子，
按此順序往上旋轉至大轉子與胯根連接處，此處產生似開
瓶蓋似的旋轉力，但大轉子和胯根之間的裡開，不像打開
瓶蓋那麼容易。必須有內在的抽動，這和自行車剎車系統
中的鋼絲類似，手一動作，車剎做了，手在動作時，力由
鋼絲傳遞到另一端，是內動力抽動而外形上不顯動。胯根
裡開是同樣的原理，它不能沒有腳底湧泉的主宰作用。在
湧泉這個穴位上必須明確練拳用的三根線：

　　第一根線，兩足湧泉的連線，並找到連線上的中心
點，當整套拳架按照聯環8字形演練時，這根線是太極圖
中陰陽魚的分界線，沒有這條線就很難確定拳架的陰陽是

否存在。這根連線上的中心點，當與襠、命門、牛鼻子、喉頭組成一個曲面時，其作用和威力就能顯現了；

第二根線，從湧泉出來，沿腳底內側往腳後跟方向去，與地面平行的那一段（也是大周天的起點），它從湧泉出來（足少陰腎經的起點）為陰出；

第三根線，從足太陽膀胱經下來到腳跟，從腳跟外側面進入湧泉，為陽回。

關於陰出陽回，老師有一段生動的故事，故事來自武式太極拳的郝少如先生和吳式太極拳的馬岳梁先生，他們在晚年都有一次與老師交流談心的機會，談心的共同點，一是沒有帶出自己滿意的弟子；二是現今練太極拳的都不懂陰出陽回，他們都是本門功夫在上海的代表人物，能與葉門功夫的代表人物談及此話題實為不易，老師十分珍惜和看重陰出陽回的理念。

上面我只講了湧泉的陰出陽回，為讓湧泉的陰出陽回和腳尖裡扣、腳跟外扭組合訓練，得以強化和定位，產生旋轉的原動力，這源動力的獲得來自於陰陽的一出一進，腳尖的扣和腳跟的扭。老師常說，他初練太極拳時，一雙襪子幾天就磨破了。但我的腳底陰陽不分始終不活。老師安排我單練迎送，重點突破，幾個月的迎送訓練，腳底智商有所開發，逐步掌握了陰出陽回之勁的吞吐相等和裡扣外扭之勁的運行平衡，能勉強完成迎送的動作要領。

老師的訓練安排是根據弟子存在的問題，是有針對性的，否則難以正確演練葉家拳的套路。傳心錄中的那 5 幅專門訓練腳底部位聯環 8 字的圖，其中腳跟部位的 8 字訓

練及前腳掌的 8 字訓練，對拳架運行中的折疊轉換起到的主宰和掌控作用特別有效。

　　老師對弟子的腳底部位的訓練，還有更多的要求，弟子初練拳架時足部外形亂動，腳掌不能平伏貼地，出現翻邊現象最為常見，老師告誡弟子，「想著腳上穿的是鐵鞋子」。我剛入門看到師兄們穿著硬皮鞋練拳，很納悶，後來體會到練拳時腳會不由自主地亂動，無法按老師要求做到腳的外形紋絲不動，穿上硬一點的鞋子，權當是鐵鞋子，逐步規範腳底達到平伏貼地，只有腳掌平伏貼地，方能膝上有圈，這是練成吸盤腳和拳架兜的轉的必由之路。

　　從足部往上，老師十分強調小腿、大腿的外側面，保持一個平面，話很好理解，但好多年練下來，老師看著我的腿部外側面說；「你想擺平，即使擺平了也是沒有用的。」老師教我拿過小方凳，把小方凳的平面貼著老師弓箭步前腿的外側面，當凳面剛貼到老師腿上時，我連人帶凳被彈出一公尺多遠，連續兩次，發的我很茫然，但能感覺到自己理解上出了偏差，練錯了。知道錯了，但仍不能立竿見影地糾錯，老師語重心長地說：「練拳主要在褲腰帶以下。」經老師點撥，我才明白自己身上結構存在缺陷，拳架上總是問題多多，內動、內抽常被外形上前弓後坐所占位，迎送被直來直去所代替，陰出陽回被分虛實所混淆；老師的寬容和我的自我遷就，使結構上的裡開外合長期不達標，一度練的是沒有靈魂的葉家拳。

　　為此，老師用盡苦心，把 8 字在交叉處一分為二，老師把它稱為一滴水，在迎送訓練時按一滴水的外形結構，

要求走圓的切線，後面圓頭要胖，前面交點封閉要穩固，把一滴水的結構練成身上的裡開結構，還必須按老師的要求在兩側腹股溝處開一刀，不要縫線（意念），從割開的刀口處往下延伸，兩邊分開向後成中文八字形，八字兩筆要實實在在向後打開，當兩扇後門被打開時，裡開的結構開始有了動態感，由原來的縫隙變為城門大開。

此時，老師要求把胸膈橫氣泄到腳底，包括五臟六腑和血一起甩到地面，攤的面積越大越好，此時，胸腹掏空的感覺真實確切了。身上什麼參與沉，什麼不參與沉清晰了，也就是有了陰陽之分，兩腿外側是不參與沉的，它像似兩把劍，劍柄在腳底，劍身與劍尖，隨著身體的通順而往上延伸，與重心、內氣的下沉，成一對陰陽互動。膝蓋過於頻繁的彎曲，會干擾體內正常的陰陽互動，同時對應該保持的平面品質產生影響。

在拳架練習時，當兩臂往上一抬，極容易打亂或破壞下盤和中盤所做的一切。老師要求兩臂多練擱雙榍，凡得到老師擱雙榍餵勁的，都留下了老師餵勁的兩個點位的記憶。這兩個擱雙榍點位，在無人餵勁時，它必須懂得與身體的關係，老師說：「不要做成高射炮，而是要做成平射炮。」這高與平的掌控，不是用心，也不是用腦，而要憑這兩個點的智商和靈敏度，由他去處理拳架運行中與身體的關係，形成自然節拍。門內師兄弟都十分欣賞老師摟膝拗步經典拳架，拳架在運行中兩臂高低與身體的中盤、下盤處在不斷的變化與調節中，全憑這兩個點的智商和靈敏

度，完成在不同角度的平射炮的調節機制，產生得心應手的自然節拍，這是葉家拳的精華體現。

攔雙槓的訓練，動作簡單，難度大，見效慢。攔雙槓本質上是上盤功夫的核心，當兩個點被攔住後，與下沉的身軀產生對拉拔長，就有脫肩或卸肩之意，形成真實意義上的「攔落沉」，攔雙槓做不好，直接影響「攔落沉」的品質，如何做好攔雙槓，老師經典語言是：「沉肩不沉肘，做平射炮，不要做成高射炮。」玄機就在此話中。

準確找到攔點不難，在反覆實踐中總是能找準的，找到攔點後，身體容易直落向下，兩臂就成高射炮，兩肘就隨波逐流，失去存在和作用，這樣不僅上盤不成結構，反使中盤、下盤的結構遭破壞，肘不沉，自然就形成平射炮，此時的肩、肘、手，有根節、中節、梢節對拉拔長之意，手臂如炮管前伸，與肩根對拔，所以在此拳架中，沉肩不沉肘，一字值千金。

葉家拳訓練分三個階段，第一階段是基礎功夫，身上必須建立合理正確的結構。老師常說的三年一小成，我問過老師，如果練了三年達不到小成怎麼辦，老師回答：「太師爺講，那就不要練了，如果再想練，健健身是可以的」。現在我理解了，小成階段身上應有的結構，老師會適時引導弟子，將此結構節節粉碎，然後再練成節節貫穿，不經節節粉碎這一階段的訓練，身上的結構還是硬貨，身上還是一根一根棍棒，是僵貨。

簡單地說，拳架偏軟，是結構上還有缺陷，拳架偏硬，結構沒有節節粉碎，拳架無法節節貫穿。節節粉碎的

訓練是潛移默化的過程。如老師下一個口令，將骨頭彎轉，第一次接受這個口令，非常茫然，因成人的骨頭是不能彎轉的，但在老師的訓練下，骨頭配合拳架達到聽話的要求，如摟膝拗步，後手從耳根，到嘴角，口吐蓮花，到前按，這手臂總像一根棍棒直直前伸，缺少拳味。

老師一手握住弟子肘的下段，一手握住肘的上段，在弟子做前按時，老師握住弟子手臂的上下兩節做了一個擰的動作，神奇的是老師被弟子前按的手臂起根後彈出，同樣加了「擰」即旋轉後，前按的效果立即發生了質的變化，這就是我對老師節節粉碎和節節貫穿產生內動力，及內勁的理解。

其實在生活中經常會遇到，要擰開一個封閉嚴密的瓶蓋，如果很輕鬆地打開了，此時身上不用集聚很大的能量，當你反覆幾次擰不開時，身上集聚在瓶蓋上的能量在一次比一次遞增，這個不用太極老師教，每個人都本能自然地形成合理的內勁。經老師訓練後，身上各部位在練拳時應有無數個需要擰的密閉的瓶蓋，身上就會在瞬間產生集聚內勁和釋放內勁的節拍。

老師將弟子身上的原始材料的改造，形成合理結構，實際是對太極球體的追求，老師告訴弟子，球內有兩條魚，分一陰一陽，魚的眼睛就是兩腳的湧泉，兩腳湧泉的連線就是陰陽魚的分界線，透過大周天的訓練，使兩條魚活起來，兩條陰陽魚始終一樣大小，陳鑫曾講過：「唯有五陰並五陽，陰陽無偏稱妙手。」他揭示了拳架運行中的陰陽始終保持平衡和等量，極無此消彼長之理。老師在此

理論基礎上的重大突破，在於解決了具體練法，把湧泉點位上的陰出陽回，等量吞吐，與大周天起點陰出，終點陽回，週而復始如大河水車，連綿不斷，兩條陰陽魚且緊貼球的內壁互動，在緊貼內壁的條件下，完成十三勢演練。這就是跟隨金老師 18 年後，對太極拳的初淺理解。

結緣、學藝

王萬賓

與恩師金仁霖相識結緣，並於 2014 年 10 月正式拜入金師門下，得益於徐光師兄和江瀾師兄。我與徐光師兄相識，是在 8 年前我從學於恩師奚桂忠之時。我與江瀾師兄相識，則是在 2010 年 11 月隨恩師顧樹屏赴臺灣參加「第八屆楊式太極拳第五代名家論壇暨鄭曼青先生 110 歲誕辰紀念會」活動之際。

我學拳的前幾年，經常從徐光師兄處得知金師的教學情況和高尚德藝。2011 年 上半年，江瀾師兄去看望金師，約我同去，這是我與金師第一次相見。2012 年 金師在嘉興收徒，我受江瀾師兄之

金仁霖於家中指導王萬賓

邀，與翟金錄、唐才良兩位老師一起作為特邀嘉賓出席了金師的收徒儀式。後又隨徐光師兄看望過金師兩三次，得到金師的熱情指導。

我在 2013 年 10 月間，在隨徐光師兄看望金師時，順便請金師看了我打的楊式太極拳 85 大架第一節影片，讓金師指正。金師看了後說我的拳架裡開不夠，在我們離開之時，金師又補充說了沒有裡開，我當即讓金師示範一下裡開，金師很高興地站了一個右川字步，我站立在金師的右側，用右手摸著金師的前胯和裡胯，同時用左手摸著金師的後胯和外胯，我請金師前後擺動，體會金師髖關節在轉動時的位置變化。然後我就按金師髖關節的這個轉動變化，針對髖關節的股骨頭韌帶和髖關節周圍的髂骨韌帶及坐骨韌帶的拉伸進行專項訓練，因為一直在拉伸這些韌帶，經常會持續產生很強的疼痛感。當我專項訓練了近三個月時，突然有一天，右髖關節「咯噔」了一下，我馬上再重複做，能反覆出現「咯噔」的現象，我一陣竊喜，髖關節裡終於有消息了，左邊髖關節裡則是在訓練了四個月後才來消息的。

2014 年元月初，金師住院，我隨徐光師兄去看望了金師。後從劉文忠師兄處得知，金師對劉師兄說，等他身體好點，好好教我們。這就有了 2014 年春節後每週兩個晚上與劉師兄、徐光師兄去金師家正式向金師學拳的機會，金師同時還通知了仲偉華師兄一起去。我趁去金師處學拳之際，專門向金師彙報了做裡開訓練的情況，我說是用抽胯、旋胯、落胯和坐胯等方法練裡開的。

　　金師讓我做裡開的動作，摸了我的胯後說裡開有點了，並肯定了我的訓練方法。我跟金師說訓練過程很痛苦，訓練強度一大，髖關節會異常疼痛，我問金師正常否，金師說正常的，並說自己當年練的強度大時，也是疼痛得很厲害，曾經出現因為疼痛而請病假在家休息幾天的情況，金師要我注意休息，不要練得太過，別拉傷了造成後遺症。感恩金師的厚愛，因為未正式入師門就能得到金師的口傳身授，這是何等的福報啊。

　　我記得很清楚，在 2014 年 4 月的一天晚上，我們學習結束離開時，我因整理物品，走在最後，金師突然對我說了一句「儂（你）福氣蠻好」。是啊，未拜師而能得老師親授，這份福氣當十二分珍惜之。我隨之產生了拜師之念，並由劉文忠師兄和徐光師兄代我向金師轉達了拜師意願。因機緣合和，後由江瀾師兄組織了金師在 2014 年 10月的最後一次收徒儀式暨金師 88 歲壽宴。在這次收徒儀式上，金師共收了 23 位弟子，我是 23 位新入門的弟子中年齡最長的弟子。這就是我與恩師金師結下的太極緣分。認識恩師是緣，得恩師傳授拳藝是分。

　　時間過得真快，一晃已追隨金師兩年了。兩年來，收穫頗豐，對太極拳的體用有了全新的認識。金師不顧年邁，手把手地教我們，期間，有一段時間金師主動提出了為我們每週增加一次課。在金師的口傳身授中，我不僅感受到了金師拳藝之精妙，同時也體悟到了太極真諦。

　　金師傳授葉氏太極拳最核心的部分，一是裡開，二是逆腹式呼吸走大周天。因為有了點裡開，我在打 85 大架

時，拳架發生了變化，架子變高了，步子變小了。因為裡開的緣故，髖關節有點入榫了，步子邁不大，架子自然也就高了。

在 2014 年 4 月底，為配合我的第一位授業恩師奚桂忠出版專著《楊式太極拳教程》，特地請了專業公司為我拍攝了拳架視頻並做成光碟隨書出版。有不少拳友不解，問我 85 大架拳架怎麼那麼高，步子這麼小啊，我對拳友的回答是，視頻主要提供給初學者做參考的。其實，用金師的話回答最好，金師多次說過，他老人家當年病癒後，幾年時間裡打了 5 萬遍拳、劍、刀套路，後來看了自己的視頻，「啊呀，怎麼步子變小了」。我聽金師這麼講就會問，是髖關節入榫的緣故吧，金師總會含笑著說「是啊」。我們師兄弟在微信群裡曾討論過金師常說的「嗰落沉」（方言），意即髖關節和肩關節在人體的頭和身軀自重以及意念作用下的突然一個微量下沉。我體認到沒有肩和胯的裡開是入不了榫的，也不可能有「嗰落沉」。真正意義上的「嗰落沉」，是裡開後在入榫狀態下鬆開、鬆透後產生的。有了充分的裡開，肩根胯根鬆開、鬆透了，才能很好地做出「嗰落沉」。開肩開胯難，能入榫則更難。入榫不僅是對上榫，因為對上榫是不夠的，尤其是髖關節，只有做到入榫才算真正做到位。

平時，我在與師兄們交流學拳心得時，經常會用小汽車作不恰當的比喻。招熟就如低級小汽車，漸悟懂勁如中級小汽車，階及神明如高級小汽車。人體如小汽車，是個成系統的整體，要讓小汽車能開起來，主要的零部件必須

合格，並要整合成一體。

　　同樣，要讓自己的太極拳體用合一，就要使身體各個部位按拳理、拳法要求訓練合格並也整合成一體。從低級到高級的過程，就是一個硬體方面如材料的提升，零部件加工及裝配的品質標準提高，和軟體的配置提高的過程。當然，要使人體最終成為太極體，其實比製造一輛高級小汽車要難得多得多。故在拳界有代不出數人之說。

　　兩年來，跟金師學了葉氏太極拳第一節和第二節，劉文忠師兄給予我很大的幫助，對我學習拳架作了精心輔導，讓我獲益匪淺。在結合拳架試勁過程中，仲偉華師兄常能在關鍵處對我指導，加深了我對葉氏太極拳的理解。還有不少師兄能指出我的不足和為我指明努力方向，促進了我在拳藝上的提高。

　　從學於金師，兩年來最大的收穫有如下幾個方面：

一、拳架的間架結構趨於合理

　　學了金老師傳授的裡開外合，體悟到兩腳的裡開外合是接地之關竅，兩胯的裡開外合是自我建立單體太極之關竅，兩肩的裡開外合是與對方建立合體太極之關竅，頭部的裡開外合則是接天之關竅。金師講裡開外合，後來中間加了一個字，裡開外「自」合，「自」字一加，妙處立現，避免了雙重。只做裡開，不求外合，裡開做好了外合自然就會有。如在意識上同時做裡開和外合，就會產生雙重，此為病也。

　　所謂裡開，就是從腳到大腿根，撐裹成倒八字狀；胯根和肩根內抽，斂腹含胸，使身體成浴缸狀；豎項，使頭

部成虛領狀。初練必然會用力，最後就是用意而已。關節腔都要對上榫，髖關節則要入榫。

入榫了肯定裡開了，但不一定充分，因為裡開還包括整條腿和腳的部分，雖裡開則未必入榫，可能只是對榫而已。入榫是蹭胯後髖關節裡結構變化使得關節腔充分倒扣形成的，入榫不是對榫，惟有入榫了，單腿支撐時，在身體豎直狀態下同樣能保持勁路暢通並能把接到的勁傳到腳底。從腳底起，包括整條腿直到大的胯根充分裡開後，並在入榫狀態下，做單腿動作時就會產生很好的支撐作用。功夫練到家後只在意不露形了。

二、體認到呼吸的重要性

金師傳授拳式中的呼吸方法是用逆腹式走大周天，我們在盤拳走架時很難與呼吸合拍，金師要我們在定式時配一個完整的呼吸，先吸後呼，完成一個大周天。在金師給我們試勁過程中，使我逐步認知到，能上下一氣，能吸呼方能使身體在放鬆狀態下內勁靈活轉換和蓄放。

三、一個「鬆」字，難能可貴

在學拳過程中，金師除了經常指出我們拳架結構上存在的問題並透過餵勁幫助我們糾正外，提醒比較多的就是要我們放「鬆」。我逐漸認識到「鬆」的重要性，鬆不開，就沉不下，就領不起，就柔不了，就通不夠，就散不出，就淨不透，就難言空，就無法企及太極拳的高境界。一個「鬆」字，實在難能可貴。

四、缺啥補啥，行功式最奏效

在如何練行功式的問題上，金師強調缺啥補啥，迎

送、托杆子轉 8 字圈、攔雙槓拉開肩關節周圍韌帶、單人
盤四正手、鬆胸口吸氣走兩側、後抽肩根和胯根做裡開、
手指將空的軟煙殼按在牆上做弓步和坐步的轉換，等等，
這些行功式是金師經常要求我們做的。一個行功式練的有
了一定基礎後，就會給我們加一個，或者是換一個，以補
練套路時的不足。

五、對拳藝的認知

當進入太極拳的高境界時，是在意不在形、用意不用
力；是意行氣、氣運身；是觸點為虛、後為實、下為實、
另一側為實；是人不知我、我獨知人；是內息知拍、知拍
方能任君鬥。「太極拳是全憑心意用功夫的拳種」，金師
如是說。

太極博大精深，拳藝永無止境。我雖年過花甲，然立
志在餘生去積極探索太極之真諦。金師已 90 高齡，恩師
健在，是我們這些弟子們的福分。眼前，除了與各位師兄
弟盡可能多向恩師學習拳藝拳道外，關心好恩師的日常生
活，也是我們常在恩師身邊的弟子必須做好的一件事情。

衷心祝願金師身體康健，壽比南山！

彩色圖解太極武術

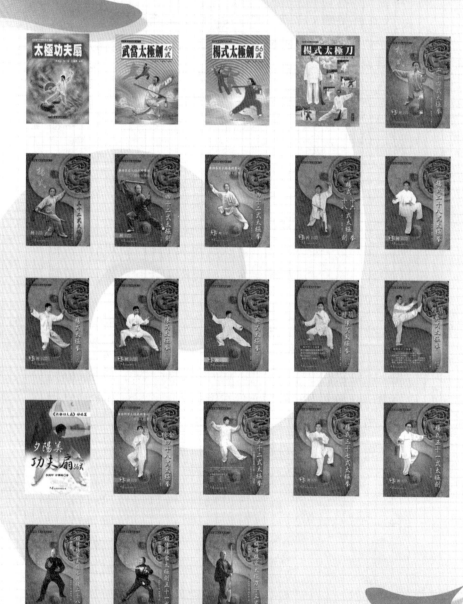

歡迎至本公司購買書籍

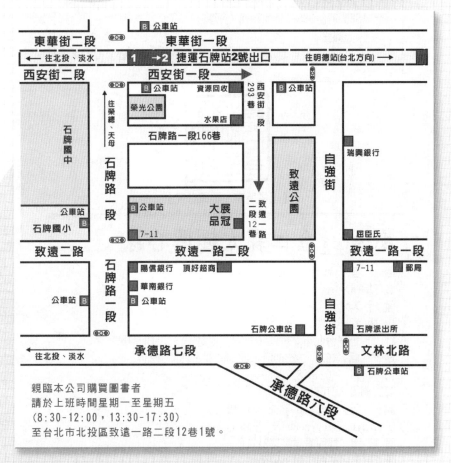

親臨本公司購買圖書者
請於上班時間星期一至星期五
(8：30-12：00，13：30-17：30)
至台北市北投區致遠一路二段12巷1號。

建議路線
1.搭乘捷運
　　淡水信義線石牌站下車，由月台上二號出口出站，二號出口出站後靠右邊，沿著捷運高架往台北方向走(往明德站方向)，其街名為西安街，約80公尺後至西安街一段293巷進入(巷口有一公車站牌，站名為自強街口，勿超過紅綠燈)，再步行約200公尺可達本公司，本公司面對致遠公園。

2.自行開車或騎車
　　由承德路接石牌路，看到陽信銀行右轉，此條即為致遠一路二段，在遇到自強街(紅綠燈)前的巷子左轉，即可看到本公司招牌。

國家圖書館出版品預行編目資料

慰蒼先生金仁霖太極傳心錄／金仁霖 著
－初版－臺北市，大展，2020〔民109.01〕
面；21公分－（武學釋典；37）
ISBN 978-986-346-279-8（平裝）
1.太極拳
528.972　　　　　　　　　　　108019104

慰蒼先生金仁霖太極傳心錄

著　　者／金　仁　霖
責任編輯／苑　博　洋
發 行 人／蔡　森　明
出 版 者／大展出版社有限公司
社　　址／台北市北投區（石牌）致遠一路2段12巷1號
電　　話／(02) 28236031・28236033・28233123
傳　　真／(02) 28272069
郵政劃撥／01669551
網　　址／www.dah-jaan.com.tw
E-mail／service@dah-jaan.com.tw
登 記 證／局版臺業字第2171號
承 印 者／傳興印刷有限公司
裝　　訂／佳昇興業有限公司
排 版 者／千兵企業有限公司
授 權 者／北京科學技術出版社
初版1刷／2020年（民109）1月

定　價／450元

大展好書　好書大展
品嘗好書　冠群可期

大展好書　好書大展

品嘗好書·　冠群可期